로맨틱 시간 여행
이탈리아 일주

로맨틱 시간 여행
이탈리아 일주

ⓒ 정지섭 · 견윤숙, 2025

초판 1쇄 발행 2025년 4월 28일

지은이	정지섭 · 견윤숙
펴낸이	이기봉
편집	좋은땅 편집팀
펴낸곳	도서출판 좋은땅
주소	서울특별시 마포구 양화로12길 26 지월드빌딩 (서교동 395-7)
전화	02)374-8616~7
팩스	02)374-8614
이메일	gworldbook@naver.com
홈페이지	www.g-world.co.kr

ISBN 979-11-388-4226-6 (03810)

- 가격은 뒤표지에 있습니다.
- 이 책은 저작권법에 의하여 보호를 받는 저작물이므로 무단 전재와 복제를 금합니다.
- 파본은 구입하신 서점에서 교환해 드립니다.

렌터카와 함께하는
이탈리아 여행

로맨틱 시간 여행
이탈리아 일주

정지섭 · 견윤숙 지음

Romantic Time Travel Italy Tour

좋은땅

프롤로그

　이탈리아에서는 가는 곳마다 고유한 문화의 산물로 남아 있는 그림, 조각, 건축물과 유적지 등을 자연스럽게 접하게 된다. 그때 느꼈던 감동은 가슴 속에서 오랫동안 머물러 있는 느낌이다. 비슷한 것 같지만 다른 모습의 조각품, 회화 작품들의 여운이 중첩되어 여행자의 발걸음을 더디게 만들었다. 떠날 때마다 아쉬움이 있었지만, 긴 숨을 쉬고 다음 여행지로 발걸음 하는 것은 방랑자의 아름다운 숙명이다. 이동 중에도 셀 수 없이 만나는 자연과 더불어 사는 이들의 손길이 느껴지는 멋진 풍광으로, 숨이 멎는 듯한 경험을 자주 하게 된다. 그곳에 삶의 터전으로 삼고 있는 사람들의 시각이 아닌 여행자의 입장에서 겹으로 싸인 속내를 들여다보고 느낀 소회를 이 책에 담았다.

　만약 전 생애를 통틀어 우리에게 꼭 한 나라만 여행할 기회가 주어진다면, 독자들은 어느 나라를 택하겠는가? 여러 나라를 두루 여행한 경험이 있는 필자는 갈등 없이 이탈리아를 택할 것이다. 이 책에는 평소 필자의 바람대로 이탈리아 전국의 주요 관광지와 그동안 관심을 두었던 지역을 렌터카를 타고 다니면서 얻은 경험을 담았다. 두 달이 넘는 기간 동안 여행하며 겪었던 현지 실정과 느낌에 대해 기록한 여행안내서이자 기행문이다. 여행 기간 내내 렌터카를 직접 운전하며 진정한 의미의 여행을 하였다. 그러나 렌터카 자유여행에 도움이 되는 내용으로만 구성된 것은 아니다. 패키지여행을 하는 분들과 렌터카 없이 자유여행을 하는 여행객에게 도움이 될 내용도 담았다.

　우리나라의 3배 크기의 이탈리아를 살짝 맛만 보는 데도 두 달이 넘는 시간을 보냈다. 직장 다니던 시절 몇 번의 출장과 패키지여행으로 이탈리아에 방문한 경험이 있는데, 당시 언뜻언뜻 스치며 보이는 풍광과 옛 건축물들이 관심을 끌었었다. 아울러 국토의 생김새도 비스듬하게 남북으로 반도인 점과, 유목 민족과 달리 정착 농경문화가 우리와 같고, 빼앗기보다는 인간관계를 중요시하는 민족성 또한 유사하여, 꼭 한번 두루 여행을 해 보기로 다짐했었다.

　이탈리아 여행 계획을 한 것은 2019년이다. 누구나 다 알고 있는 코로나로 인해 여행길은 막히고, 왕복 항공권과 80일간의 예약한 숙소를 포기하며 입은 금전적 피해와 환불받기 위해 소모한 에너지 등 후폭풍으로 한동안 편치 않았다. 하늘길이 다시 열리고, 코로나는 옛일이 되어 갈 즈음에 다시 준비하기 시작했다. 요즘은 휴대폰 덕분에 여행 준비 과정이 몇 년 전에 비해 많이 간편해졌다. 코로나로 인한 피해의 트라우마 때문에, 머리 아픈 일 없이 따라만 가면 되는 단체 패키지여행도 고려하여 보았으나 여러 이유 중 자유로움의 제약 때문에 포기했다.

　여행 중 간간이 여행지에서 한국 사람들을 많이 만났다. 한국인들에게도 여행은 보편적인 욕구가 된 지 오래되었다. 대부분이 패키지여행이지만, 자유여행을 하는 사람들도 종종 있다. 물론 우리처럼 렌터카를 이용하여 여행하는 사람들도 있지만, 운전 때문에 망설이고, 포기하는 사람들도 있다. 이는 이탈리아에서 시행 중인 ZTL 제도와 헤어핀 도로 등을 두렵게 생각하고 있기 때문으로 추정한다. 하지만 대부분 오해나 과장된 정보에 기인하고, 이탈리아는 렌터카로 안전하게 여행할 수 있는 몇 안 되는 나라 중 하나다.

이 책은 부부가 반도의 전역을 이동한 순서대로 써 내려갔다. 로마로 입국했지만, 로마는 귀국 직전 마지막 여행지가 되었다. 이탈리아 내에는 독립 국가로 인정된 것이 '바티칸시국'뿐인 줄 알았다. 이탈리아 영토 내 깊숙이 '산마리노공화국(San Marino)'이라는 하나의 엄연한 독립 국가가 존재한다. 비가 내리는 가운데 산악지방이라 구불구불한 헤어핀 도로를 아슬아슬하게 운전하면서 도착한 그곳은 긴장하여 흘린 땀만큼이나 경이로웠다.

넓은 지역을 긴 시간 동안 겪었던 어려웠던 것, 무엇을 보았는지, 여행지에서의 느낌 등의 경험은 소중하였다. 이렇게 글을 쓰는 이유는 여행 중 가졌던 소중한 것을 다시 한번 기억하고, 독자가 책을 통하여 실제 여행을 하지 않아도 우리와 두런두런 이야기하며 여행한다는 느낌이 들도록 하고 싶어서다. 이탈리아도 먼 외국이니, 늘 그런 것은 아니지만 인종차별이라는 생각이 스칠 경우도 있었고, 황당한 일을 당한 일들도 있다. 이탈리아 말은 '그라찌에(Grazie-감사합니다)'밖에 모르고, 여행 기간에 한 단어 '우노(Uno, 하나)'만 더 배웠다. 그러니까 교통표지판을 알아보지 못하는 상태로 전국을 누빈 셈이다.

출발 한 달 전까지 동행을 망설였지만 이탈리아의 수많은 성당에서 함께 묵상하는 시간을 가졌다. 묵상 중에 가족들, 주변의 모든 분의 건강과 배려에 감사함을 생각했다. 여행 중에도 우리에게 주어진 것의 소중함을 일깨워 주어, 여행으로 인한 시간 공백이 헛되지 않음에 감사한다.

목차

1장 중부 지역 ··· 011

1.1 이탈리아 속으로 ··· 012
1.2 중세도시의 보석 티볼리(Tivoli)/오르비에토(Orvieto)/
    바뇨레죠(Bagnoregio)/아시시(Asisi) ··· 019
1.3 그림 밖의 풍경 발도르차(Val D'Orcia)/몬탈치노
    (Montalcino) ··· 052
1.4 중세의 정취가 숨 쉬는 시에나(Siena) ··· 059
1.5 르네상스의 탄생지 피렌체(Firenze) ··· 071
1.6 성벽 도시 루카(Lucca) ··· 109
1.7 다섯 개의 보석 마을 라 스페치아(La Spezia)/친퀘테레
    (Cinque Terre) ··· 119

2장 북부 지역 ··· 131

2.1 붉은 도시 볼로냐(Bologna) ··· 132
2.2 물의 도시 베네치아(Venezia) ··· 144

2.3 자연의 마법 돌로미티(Dolomiti)/코르티나 담페초
(Cortina d'Ampezzo)와 오르티세이(Urtijëi) ··· 171
2.4 팔라디오의 비첸차(Vicenza) ··· 208
2.5 사랑과 낭만이 있는 베로나(Verona) ··· 216
2.6 패션과 디자인의 수도 밀라노(Milano) ··· 226
2.7 호숫가의 낙원 코모(Como)와 벨라지오(Bellagio) ··· 261
2.8 현재와 과거가 공존하는 토리노(Torino) ··· 270

3장 아드리아해/남부 지역 ··· 277

3.1 모자이크의 도시 라벤나(Ravenna) ··· 278
3.2 영원한 공화국 산마리노(San Marino) ··· 291
3.3 아드리아해의 관문 바리(Bari) ··· 300
3.4 돌 속에 시간을 감춘 마테라(Matera) ··· 309
3.5 아드리아해의 숨겨진 보석 폴리냐뇨 아 마레(Polignano a Mare) ··· 318
3.6 동화의 마을 알베로벨로(Alberobello) ··· 327
3.7 반도의 든든한 받침대 브린디시(Brindisi)/오트란토(Otranto)/산타마리아 디 레우카(santa Maria di Leuca)/타란토(Taranto)/빌라 산 지오바니(Villa San Giovanni) ··· 333
3.8 지중해의 보석 나폴리(Napoli)/포시타노(Positano)/아말피(Amalfi)/소렌토(Sorrento) ··· 339
3.9 여행자의 사랑 카프리(Capri) ··· 353
3.10 평화로운 휴양지 소렌토(Sorrento) ··· 363

4장 로마, 영원의 시간 속으로 ··· *369*

이탈리아에서 운전하기 ··· *433*
    1. ZTL(Zona Traffico Limitato)에 대하여 ··· *434*
    2. 주차하기 ··· *437*
    3. 범칙금 납부 방법 ··· *439*

1장
중부 지역

1.1

이탈리아 속으로

　서울에서 출발하여 늦은 시각인 저녁 7시가 넘어서 로마 공항에 도착한 것은 어제였지만 실제 여행의 시작은 오늘부터다. 로마 공항 명칭은 다소 긴 피우미치노 레오나르도 다빈치(Fiumichino Leonardo da Vinci) 공항이다. 서양 사람들은 공항 명칭에 역사적으로 유명인 혹은 정치인들의 이름을 붙인다. 자유 여행자가 오후 늦게 도착하거나, 컴컴한 밤중에 도착하면 숙소를 찾아가는 일은 매우 불편하여 좋을 것이 없지만, 항공사마다 정해진 시간이라 어쩔 수 없는 일이다. 입국 수속, 렌터카 인수, 익숙하지 않은 곳에서 밤 운전은 물론이고, 숙소의 체크인 등, 불편한 일을 늦은 시각에 한다고 생각하면 마음이 편치 않다.

　어제 출발 전에, 익숙한 환경과 이별이 그렇듯, 불확실성의 불안함과 설렘이 교차하는 가운데 긴장하는 것은 어쩔 수 없는 노릇이다. 기다림 끝인 출발 시간이 다가오면, 불안감은 종합 세트로, 구체적으로 나타난다. 숙소는 잘 찾아갈 수 있는지, 렌터카는 예약 시 차종으로 잘 인수할 수 있을지, 숙소는 깨끗할지 등등 많은 생각들이 왔다 갔다 한다. 그러나 머릿속이 복잡하지만, 낯선 곳을 다니면서 막상 닥쳐 보면 걱정한 것만큼은 아닌 경우가 대부분이다. 불안함은 어떤 일에 몰입하면 잊히지만, 시작하기 전에는 마치 육상선수가 트랙에 나갈 때의 심정이다. 이렇듯 출발 신호가 떨어지면 오로지 한 가지 생각뿐일 것이다.

　이번 여행에 아내와 함께하니 마음이 푸근하고 불안감이 덜어진다. 아내의 동행으로 나의 모자라는 부분을 채워 주고 여행 중에 발생할 수 있는 여러 잠재 위험으로부터 대처할 수 있게 되었지만, 아내도 적지 않은 나이인지라 체력적인 부담이 될까, 걱정되기도 한다. 이번 이탈리아 여행은 선진국이기는 하지만 아프리카 난민과 과도한 여행객 유입 문제, 또한 여행객들로 인한 그들의 일상 삶을 방해하는 것에 대한 반감이 있다는 것을, 매스컴을 통해 들은 바가 있다. 비교적 날씨가 좋은 이탈리아로 난민과 집시들이 몰려와 그들의 삶을 이어 가기 위한 행위를 한다. 여행객에게는 바람직하지 않은 사고로부터, 여행을 혼자 하게 되면 자칫 그런 위험에 노출될 가능성이 높다. 더욱이 먹잇감으로서의 한국인에 대한 그들의 기대감은 세계 최고 수준으로 인식하고 있다고 한다. 필자도 스페인 여행 시 여러 번 경험이 있어서 더욱 긴장된다.

　출발 전날 저녁에 아내와 짐을 다 꾸린 후 가볍게 산책하며 두 달이 넘는 여정을 무사히 마치기를 바라는 마음으로 서로에게 격려의 말을 건넸다. 아울러 여행 전 건강해 보이는 모습과, 떠날 수 있는 여건이 되도록 지금껏 배려한 모든 것에 감사하는 마음을 보냈다. 특히 이번 여행에서는 고산 지역 트레킹을 포함하고 있어서 체력적인 부담도 있을 것으로 보여, 부딪혀 보고 해결하려 했지만, 여전히 걱정된다. 누구나 이런 상황이 되면 그러하겠지만 비교적 소심한 나로서는 쉽사리 떨쳐 버리기 어려웠다.

　공항은 예상보다 한산했다. 아마 파리 올림픽 뒤끝의 영향은 아닌가 잠시 생각해 봤다. 과거에 출발하는 날 공항에서 늘 허둥대던 모습이 마음에 걸려, 일찌감치 공항으로 갔지만 제 버릇 어디 버리지 못하는 듯, 느실대다가 탑승 마감 몇 분 전에 거의 뛰다시피 탑승구에 도착하고 안도의 숨을 쉬는 고약함이 반복된다. 탑승 전에 기내에서의 음식 제공 스케줄을 무시하고 음식을 먹었는데, 이륙하자마자 식사를 주니 배가 불러 먹는 시늉만 했다. 메뉴는 돼지고기와 소고기 중 선택하게 되어 있는데, 그동안 국제선에서 제공하던 비빔밥이 안 보여 서운한 마음이 들었으나, 출국 시에는 아직 한식이 그립지 않을 테니, 귀국 시 제공하려는가 하고 잠시 생각했다. 세월이 모든 것을 변화시킨다는 것을 아직도 진실로 받아들이지 못한 모양이다.

 기내에 들어와 안전벨트를 채우고 나면, 탑승까지의 부산함을 뒤로하고 생각에 잠긴다. 인생은 생존이 목적이 아니라, 주어진 시간을 존중하며 충실하게 사는 것이라 한다면, 어떤 사람에게는 여행이 그 충실함에 가까운 삶의 방식 중의 하나가 아닐까? 하고 생각해 보았다. 필자의 방법으로 여행하는 본질상 모든 것을 스스로 헤쳐 나가야 하는 특성 때문에 다소 고생스러울 수 있다. 하지만 아내와 출발 전 그런 생각보다 긍정적이고 다소 낭만적인 생각으로 순수하게 여행을 즐기기로 했다.

 영화를 즐겨 보는 마니아는 아니지만 기내에서 맞이하는 이런 기회까지 마다하지는 않는다. 특히 장거리 비행을 하게 되면 한두 편은 기본으로 지루한 시간을 메꾸곤 한다. 곧 닥칠 미래의 여러 가지 일들을 상상하며 스트레스를 받기보다는 그렇게 하는 것이 현명한 것 같다.

 첫 번째 기착지인 로마 공항에 오후 7:30 도착하여, 렌터카 인수하는 것을 제외하고, 입국심사 마치고 짐 찾고 곡절 끝에 밤길에 운전해서 숙소로 가는 일들은 대체로 순조로웠다. 의외의 빠른 입국 심사로 늦게 도착한 것에 비해 너무 늦지는 않았다. 다소 시간의 여유가 생겼지만 렌터카 사무실 가는 길에서 난관에 부딪혔다. 분명히 눈앞에 터미널3 위치가 표시되어 있고, 모든 표지판도 그렇게 되어 있건만 입구를 찾지 못해 23킬

로가 넘는 대형 캐리어와 무거운 배낭을 메고 30분간 30도가 넘는 무더위에 헤매다 보니 온몸이 땀으로 흠뻑 젖었다. 설상가상으로 2층에 있는 입구인 듯한 곳으로 가는 엘리베이터마저 고장으로 갈 수가 없었다. 달리 캐리어를 들고 2층으로 갈 수가 없기에 땀을 흘리며 고장 난 엘리베이터에서 혹시나 하다가 옆 건물 엘리베이터를 이용하는 등, 곡절 끝에 렌터카 사무실에 도착했다.

차는 나의 예상대로 예약 때 신청한 차를 받지 못하고 필자가 처음 보는 쿠프라 포르멘토(Cupra Formentor)라는 예약 시보다 약간 작은 SUV 차가 배정되었다. 당초 필자가 예약한 차는 푸조 3008이다. 이런 일들이 한두 번도 아니고, 과거 경험에 의하면 항의해 봐야 시정이 안 된다. 렌터카 계약서에는 대표 차종을 미끼처럼 올려놓고 비싸게 렌트 비용을 설정한 후 실제로는 싸구려 차를 빌려주는 것 같다. 렌터카 업체는 예약한 차 혹은 동급이란 계약서 문구를 100퍼센트 활용해서 회사의 수익성을 올리는 것으로 보인다.

차를 인수해서 늦은 시간이라 이것저것 따질 겨를 없이 무거운 짐을 싣고 15분 정도 거리에 있는 숙소에 도착했다. 3일 전에 숙소는 셀프 체크인 방식이며, 문을 열고 출입하려면 휴대폰에 인터넷이 활성화되어야 가능하다는 메시지를 받았다. 가 보면 알겠지만, 한편으론 궁금하기도 하다. 서울에서 로밍하고 왔지만, 인터넷은 잘 될지, 늦은 밤 주차도 걱정되었다. 코로나 때문에 벌써 5년이란 세월이 훌쩍 흘러가 체크인하는 방법도 달라지고 숙소의 운영도 전문 업체가 관리하는 것 같다. 다행히 걱정과는 달리 숙소에서는 늦은 시간임에도 직원이 주차장 문을 열어 주고, 숙소에 대한 설명도 친절히 해 주었다. 의외로 널찍한 주차 공간과 깔끔한 방의 시설과 소품들에 놀랐다. 짐을 대략 정리한 후 늦은 밤이지만 내일부터 사용할 차를 점검해 보았다. 주유구와 트렁크 여는 법, 실내 온도 조절 기능들과 안드로이드 오토 작동 여부 등을 확인하고 나서 거의 새벽 2시가 다 되어 잠자리에 들었다.

여행은 일상의 현실에서는 경험하기 어려운 것들을 완벽하지는 않지만 조금씩 맛보게 하는 기회가 있어서 매력적이다. 그런 여행은 여유가 있어야만 가능한 것도 아닌 점도 긍정적이다. 열정이 있어야 하는 조건이 있을 뿐이다. 그렇다고 모든 것을 다 누리게 하지는 않는다. 단지 노력하고 행동하면 그다음을 기약할 수 있는 기다림의 시간을 준다.

꼬박 14시간 이상 비행기에 갇혀 지내고 음식이 입에는 잘 맞지 않아서 힘들었던 어제 일정이었지만, 아침 일찍 숙소에서 제공한 음식은 샐러드가 있는 유럽 조식인데 방으로 가져다주어 기분이 좋았다. 식사 후 잠시 숙소 밖을 나왔다가 깜짝 놀랐다. 숙소는 개인 집처럼 보이지만 규모가 제법 컸고, 운영하는 회사와 직원들도 있었다. 주차장에 가 보니 주차장은 30대 이상 주차할 수 있을 정도로 생각했던 것 이상으로 넓었다. 주차장 옆에 있는 축구장 반 크기의 정원 잔디밭에는 무화과나무와 협죽도 등 여름꽃들이 해맑게 피어, 나를 반기는 듯하고, 백 년은 넘었음직한 올리브 나무는 올리브를 잔뜩 품고 있었다. 잠시 차의 짐들을 정리하고 출발 준비 상태를 점검한 후 간단한 산책으로 만족스럽게 여행지에서 첫날 아침을 맞이했다.

아침 식사와 일정 확인 후 로마 시내 방향으로 차를 몰았다. 제일 먼저 눈에 띄는 것은 매끈하고 우아하게 생긴 소나무들이다. 로마 시내로 가는 길에 계속 보이는 이 소나무는 이탈리아 전국에 심겨 있고 심지어 고대 유적지 주변이나 해안가 도로변에서 많이 눈에 띈다. 이 소나무는 마치 우산 같은 모양이라 일명 우산 소나무로 불리기도 한다. 씨앗을 잣처럼 식량으로 활용하고 고대 로마 시대에는 군사들의 원정길에 비나 햇빛을 피할 수 있는 쉼터를 제공했다고도 한다. 우산 소나무는 사람의 머리

부분에 해당하는 수관이 우산 혹은 엎어 놓은 접시처럼 둥그렇게 옆으로 퍼지고 자연스럽게 아래쪽 가지는 스스로 떨어뜨려 우산 모양이 된다고 하니 신기할 따름이다. 추정한 바로는 지중해의 강한 햇빛과 건조한 날씨 조건에서 나무는 아랫부분에 스스로 그늘을 제공하여 수분 증발을 막음으로써 스스로 보호하는 형태로 진화했다고 한다. 현재는 조경용 혹은 건축용으로 쓰인다고 하니 우리 토양과 기후에 맞추어 수입할 만도 하다.

1.2

중세도시의 보석 티볼리(Tivoli)/오르비에토(Orvieto)/ 바뇨레죠(Bagnoregio)/아시시(Asisi)

로마에 도착했지만, 오늘은 이곳에 머무르지 않고 목적지는 로마 동쪽 근교에 있는 티볼리(Tivoli)이다. 로마는 장기간 여행에 대비하여 한국에서 휴대하기 힘든 여행 필수품을 쇼핑하기 위해 잠시 들르고, 귀국 시 일주일간 머무는 마지막 일정으로 계획하였다. 우선 로마 시내의 ZTL(Zona Traffico Limitato: 이탈리아에서 운전하기 참조) 구역에 아슬아슬하게 걸쳐 있는 한국 식품점, 스포츠용품점인 데카트론, 이곳의 신선식품 마트인 코나드(CONAD)를 들러 쌀, 김치, 현지 과일과 야채, 등산 버너용 부탄가스 등을 구입하였다. 쇼핑을 마치고, 빌라데스테(Villa d'este)를 투어하기 위해 티볼리(Tivoli)로 향했다.

고대부터 로마 사람들의 휴양지인 티볼리는 로마 동쪽으로 차로 30분 이내에 도착할 수 있는 지역으로, 빌라 데스테를 비롯하여 빌라 아드리아나(Villa Adriana) 등 관광 명소들이 있다. 빌라 데스테도 남유럽 지방 도시의 특성처럼 험한 언덕 꼭대기의 구도심 중심에 있다. 산 정상 아래 평지에 건설된 주거지역들은 근세에 개발된 것 같다. 이런 특징은 외부 침략과 약탈에 대비한 인간의 방어 본능이 아닌가 생각해 본다. 대중교통으로 이곳에 오려면 약간 불편하다. 기차를 이용하려면 테르미니역에서 메트로 B선을 타고, 폰테 맘몰로역(Ponte Mammolo)에서 하차하여 티볼리행 버스를 타면 된다.

　티볼리에 도착하기 전에 고속도로상의 휴게소에 들러, CONAD에서 구입한 치킨과 빵 그리고 샐러드로 점심 요기를 하고, 쇼핑으로 고갈된 에너지를 재충전해서 빌라 데스테로 향했다. 가는 길은 꼬불꼬불 험난한 오르막길이지만 차도가 잘 되어 있어서 운전하는 데 위험하지는 않았다. 빌라 데스테 인근은 아직 익숙하지 않은 ZTL 구역이 있으므로 조심하면서 유료 주차장을 찾아 주차했다. 이곳에서 2시간 정도 주차했는데 출구 쪽에 카드와 티켓으로 정산하는 기계가 있어서 편리하게 이용했다.

　로마에서 티볼리로 오는 자동차 길은 멀지 않지만, A24와 E80 고속도로를 이용했고, 유료 도로이다. 유럽 여행하면서 모든 고속도로가 유료인 나라는 프랑스와 이탈리아인 것 같다. 마치 우리나 이웃 일본과 유사하다. 이곳의 통행료 지불방식은 우리와 같다. 후불 방식인 우리의 하이패스 기능과 같은 Tele pass가 있는데 여행객에는 그림의 떡이다. 왜냐하면 단말기를 구입하거나 렌트 해야 하고, 후불 방식이기에 일반적으로 이탈리아 내에 은행 계정이 있어야 원활하다. 물론 방법은 있지만 복잡하다. 두 번째는 선불카드인 VIA 카드를 구입하여 통행료 전용으로 이용할 수 있는데 이 또한 이용하는 사람이 드물다고 한다. 가장 쉬운 방식은 진입할 때 티켓을 뽑아, 나올 때 티켓을 넣어 요금 액수를 확인한 후 현금 혹은 신용카드로 지불하는 방식인데, 이것이 일반 여행자뿐 아니라 현지인들도 많이 이용하는 방식이다.

　빌라 데스테는 이폴리토 데스테(Apolito D'este) 추기경이 교황 선출 선거에서 고배를 마시고 이곳에 은거하면서 자기만의 세계를 구축하려고 1550년경 지은 별장이다. 그의 사후에 당대의 유명 건축가인 로렌초 베르

니니(Lorenzo Bernini)에 의해 완성되었는데 2,000년에 유네스코 세계문화유산으로 지정되고, 그 후 유럽에서 가장 아름다운 정원으로 선정되기도 했다. 이곳의 압권은 가파른 절벽에 가까운 자칫 쓸모없이 버려질 장소를, 절벽 지형 조건을 잘 이용하여 수많은 분수를 테마로 하여 아름다운 정원으로 변신시켰다는 점이다. 이렇게 펌프가 없던 시대에 다양한 형태의 분수를 만들어 아름다운 예술품을 창조했다는 것은, 예술가 이전에 과학자로서 압력관에 대한 이해와 물의 위치 에너지를 운동 에너지로 변화할 수 있다는 원리를 알고 있었기에 가능한 것이다. 이때가 1550년이니 우리나라의 조선 중기인 명종 시대인데, 사실 분수는 훨씬 이전인 고대로마 시대부터 건설하였다. 이탈리아는 어디를 가든 분수가 많다. 여름철 습도가 높은 우리와는 달리 극도로 건조한 기후 때문인 것 같고, 보습 화장품이 발달한 것도 같은 이유라 생각했다.

이곳 티볼리의 빌라 데스테를 둘러보려면 겨울철은 피해야 한다. 일부 분수가 가동하지 않아 기대치에 못 미칠 수 있다.

필자가 도착한 시각이 8월 중순 오후 2시가 조금 지났는데, 햇볕에 나가면 불에 덴 것 같은 느낌의 따가운 햇살과 높은 기온으로 그늘에 있고 싶어진다. 하지만 유혹을 뿌리치고 정원으로 내려가는 가파른 계단을 택했다. 거의 모든 분수가 시원한 물소리와 함께 물줄기를 쏘아 대고 있어 그나마 위안이 되었다. 각각의 분수는 테마가 있고 이름이 붙여져 있다. 몇 가지 예를 들면 유일한 바로크 양식의 오르간 분수는 아래쪽 정원의 가장 높고, 규모가 크며 관광객들이 가장 많이 모이는 곳에 설치된 신전 형태 분수이다. 구조물 안쪽에 파이프 오르간이 설치되어 있어 물이 떨어지면서 생기는 바람으로만 연주된다. 우리가 도착했을 때 마침 파이프 오르간 연주 음악이 들려 신비함을 더해 주었다. 놓치기 어려운 곳이다. 아름다운 덩굴 무늬 도자기로 외관을 만든 올빼미 분수는 가장 화려하고 재미있는 분수다.

수압을 이용하여 새소리가 나는 장치를 가동한다. 꼭대기에 올빼미를 배치하여 맹금류인 올빼미 출현이 새들이 몸을 피하려 분주한 모습을 연출한 것으로 추정된다. 로마 분수에는 창을 든 여신 옆에 늑대의 젖을 빨고 있는 로마의 시조 로물루스와 레무스의 모습이 있다. 그 앞쪽으로 백 개의 분수는 100m에 걸쳐 3층으로 만들어져 있다.

1장 중부 지역 023

그 외에도 넵튠의 분수, 자연의 여신 분수, 타원형의 분수 등이 있는데 하나같이 흥미로운 것이라 더운 날씨에도 불구하고 천천히 둘러보았다. 오르간 분수 앞에서 연주 소리를 듣고 있을 때, 한국말을 하는 사람이 있어 서로 인사하며 사진을 찍어 주었다. 알고 보니 미국 LA에 사는 교포 부부인데, 그래도 같은 말을 하는 사람을 타지에서 만나니 반가웠다.

정원의 맨 끝에서 절벽 아래로 마을을 내려다볼 수 있는 지역은 공사 중이라 빙 돌아 전경이 보이는 구역으로 갈 수는 있다.

빌라의 내부는 몇 개의 회화작품과 천장의 멋진 프레스코화들이 있다. 사람들은 야외 정원 분수에만 관심이 있으나, 기왕 들어왔으면 잠시 이것도 감상하자. 이런 부류의 프레스코화는 이탈리아 여행 내내 가는 곳마다 보게 되는데 비슷하지만 조금씩 다른 것을 보는 재미가 있다. 가든에 있는 분수들을 하나씩 일일이 둘러보려면 체력도 필요하다.

기온이 높아 다 돌아보는데 체력 소모가 많다. 언덕을 내려갈 때는 그나마 괜찮은데 반대로 올라갈 때는 등줄기로 땀이 흐른다. 기온이 섭씨 32~35도를 넘나들고, 구름 한 점 없이 내리쬐는 따가운 햇볕이 여행객을 괴롭힌다. 이곳의 입장료는 이탈리아인 7유로의 배보다 많은 인당 15유

1장 중부 지역　025

로이니 잘 생각해 볼 문제다.

투어를 마치고 숙소를 찾아왔다. 쉽게 도착했지만, 체크인 시작 시각인 오후 2시가 넘었는데도 출입에 관한 아무런 정보가 없어서 더운 날씨에 밖에서 힘든 시간을 보냈다. 막상 해결되었으나 숙소 열쇠로 문을 열기 쉽지 않았고, 주차 공간이 원활치 않아서 또 한 번 힘들었다. 방에 도착해서는 주방과 욕실이 공동 이용이었고, 그나마 요리할 수 있는 조리 시설도 없었다. 예약 시 보았던 것과는 달랐는데 아마도 주방은 호스트와 같이 이용하고, 길거리 주차를 무료 주차 시설이 있는 것으로 포스팅한 것 같다. 이탈리아에서 주차 관련은 거짓으로 포스팅한 것이 30% 정도 되는 것 같다. 숙소 내 무료 주차인데 실제로는 길거리 유료나, 인근의 도로변 무료 주차선이 있는 곳으로 가야 한다. 이런 경우가 몇 번 있었다. 차를 가지고 다니니 신경이 쓰이고, 실제 도착해 보면 예상과 다른 경우가 종종 있다. 필자가 여행을 즐겨 하는 이유도 여기에 있다. 모든 것이 예상대로 흘러가고 원활하다면 무슨 재미로 여행을 하나? 하는 생각이 들었다. 힘들고 예상과 다른 일들이 벌어지는 것이 여행의 본질이다. 마치 우리의 인생이 아무 설계가 없거나, 있다 하더라도 의도와 다르게 진행되듯이. 숙소에는 비누와 수건, 베개도 부족했다. 그래도 기본 장비를 가지고 다니는 우리는 스테이크에 콩밥으로 맛있는 저녁을 즐기고 기분 좋은 시간을 보냈다. 늦은 시간에 호스트가 와서 이곳 계약으로 일하는 사람이 갑자기 결근하여 제대로 호스트 역할을 못 한 것에 미안하다는 말과 부족한 것들을 메꾸어 주었다.

두 번째 맞는 밤이지만 왠지 첫날 같은 느낌에, 잠자리에 누우니 어제 집을 떠날 때 장면이 하나둘 머릿속을 지나간다.

몇 년 전 코로나 사태로 좌절했던 이탈리아에 왜 집착하는지 스스로 궁금했다. 이탈리아는 어떠한 나라인가? 이탈리아 하면 연상되는 단어가 무엇일까? 물론 개인 간의 차이는 있겠지만 반도국, 부츠, 지중해, 무솔리니, 로마(ROME), 르네상스, 성당, 천주교, 피자, 파스타, 포도주, 축구, 패션 등등이다. 필자의 경우는 '로마(ROME)'인데, 현재 이탈리아의 수도 로마시 의미보다는, 고대국가 로마이다. 로마가 유럽을 넘어 전 세계에 정치, 경제, 과학, 철학 등 인류 삶을 지배하는 모든 분야에 걸쳐, 과거부터 현재까지 끼친 영향이 지대하기 때문인 것 같다. 현재의 이탈리아가 과거 로마와는 아주 다르다 해도 그 영향은 대단하여 짧은 지면에 일일이 표현하기에는 무언가 빠뜨릴 것 같은 두려움이 앞서기도 한다.

그러한 이탈리아의 국토 크기는 한반도의 약 1.4배, 대한민국의 3배 정도 된다. 세계에서 국토의 생김새가 한반도와 놀랄 만큼 비슷하여 흥미를 유발하는 요소들이 많이 있다. 예를 들면 삼면이 바다로 둘러싸인 반도이면서, 북쪽은 산악지방으로 대륙에 붙어 있다. 또한 비슷하게 한반도의 태백산맥처럼, 척추에 해당하는 아펜니노산맥이 남북으로 길게 발달해 있다. 억지로 붙이면, 제주도에 해당하는 것이 시칠리아로 생각할 수도 있다. 자연환경에 의한 지역 분리는, 경쟁과 갈등을 유발하기도 했지만, 자연스럽게 지역별 고유한 문화 형성의 기초가 되었을 것이다. 고대국가 시절부터 여러 지역과 부족 간 자치권을 허용해 온 전통이, 다양한 문화의 밑거름이 된 셈이다. 반면에 고유한 기질이 지역 간 갈등으로 나타날 때가 있는 것은 자연스러운 것일 수 있다. 우리나라의 지역감정보다 더 심하게 아예 공식적으로 분리 독립하자는 주장을 한다. 그 속내에는 지역 간 경제력 격차에 기인한다.

이탈리아 여행은 이렇게 경이롭고 다양한 자연 경관과 오랜 역사와 공존하는 문화를 들여다보는 것인데, 이곳이 아니면 경험할 수 없는 것이 많아, 사람들을 들뜨게 하기에 충분하다. 막연하고 비현실적인 것 같지만, 내막을 한 겹 한 겹 들춰 가며 여행하는 재미가 있는 곳이 이탈리아다. 이탈리아의 국기는 세로로 된, 여러 유럽 국가의 국기가 삼색기이듯, 녹색, 흰색, 빨강의 삼색기이다. 녹색은 희망과 자연, 흰색은 신앙과 순결 그리고 알프스산맥의 만년설, 빨강은 사랑과 희생 그리고 독립을 위해 희생한 이탈리아인의 피를 상징한다고 한다. 한마디로 3개의 색에 그럴듯한 좋은 의미를 붙여 국민들과 공유하는 셈이다.

여행에서 역사와 문화, 예술, 인문, 지리, 정치에 대한 최소한의 지식을 사전에 알고 가려면, 약간의 투자가 필요하다. 특히 역사, 문화, 예술, 인문 지리 등의 분야 지식이 있으면 내실 있는 여행을 할 수 있다. 필자는 관심만 많고 지식이 없어, 수박 겉핥기 식으로라도 맛을 보려고 노력했지만, 과연 이 여행을 값어치 있게 할 수 있을까 하는 걱정이 앞섰다. 굳이 모르더라도, 여행 자체는 아름다운 예술품들과 마주하고, 여행지 고유한 자연경관을 나름의 방식대로 즐기면 된다고 생각했다. 책을 쓰는 것만큼은 여행의 가치를 제대로 전달하고, 정확한 정보를 담아낼 수 있을지 두려운 생각이 들어 여러 번 망설였다.

낯선 땅 이곳저곳을 돌아다녀 보면, 어느 곳을 가더라도 표현할 방법이 없을 만큼 사람의 마음을 흔들어 놓는 자연경관이 수없이 많다. 이탈리아 여행은 고대 로마 시절부터, 중세와 르네상스 시대, 현재를 아우르는 것으로부터 나오는 이들의 향취를 느껴 보는 것이다. 즉 이탈리아라는 물리적 지역이라기보다는 시간의 시점을 달리하는 과거와 현재를 아내와 함께하는 시간 여행이라 정의하였다. 그러나 지금 가지고 있는 일상의 에너지만으로 짧은 시간에, 함축적인 여행을 할 수 있을지 의문이 들기는 하다. 다만, 이 도시에서 저 도시로 이동하고, 탐색하고, 즐기다 보면 자연스럽게, 많은 세월을 지내 온 건축물과 예술 작품 등을 음미하는 시간이 될 것으로 믿고 있다. 고유한 자연경관은 덤이라 표현하지만, 이탈리아 지리적 환경 또한 뛰어나서 자연을 음미한다는 것은 덤이 아니라 수많은 관광객을 불러 모으는 요인이 되기도 한다. 여유로운 마음에서 빚어낸 포도주와 지방마다 색다른 음식들은 여행객에게는 또 하나의 즐길 거리가 된다. 이동하면서 차창 밖으로 보이는 이국적 풍경 또한 자유 여행에서 빼놓을 수 없는 알맹이 중의 하나이다.

그러나 여행이란 이상과 상상력으로만 이루어지는 것이 아니기에 적절한 현지의 정보와 공간 개념을 가지고 있으면 여행하는 목적을 이룰 수 있다. "아는 만큼 보인다"는 것은 공감이 가는 말이기도 하다.

필자는 욕심을 내서 렌터카로 이탈리아를 둘러보려 하지만, 대중교통 수단이 발달하여 굳이 렌터카가 아니더라도 도시의 이동은 웬만하면 다 이루어지니, 무거운 캐리어 문제만 아니라면 배낭여행도 추천한다. 시차를 두고 지방별로 잘라서 즐겨 보는 것도 괜찮다. 또한 사정이 허락하지 않으면 패키지여행인들 어떠랴!

차가 있으면 항상 주차가 신경 쓰이지만, 무거운 것으로부터 해방, 숙소 위치 제약이 없는 것 등의 장점이 있어, 렌터카를 자주 이용한다. 그러나 가장 큰 장점은 뭐니 뭐니 해도 자유다. 필자는 보통 여행 기간이 길기 때문에, 무거운 짐을 배낭에 넣어 메고 다니며 고생한 적도 있다.

일상에서 벌어지는 일들이 아무런 감흥도 없이 그냥 그저 그렇다는 관용어를 자주 쓰는 나 스스로에게 묻는다. 변화를 스스로 택해 보는 것은 어떨까? 이 세상에 부정적인 언어는 우리를 위험에서 보호하는 것처럼 보일 수 있지만 근본적인 것은 아니라는 생각이다. 내 곁에는 "위험하다, 귀찮다, 힘들다, 난 안 된다, 말도 안 통한다, 불편하다, 음식이 안 맞는다" 등

등 많은 핑곗거리가 있어, 그중에 몇 개를 가져다 내 앞을 가린다. 절실하지 않거나, 두려움 때문으로 보인다. 필자도 사람이라 늘 듣고 싶은 말만 들리듯, 생각하고 싶은 것들만 옳고 정의라고 믿는 덫에 걸린다.

마지막까지 망설이던 아내가 출발 며칠을 앞두고 동행하기로 해서 나름대로 안도했다. 사실 아내가 동행하기로 한 결정은 이탈리아의 치안 상태가 만만치 않다고 판단하여 필자를 보호할 목적으로 결정한 것이라고 한다. 어차피 필자는 혼자라도 떠나리라는 것을 잘 알고 있기 때문이다. 덕분에 그동안 예약을 진행한 것 중 일부는 취소하고 새로 예약을 진행했고, 시간이 촉박하여 며칠을 바쁘게 재조정한 것과 일부 어려운 부분은 예약 취소가 불가한 곳도 있었지만 원만하게 해결하여 산뜻한 출발을 할 수 있었다. 잠을 잘 자는 장점만 가지고 있는 필자지만 빠듯한 여행 첫날의 일정을 마무리하고 피곤함에도, 여러 생각에 쉽게 잠을 이루지를 못했다.

＊ ＊ ＊

여행에서 숙소와 날씨는 중요한 변수로 여행의 질을 좌우한다. 날씨야 어쩔 수 없지만, 숙소는 하룻밤 잠만 자고 떠나는 것이 아니라면 신중하게 선택하는 편이다. 장기간 여행을 하는 사람들에게는 더욱 그렇다. 주로 일반호텔이나 레지던스형 숙소를 번갈아 가며 이용하는데 렌터카를 가지고 다니니까 주차시설 유무에 신경을 많이 쓴다. 또한 식사를 위한 주방 시설도 신경을 쓴다. 장기간 여행을 하면서, 매번 현지 음식으로 한다는 것은 여러 측면에서 바람직하지 않기 때문이다. 비용도 비용이지만 시간이 많이 필요하다. 이번 여행에서만큼은 한 번의 호텔을 이용하고, 나머지는 모두 레지던스형 숙소를 이용했다. 이유는 호텔은 체크인이 쉽지만, 방 안이 그리 넓지 않아 답답함을 느꼈고, 레지던스형은 점심을 제외한 나머지를 우리 입맛에 맞게 조리할 수 있는 장점이 있다. 필자의 경우 아무리 맛있는 음식이라도 한두 끼니이고, 몇 십 년간 먹어온 평범한 음식만도 못했다.

그런데 숙소를 예약할 때 꼼꼼히 보지 않으면 낭패를 보게 된다. 샤워실을 다른 여행자와 공동으로 사용한다든지, 주방이 공용이든지, 집 앞 길거리에 노상 주차를 무료 실내주차로 표현하는 등의 내용으로 올려놓는 경우가 가끔 있다. 어제 우리의 숙소가 꼭 그랬다. 불편한 것들은 별로 없었지만, 아내에게 미안했다. 그래도 불편한 내색을 하지 않는 아내가 고마웠다.

여행지에서 간편한 복장이 필요하여 티볼리에서 출발할 때 인근의 데카트론 매장에 들러 실내화와 실내 복장 등 추가 쇼핑을 하였다. 매장을 떠나 고속도로 진입 시 주의한다고 했는데 잘못하여 고속도로 통행료 티켓을 뽑지 못하고 텔레패스 출구로 들어와 버려 한참 애를 먹은 후 빠져나왔다. 도움을 요청하였으나 이탈리아 말을 모르기에 알아듣지 못했고 무언가 벌금을 물리고 바리케이드를 올려 준 것 같은데 지금으로서는 알 길이 없다. 나중에 안 일이지만 이 일은 그냥 넘어간 것 같다.

오르비에토를 향해 가는 도중, 졸음이 몰려와 아내에게 운전을 부탁했다. 조금 걱정스러웠으나 이내 익숙하게 운전해서 안심되었다. 정오 무렵인데 기온은 36도까지 치솟더니 급기야 소나기가 쏟아지기 시작하여 기온이 많이 떨어져 필자 같은 여행객에게는 그야말로 단비였다. 어제 티볼리의 빌라 데스테에서는 날씨가 더워 경사가 심한 분수 가든 투어를 할 때 많은 땀을 흘렸기 때문에, 더운 날씨보다는 차라리 비가 오는 편이 낫다고 생각했었다.

오르비에토는 고대 로마 시대에 로마의 북동 지역인 토스카나와 움브리아 살았던 에트루리아인들이 건설한 12개의 고대 도시 중, 지금까지 남아 있는 도시이다. 로마인보다 기술이 발달했다고 하는 에트루리아인은 모두 높은 산 정상의 평평한 지역을 골라 도시를 건설하는 특징이 있었다고 한다. 이들은 초기에 로마인보다 강대한 세력을 가지고 있었으나 로마의 공화정 시대인 기원전 300년 무렵에 로마에 흡수되었다.

오르비에토로 가는 길은 차가 없는 경우, 두 가지 선택을 할 수 있다. 하나는 로마와 피렌체에서 기차가 있고, 기차에서 내려 푸니콜라레를 타고 올라가면 된다. 두 번째는 로마나 피렌체에서 지역 패키지 투어를 하면 간단하다. 그러나 차가 있다면, 로마에서 2시간 거리라서 ZTL 구역 밖 산 정상의 유료 주차장을 내비게이션으로 설정하고 가면 더욱 간단하다.

유료 주차장의 요금은 2~3유로 정도이다. 이탈리아는 거의 모든 도시가 ZTL 구역이 설정되어 있지만 구역 밖에는 반드시 공용 주차장이 있고,

주차비가 합리적이라 렌터카를 이용한 여행에 최적지이다. 오르비에토에서 둘러볼 것은 대성당과 리퍼브리카 광장, 지하 도시, 산파트라치오 우물, 그리고 성당이 있는 구시가의 높은 지대에 있는 전망대 등이다. 그 외에 고대의 에트루리아 유적과 유물이 있다. 대성당으로 가는 골목길에 있는 기념품 가게들은 여행객의 발길을 더디게 한다. 이런 곳은 푸니콜라레나 유료 주차장에서 내리면 걸어서 15분 거리 이내에 있다. 단 기차역에서 내려 고지대에 있는 오르비에토로 걸어서 가면 체력 소모가 많으

니, 가급적 푸니콜라레를 이용하자. 장기간 여행을 하려면 체력을 비축해야 한다. 여행 중에는 어쩔 수 없이 걷는 경우도 있지만, 대체 수단이 있다면 기꺼이 이용하자.

    고딕 양식의 대성당 전면 파사드는 금색의 화려한 모자이크 때문에 무척 화려하고 섬세한 조각으로 장식되어 있어 보는 순간 아! 하는 감탄사가 절로 나온다. 성당은 인근의 볼세나의 성당에서 성체에서 피가 나와 제대포를 적신 기적을 기리기 위해, 13세기 말에 로마네스크 양식으로 시작해서, 300년간의 건설 기간으로 화려한 고딕 양식으로 바뀌어 완성된 것이다. 지금은 입장료를 내야 하는데, 코로나 이전에 입장료를 받다가 코로나 시절에 무료입장이었다. 결국 제자리로 돌아가며 요금만 올랐다.

성당 전면의 파사드 맨 위 삼각형 안에는 화려한 성모 마리아 대관식 모자이크가 있고, 그 아래 사각형에는 섬세한 12사도와 성인들의 조각이 있으며, 장미창 중앙에는 예수님의 얼굴로 보이는 조각이 있다. 건물의 내외 벽을 보면 가로로 교대로 검정과 회색의 대리석을 층층이 쌓아 올려 아름답기는 하지만 마치 죄수복 같은 무늬를 성당 전체 외벽을 감싸고 있는 특이한 형태이다.

　성당 내부는 거의 모든 성당이 그렇듯 스테인드글라스를 통해 외부의 빛을 공급하지만, 성당 내부는 매우 어두웠다. 그 이유는 오늘 날씨가 흐린 탓이기는 하나, 창에 스테인드글라스가 아닌 무늬가 있는 이집트의 대리석을 스테인드글라스 대신 창의 반을 사용한 탓도 있는 것 같다.

 이 대리석 창은 이집트산으로 얇게 만들어 창에 설치했으며 우리가 상상한 것보다 훨씬 빛 투과율이 높고, 그 문양이 아름다워 스테인드글라스 못지않다고 한다. 다만 가격이 고가라고 한다. 조명 측면에서는 스테인드글라스보다는 못하지만, 무늬의 아름다움은 능가하는 것 같다. 많은 순례자는 내부 산 브리지오 예배당에 있는 루카 시뇨렐리의 최후의 심판 프레스코화를 보려고 하는데, 이 그림은 미켈란젤로가 바티칸 시스티나 성당의 최후의 심판을 그릴 때 여기서 영감을 얻었다고 한다. 아무래도 창작보다는 베끼는 쪽이 질적으로 낫지 않을까 하고 생각해 보았다. 워낙 스토리 만들기 문화가 뛰어난 곳이라 고개가 끄덕여진다.

 그 옆에 산 브리초 경당(San Brizio)에는 16세기에 이폴리토 스칼차 (Ippolito Scalza)가 제작한 피에타 조각 작품이 있다. 십자가에서 내린 시

신을 안고 슬퍼하는 성모 마리아와 축 처진 예수의 주검은 고통을 느끼게 한다. 사다리를 들고 있는 모습으로 보아 시간상으로 십자가에서 내려진 직후 모습이고, 사다리를 들고 예수님을 내린 이는 아리마태아의 요셉 혹은 니고데모라 하는 데 의견이 분분하다.

오르비에토는 고원지대 높은 곳이라 시가 경계를 따라 움브리아(Umbria)의 멋진 풍광을 즐길 수 있다. 특히 로카 알보르노치아나(Rocca Albornoziana) 인근에는 여행객을 위한 전망 보도가 있고 포르테짜(Fortezza) 전망대는 절벽 아래로 도로와 마을 경치가 일품이다. 이곳에서 시원한 바람과 함께 지친 여행객이 한때 휴식을 취하기에 알맞다.

구시가 방문 후, 숙소에 도착하여 와이파이 때문에 주인에게 도움을 받았다. 출국할 때 로밍을 아내와 함께하기는 했지만, 늘 인터넷을 통한 내비게이션을 사용하기 때문에 데이터 소진에 신경이 쓰이기 때문이다.

저녁 식사 후 아내와 함께 숙소 주변 산책 겸 쇼핑을 나갔다. 오늘이 일요일이기에 대형마트는 문을 열지 않았고, 문을 연 이곳 지역 마트를 갔다. 이곳 마트들은 보통 일요일에는 영업을 안 하지만 주민 편의를 위해,

휴일에도 영업하는 곳도 있다. 우리가 찾아간 마트는 생각보다 규모가 크고 물건도 다양했다.

숙소는 차가 있으니 굳이 산 정상의 ZTL 구역이 있는 구도심보다는 아래쪽 신도시 지역에 정했는데, 오히려 주변의 신거주지 정원을 감상하는 등, 정상적인 시민들의 생활 속에 깊이 생활해 보는 맛도 있어서 좋았다.

* * *

고단한 덕에 휴식은 달콤했고, 오르비에토에 더 머물 수 없는 아쉬움을 뒤로하고 승용차로 약 40분 거리에 있는 치비타 디 바뇨레조를 향해 출발했다. 그곳 일정을 소화한 후 2시간 거리인 아시시로 가기로 했다. 오르비에토에서는 서쪽으로 갔다가 동쪽으로 되돌아오는 동선이라 모양은 좋지 않다. 차가 없으면, 오르비에토에서 가는 버스가 있으니 이용하면 된다. 버스에서 내려 굳이 전화기의 구글맵에 매달리거나, 가는 길에 대해 신경을 쓰지 않아도 된다. 버스에서 내린 관광객이라면 대부분 그곳으로 갈 테니, 다른 사람을 따라가면 된다.

이번 여행에서 목적지까지 소요 시간을 구글이 보여 주는 교통정보 중 차로 이동할 때 소요 시간에 두 배로 계산했다. 이곳 고속도로는 제한 속도 130km가 되는 곳도 있어서 빠른 속도로 측정하기도 하겠지만, 이곳에 익숙하지 않은 우리 차가 천천히 가기 때문이다. 당연한 이야기지만 필자는 이곳이 낯선 곳이고, 차도 평소와 다른 차이기에 본래 속도에 70~80퍼센트로 운전하고 또 그렇게 천천히 운전해야 볼 것들을 그나마 운전하면서 덤으로 얻을 수 있다.

오르비에토에서 치비타 산정 마을로 가는 길은 험하지는 않지만 구불거림이 많고 고원지대로 올라간다. 오르비에토 서쪽으로 마주 보이는 산 정상을 넘어서 간다. 가는 길은 구불거리지만, 멋진 경치와 움브리아 지방 농촌 모습, 포도밭과 목장이 이어져 있다. 간간이 보이는 오래된 올리브 나무 등 한가로운 풍경에 차창 문을 열고 심호흡을 하며, 한적한 농가 주변 드라이브를 즐길 수 있었다. 출발한 지 10여 분 지나 구불구불한 산길로 접어드니 오르비에토 맞은편 산이었다. 정상 올리브밭 공간에 차를 세우니 맞은편에 있는 오르비에토가 한눈에 보인다. 그 모습은 마치 하늘에 떠 있는 도시처럼 보였다.

* * *

승용차로 치비타 마을을 가려면 바뇨레조의 ZTL 구역 밖에 주차 후 걸어서 가야 하는데, 긴 여행 중 체력 안배를 하려면 최대한 차로 가깝게 가야 걷는 거리를 줄일 수 있다. 그래서 지도상에서 가장 안쪽의 주차장을 설정했는데 한참 못 미쳐 웬 배 나온 아저씨가 나와 마치 교통 정리하는 것처럼 하면서 우리 차를 막고 손가락으로 가리키는 주차장에 주차하라고, 차를 못 가게 막는다. 필자는 가던 길을 계속 가겠다고 의사 표현했다. 차를 세우고 가만히 보니 다른 차들은 막지 않는다. 뭔가 느낌이 이상하여 차를 가던 방향 슬슬 움직이니 살짝 비켜선다. 그대로 통과해서 목적한 주차장에 여유 있게 주차했다. 아마 주차는 유료인데 안쪽 주차장에 손님들을 빼앗기니 주차 영업 같은 것으로 추정된다. 주차비는 그리 비싸지 않았다 2.5유로에 2시간이면 괜찮은 편이다.

차에서 내려 3~4분 걸어가면 치비타 마을로 들어가는 도로가 한눈에 보이는 전망대가 나온다. 실제로 이곳이 치비타 마을을 촬영할 수 있는 포

토존이며, 뒤쪽으로 조그만 카페와 기념품 가게도 있다.

　기원전 6세기경 역시 에트루리아인이 건설한 이 마을은 일본 미야자키 하야오 감독의 애니메이션 '천공의 성 라퓨타'의 배경으로 알려져 더욱 유명하게 되었다. 사실 지진과 부드러운 응회암의 빠른 침식으로 인하여 마을이 파괴되어 가고 있어 죽어 가는 마을로 알려져 있다. 마을 안의 성당과 중세 건축물, 에트루리안 유물보다 더 관심을 끄는 것은, 멀리서 보는 마을 전경과 300m에 달하는 유일한 진입로 다리와 다리에서 보이는 좌우 자연 풍광이다. 전망대에서 마을로 가려면 가파른 계단 밑의 진입 도로로 내려가, 걸어서 가야 한다. 다리 전까지 차량으로도 갈 수 있고 입구에 가까운 곳에도 주차장은 있으나 ZTL 구역이다. 마을 안으로 걸어 들어가기 위해 전망대에서 계단을 통해 아래로 내려가 진입로로 들어섰다. 이 길에는 단체 관광객은 거의 없고 삼삼오오 개별 혹은 가족 단위 관광객들만 보인다. 아마 단체들은 위쪽에 있는 전망대까지만 오는 것 같다. 경사진 길을 지나 진입로 다리 입구에서 문제가 생겼다. 아내가 오르비에토에서 오는 길이 꼬불거림이 심했는데 멀미 기운이 있었나 보다. 입구 쉼터에서 잠시 사진을 찍으며 기분 전환을 해보았지만, 아내의 상태가 나아지지 않아, 마을 입구에서 전망대가 있는 곳으로 다시 올라가 그곳 카페에서 휴식을 취했다.

* * *

휴식 후 기분이 나아져 오늘의 숙소가 있는 아시시(Asisi)로 향했다. 가는 길은 고원 지대를 가로질러, 높은 곳에서 움브리아 지방의 구릉지대와 코르바라(Corbara) 호수가 한눈에 보이는 멋진 경치의 연속이었다. 고원 지대를 지나, 구불구불한 호변 길 또한 운전이 위태로울 만큼 시선을 뺏는다. 아내가 차멀미에 힘이 들었는지, 잠이 들어 멋진 경치를 혼자만 보아 미안하고 아쉬운 마음이 교차했다. 차를 세우고 사진을 찍을까, 깨울까도 생각해 보았지만 그렇게 하지 않았다.

거의 이탈리아 중앙부에 위치한 아시시는 움브리아 지역에서 비교적 큰 도시인 페루자(Perugia)의 남동부 고원지대에 있다. 고대에 에트루리아인이 높은 지역을 골라 도시를 건설한 것과 달리 농경을 중시한 움브리아 족이 건설한 도시라 한다. 이탈리아의 수호성인인 성 프란체스코가 태어난 곳이기도 하여 성지 순례자들이 많이 방문한다고 알려져 있다. 하지만 종교적 의미의 방문이 아니라도 중세의 도시 모습을 한 이곳을 방문하는 것은 의미가 있다. 아시시의 구도시는 중세 문화 유적으로 가득하여 시 전역이 유네스코 세계문화유산으로 지정되었다. 하지만 관광객들이 둘러볼 곳은 산 프란체스코(San Francesco) 성당, 움브리아 평원을 한눈에 내려다볼 수 있는 로카 마조레(Rocca Maggiore) 성채, 성녀 클라라(Santa Chiara) 성당, 두오모인 산 루피노(San rufino) 성당, 이들을 아기자기하게 연결한 골목길과 코무네(Comune) 광장 등이다. 렌터카를 이용하면 간단하고, 차 없이 이곳에 가려면 로마와 피렌체에서 기차를 이용하면 된다. 기차에서 내려 걸어서 올라가기에는 체력 소모가 많으니, 버스를 이용하길 권한다.

우리는 미리 표시해 놓은 주차장에 도착하여 가장 가까운 아시시 두오모인 산 루피노 성당에 들어갔다. 성당의 전면 파사드는 전형적인 로마네스크 양식으로 수수하지만, 내부에는 달리 프레스코화들로 장식되어 있어 경건한 마음이 절로 우러났다. 이곳에서 성 프란체스코와 성녀 키아라가 세례를 받았다고 한다. 아내는 촛불 하나를 켜고 무언가 기도를 한다.

정면의 예수님상을 향하고 돌아서는데 조그만 신호 소리가 들리자, 모든 사람들이 출입문 쪽을 주시하고 신부도 그쪽으로 향해 서 있었다. 우리는 무슨 일인지 몰라서 머뭇거리다 사람들과 똑같이 서 있다가 성당 밖으로 나온 후에야 그 이유를 알았다. 장례식이었다. 처음 보는 광경인데

어떤 사연인지는 몰라도 루피노 성당에 도착하였을 때 무장한 경찰들이 성당 주변에 자유 자세로 모여 있길래 의아해했었다. 나름 이곳이 관광지이니 치안 유지 목적이겠거니 생각했었다. 장례식을 뒤로하고 코무네 광장으로 걸어갔다.

　가는 골목길은 경사가 제법 있는 내리막길인데 양쪽에는 아내가 좋아하는 앙증스러운 기념품 가게, 예쁜 소품 수공품 가게가 줄지어 있고 달콤한 젤라토, 피자 가게 등에는 손님으로 차 있어, 걸음의 속도가 느려진다. 시민의 탑이 있는 코무네 광장은 이곳 지형이 경사진 곳이지만 평평했고, 미네르바 신전은 종탑과 함께 이곳에 관광객을 불러들인다.

광장을 뒤로하고 산 프란체스코 성당으로 향했다. 역시 내리막 작은 골목으로 가는 길은 마찬가지로 여러 음식점 소품 선물 가게들로 눈을 즐겁게 해 준다. 산 프란체스코 성당 출입구는 왼쪽 아래에 있다. 성당의 구성은 상하로 되어 있고 지하 쪽에는 프란체스코 성인의 유해가 안치되어 있다.

지하로 내려가 성인 유해를 참배한 후 화려한 프레스코화로 가득한 내부를 둘러보았다. 특히 우측 예배당의 천정과 상부 좌우의 프레스코화 중 최후의 만찬으로 보이는 것이 눈길을 끌었다. 좌측이 예수님으로 보이며 몇 명의 제자들이 보이고 몇 제자들은 뒷모습이 보인다. 레오나르도의 것과는 다르다. 사진 한 장을 찍자, 아쉽게도 성당 안에서 사진 촬영은 금지라는 것을 알린다.

 성당 밖을 나와 로카 마조레로 가려는데 비가 쏟아지기 시작하여 바로 숙소로 향하였다. 숙소 앞 주차장에 도착하니 50대 아주머니 두 분이 기다리고 있었다. 이곳에 오기 전에 도착 시각을 미리 알려 주기는 했지만 의외였다. 숙소는 아파트였는데 우선 널찍하고, 상상한 것 이상 깨끗하며, 집기와 소품들은 고급스럽고 잘 정돈되어 있어 한껏 기분이 좋았다.

* * *

당연한 이야기지만, 여행의 질을 좌우하는 것 중의 하나는 누구와 함께 하느냐이다. 특히 패키지여행이 아닌 자유 여행을 할 때는 이것만큼 중요한 것은 없다. 같이 여행한다는 것은 여행 기간 내내 한시도 떨어지는 일 없이 붙어 지내야 하기 때문이다. 아무리 친한 사이라 할지라도 평소에 가까이서 서로의 장단점을 노출하면서 지낸 경험은 서로 많지 않다. 여행 기간이 5일 이내인 경우는 그런대로 누구와 함께하는 것이든 잘 견뎌 낸다. 그러나 그 이상 같이 지내다 보면 그동안 참고 누적되었던 감정들이 터져 나오는 계기가 생길 확률이 높아진다. 그것은 곧 다툼으로 이어지고 둘 사이에는 감정의 골이 생기기 시작한다. 결국은 세상에서 둘도 없는 친구라고 생각했던 것이 변하고, 이런 상태로 여행을 무사히 마치면 그나마 다행이다. 그런 것들을 고려하면 평상시 늘 같이 생활하여 이미 모든 것에 익숙해져 있는 부부가 같이 여행하는 것이 그나마 가장 이상적이다. 그래도 여행 중에는 의존적으로 지내는 시간이 평상시보다는 많기 때문에 늘 서로가 조심하고 배려하는 것이 필요하다. 부부지간에도 다툼이 있을 수 있기 때문이다.

오늘의 일정은 이탈리아 토스카나(Tuscany) 지방에 위치한 발도르차(Val d'Orcia) 지역을 둘러보고 시에나에서 숙박하기로 되어 있다. 어제 숙소는 아시시 기차역이 있는 산타마리아 델리 안젤리(Santa Maria degli Angeli)였는데, 이곳에 숙박한 이유는 이곳에 산타마리아 델리 안젤리 성당을 방문하기 위해서다.

이 성당에는 포춘콜라(Porziuncola)와 트란시토(Transito) 예배당이 있는데, 프란치스코 성인이 사목 활동을 시작했고, 대부분을 이곳에서 보냈으며, 세상을 떠난 곳이라 한다. 가톨릭에서는 이 예배당들을 보호하고

기념하기 위해 성당을 세웠다고 한다. 이른 아침에 출발해서 차를 성당 앞에 주차한 후 광장으로 걸어 들어갔다. 파사드를 비롯한 성당 외관은 르네상스와 바로크 양식으로, 아침이라서 그런지 웅장하고 묵직한 느낌이었다. 성당 내부로 들어서면서 이른 아침이건만 순례객이 생각보다 많은 것에 의외라고 생각했다. 일부 순례객은 내부의 화려한 프레스코화와 작은 예배당들이 있어 기도하고 묵상하는 모습들이 보인다. 우리 부부도 잠시 기도하는 시간을 갖고 다음 행선지인 발도르차로 향했다.

1.3
그림 밖의 풍경 발도르차(Val D'Orcia)/몬탈치노(Montalcino)

발도르차는 이탈리아 중부의 토스카나 남부 지역의 구릉으로 이어진 언덕, 포도밭과 올리브, 사이프로스 나무 등 그림같이 조화를 이룬 아름다운 풍경으로 인해 유네스코 세계유산으로 등재된 곳이다. 피엔차(Pienza), 몬탈치노(Montalcino), 몬테풀치아노(Montepulciano) 등 역사적인 3개의 마을을 중심으로 세계적으로 유명한 와인인 브루넬로 디 몬탈치노의 생산지이기도 하다.

영화 그래디에이터 촬영지 인근의 주차장이 목적지였는데 차로 접근하면서 실수로 지나쳐 경사가 심한 비포장도로에서 급한 경사를 따라 천천히 내려갔다. 하지만 아름다운 경치에 매료되어 여유 있게 감상하려고 타고 내리기를 반복했다. 다시 원래의 목적지로 되돌아오는 것은 어렵지 않았다. 그곳의 작은 교회 앞에 주차한 후 걸어서 언덕길을 내려가 영화에서 본 광경이 있는 곳까지 갔다가 되돌아왔다. 촬영지로 알려진 곳에 와 보니, 올리브나무 밭 위쪽 작은 공터에 주차 공간이 있고 사람은 많지 않았다. 이곳에서는 지도에서 보고 상상했던 것보다 더 멋지고 인상적인 풍경을 만날 수 있다. 이곳은 영화 그래디에이터에서 주인공 러셀크로의 가족이 살던 개인 주택이 있는 곳이었다. 주인공 막시무스는 코모도스 황제와 선 황제 마르쿠스 아우렐리우스 황제의 죽음과 관련하여 의혹을 제기하면서 반목하여, 역적으로 몰리고, 가족은 황제의 명으로 이곳에서 죽임을 당한다. 영화에서 러셀크로는 이를 걱정하여 이곳으로 말을 타고 질주하는 장면이 매우 인상적인 곳이다. 특히 길 양편의 밀밭은 지금도 눈에 선하다. 지금은 계절이 달라 밀이 없지만 늦은 봄, 밀을 수확하기 전, 5월쯤이라면 더 좋았을 것이다.

점심 식사하기 위해 식당을 찾아 몬탈치노 마을 ZTL 구역 내에 있는 식당으로 향했다. 물론 주차는 ZTL 구역 외부에 하고 30m, 걸어갔으며 주차하는 과정에서 주차기계 문제가 생겨 그냥 방치하고 식당으로 갔는데 나중에도 특별한 일은 벌어지지 않았다.

    식당에서 영어로 된 메뉴를 부탁해서 메뉴를 보았지만, 이탈리아어 메뉴판이 아닌 영어라도 어차피 모르니, 음식을 선택하는 데 큰 도움 되지 않았다. 그리고 내륙 지방에서는 생선이 아닌 요리를 선택하라는 것을 유튜브를 본 적이 있어서, 우리는 스테이크를 주문했고 전채 요리로 이탈리아 내에서도 유명한 토스카나 에피타이저를 주문했다.

    토스카나 애피타이저는 접시 위에 살라미를 깔고 바싹하게 구운 세 개의 빵 위에 닭의 간 페이스트, 트러플, 치즈 등 각각 다른 요리가 얹혀서 나온다. 닭의 간 페이스트는 익숙하지 않아서 그런지 입에 맞지 않았다. 메인인 스테이크는 크고, 두께가 눈 어림으로 4cm는 돼 보였고, 잘 발라내야만 연한 부분이 나오며, 설 익혀 붉은 부분이 대부분이라는 특징이 있다.

 어찌나 두껍고 큰지 한국에서는 족히 5인분은 될 듯싶다. 종업원은 기존의 칼로는 썰기 힘들다고 정육점 칼처럼 생긴 것으로 바꾸어 주는데 질긴 부분 분리하는데 손이 아플 정도였다. 값이 저렴하지 않아 이상하게 생각했는데, 보기와 달리 스테이크는 맛이 있어, 음식을 가리는 버릇이 있는 필자가 이탈리아 여행 내내 이것보다 맛있는 스테이크를 먹어 보지 못했다. 결국 우리는 에피타이저를 먹을 때 빵이 맛있어 많이 먹은 탓도 있고, 스테이크의 크기에 압도되어 조금만 헐어 먹은 후 싸 가지고 와 저녁 반찬으로 먹었으며, 그래도 남아서 아침에 마저 먹기로 했다.

몬탈치노는 발도르차 중심에 있어 지형적으로 주변보다 높은 봉곳한 봉우리를 감싸듯 들어선 도시이다. 마을 정도의 작은 도시임에도 불구하고 이탈리아뿐 아니라 세계적으로 유명한 브루넬로 디 몬탈치노(Brunello di Montalcino) 와인의 본고장이다. 이 포도주는 산지오베세(Sangiovese) 포도로 만들며 최고의 포도주로 정평이 나 있다. 일반적으로 품질이 좋은 포도주 생산지에서는 음식 또한 최고인 경우가 많다.

대중교통으로 이곳에 오려면 약간 복잡하지만 충분한 가치가 있다. 우선 기차나 버스로 시에나에 도착 후 지역 버스로 환승하면 된다.

식사 후 몬탈치노 성벽 위에 올라 인근 발도르차 파노라마를 조망하고 몬탈치노의 아름다운 마을 전경을 감상했다. 성에 올라가려면 입장료가 4유로이다. 성벽을 내려와 함께 몬탈치노의 아기자기한 골목길을 산책한 후 숙소가 있는 시에나로 향했다.

1.4

중세의 정취가 숨 쉬는 시에나(Siena)

시에나는 토스카나의 중심 도시로서 중세의 도시 구조, 건축물들이 완벽하게 보존되어 있어 구시가 중심지 전체가 유네스코 세계문화유산으로 지정되어 있다. 또한 매년 7월과 8월에 열리는 전통 말 경주 팔리오 축제는 세계적으로 유명하다. 대중교통으로 로마나 피렌체 혹은 밀라노에서 시에나에 오려면 기차보다는 버스를 이용하면 간단하다. ZTL 경계 바로 밖에 있는 숙소는 아내가 만족할 정도로 공간도 넓고 쾌적하고 설비가 잘 갖추어져 있었다. 단지 에어컨 시설이 없었지만 그렇게 덥지는 않았는데 아마 이유는 이곳 고도가 약 300m 정도라서 그런 것 같다.

또 한 가지 단점은 ZTL 밖 경계선에 숙소 내 주차 시설은 없고 인근 길거리에 알아서 하는 방식이다. 하지만 예약하는 사이트의 소개 내용은 무료 주차 설비를 갖추고 있다고 게시한다. 숙소 내 주차인 듯한 곳에 주차하고, 아침에 잠시 차 있는 곳을 갔더니 이웃 주민이 그곳은 불법은 아니지만 내가 주차할 곳이 아니라고 말해 준다.

ZTL 구역 가까운 숙소라서 약 2km 이내에 둘러볼 곳이 모두 있어 걸어도 체력적인 부담은 없다. 이 정도의 거리는 승용차를 이용하든 대중교통을 이용하든 마찬가지이고, 걸어갈 때 구시가의 골목길을 구경하는 재미를 더해 주기 때문에 일부러라도 걷는 거리이다. 오전 9시 무렵이라 관광객도 많지 않았고 날씨도 좋아 걷기에는 안성맞춤이었다. 아내와 나는 당연한 이야기지만 구글 검색에서 10분 걸리는 거리는 변함이 없지만 시간은 두세 배 걸리는 것을 늘 잊어버린다. 우리의 걸음이 느린 탓도 있지만 이곳저곳 기웃거리다 사진 찍고 하다 보면 그렇게 된다.

 캄포(Campo) 광장으로 가는 골목길에는 요란하게 장식한 가로등이 특이하고 얼핏 만지아(Mangia)의 탑이 보였고 비교적 이른 시간이라서 그런지 골목길 좌우의 기념품 가게들이 듬성듬성 문을 열었다. 골목을 통해서 내려다보이는 캄포 광장은 내려가는 입구를 바리케이드로 막아 놓았다. 광장 여기저기에 헬멧을 쓴 작업자 무리가 골목길을 통해 보인다. 아내와 나는 아마 공사를 하는 중이라서 관광객을 통제하는 것으로 생각하고 그냥 지나쳐 가기로 했다.

 더위도 식힐 겸 대성당(Duomo di Siena) 광장 한쪽 편에 앉아 휴식을 취하면서 성당의 외부 전경을 감상했다. 전면 파사드는 대리석으로 고딕 양식이 주를 이루고 로마네스크 양식이 혼합되어 있으나 언뜻 보기에는 고딕처럼 보인다. 놀라운 것은 오르비에토의 대성당과 너무 흡사하여 착각할 정도다. 장미창 부분과 파사드 전체의 모자이크 부분이 조금 다르고, 맨 위 삼각형 내의 성모 대관식 모자이크와 그 하부의 정교한 조각 장식이 거의 유사하다. 또한 전면 파사드의 맨 꼭대기에 오르비에토는 십자가, 시에나에는 창을 들고 있는 대천사가 있는 것이 다르다. 외부만 비교하면 오르비에토의 대성당이 훨씬 화려하다. 하지만 내부를 보면 비교가 되지 않는다. 성당에 입장하려면 왼쪽 아래로 내려가 입장권 구매 후,

파사드 전면 오른쪽 입구로 입장해야 하며, 박물관 입장과 옥상 투어까지 포함하면 인당 16유로를 지불해야 한다. 성당 내부는 화려한 프레스코화로 장식되어 있고, 바닥은 정교한 대리석 모자이크로 얼핏 보기에 순교한 성인들과 그들에 대한 박해의 순간, 성서의 내용으로 추정된다. 사실 이런 것들의 내용도 방대하여 누군가 설명을 하지 않으면 알 길이 없다. 우리의 입장에서는 기독교 역사나 종교의 내용을 다 알지 못하고, 방문하는 성당들이 많다 보니 어쩔 수 없는 일이다. 그냥 마음 편히 성당 내 작품들을 감상하면 될 것 같다.

간혹 유명 예술가들의 작품이 있는 곳에는 사람들이 많이 몰려 있고는 한다. 하지만 화려함과 정교함에 한동안 멍하니 바라만 보고 있었다. 어쩌면 이렇게 정교하고 대담한 대리석 조각으로 모자이크를 만들었는지, 벽과 천정의 프레스코화와 정교한 조각 장식들은 이 세상의 광경이 아닌 듯 정신을 차릴 수 없었다.

천장 돔 부분 중앙 하늘과 태양 그리고 주변의 찬란한 금색의 별들은 천상의 세계를 연출하는 듯하다. 돔을 아래서 사진을 잘 찍어 보려 했으나 바닥의 모자이크 보호를 위해, 관람 라인으로 성당의 순례객들이 지나갈 수 있는 곳을 구획하여 놓아 접근할 수 없었다. 즉 아무 곳이나 갈 수 있는 것이 아니라 일방의 통로로만 다닐 수 있게 하였다. 특히 대리석 모자이크가 있는 작품이 있는 곳들은 그 자체 예술품이라서 아예 줄을 쳐 놓고 밟을 수 없게 하였다. 당연한 조치로 보인다. 당초 돔 상향 가운데 누워 사진을 찍어 보려 했는데 돔 하부바닥에 상당히 규모가 큰 대리석 모자이크 작품이 있었다. 그곳으로 들어갈 수 없기에 줄 밖에서 올려다보는 것으로 만족했다. 돔 중앙의 별은 보일 듯 말 듯하고 주변의 황금색 별들은 모두 볼 수 있다. 또 돔 주변의 빛 때문에 필자의 사진 실력으로는 좋은 사진을 찍기에는 역부족이었다. 단지 디지털카메라보다는 오히려 휴대폰으로 촬영한 것의 화질이 나았다.

대성당 내부는 흰색과 회색의 대리석으로 가로줄 무늬는 내부뿐 아니라 종탑 역시 같아서 통일감이 있다. 오르비에토와 마찬가지로 영화에서 본 죄수복 무늬처럼 느껴진다.

바닥의 모자이크 중 특이한 것이 있어 궁금했다. 시에나가 이탈리아의 중심이고 정통성이 있는 것처럼 묘사했다. 그리고 더 특이한 것은 원래 로마 건국 신화에서 쌍둥이 형제 로물루스와 레무스 중 항상 로물루스가 전면에 부각되는데 이상하게 레무스가 부각되어 있고, 조각 작품에서도 마찬가지이다.

　모자이크 내용을 보면 중앙의 늑대와 건국 신화의 쌍둥이가 있는 곳은 시에나이고 주변의 루카, 피사 등 주변 도시와 우측 상단의 코끼리가 있는 것이 로마로 표시되어 있다. 더 이상한 것은 왠지 쌍둥이 중 레무스가 더 듬직해 보인다는 것이다.
　조각에서도 마찬가지이다. 오른쪽의 레무스가 더 건강해 보인다. 시에나는 왜 이런 반역의 예술품들을 가지고 있는 걸까? 캄포 광장의 가이아 분수에도 모두 늑대들이 물을 뿜고 있다. 알고 보니 우연이 아니고 신화에 근거한 것이었다. 로물루스에게 죽임을 당한 레무스의 두 아들, 세니우스(senius)와 아스키우스(Aschius)는 도망쳐 시에나(Siena)에 정착하고, 시에나란 도시 이름이 세니우스에서 유래했다고 한다. 말하자면 시에나는 레무스의 후손이 세운 도시라는 암시이다.
　지하에 있는 세례당에는 도나텔로(Donatello)의 세례반이 있다는데 이곳의 입구를 찾지 못해 밖으로 나와 박물관으로 향했다. 박물관과 옥상 관람 통합 티켓을 구입했기 때문에 박물관으로 가려면 성당에서 나와 성당 전면을 바라보고 오른쪽에 있는 입구로 다시 입장해야 한다. 박물관에는 여러 회화 작품과 성당 외벽을 장식하는 조각품들, 동상들이 전시되어 있다.

많은 사람들이 사실 박물관에 입장하는 이유는 옥상 전망대를 올라가기 위해서다.

1장 중부 지역

그곳에서는 두오모의 전체 모습을 조망하기 좋으며 시에나의 전경, 캄포(Campo) 광장과 푸블리코(Pubblico) 궁전을 조망할 수 있다. 항상 이런 곳을 방문하면 체력적인 부담이 앞선다. 박물관의 옥상으로 가는 계단은 겨우 한 사람이 지나갈 수 있는 좁은 나선형 계단이다. 아내도 필자도 나이가 이런 모험을 할 나이는 아니지만 그래도 힘겹게 올라가 시에나의 모습과 두오모 캄포 광장을 볼 수 있었다.

캄포 광장은 흰 돌로, 방사형으로 9개 구역 경계를 만들어 놓아 마치 커다란 가리비 조개 모양인데, 원래는 성모 마리아의 망토 모양을 형상화했다고 한다. 이곳 한 켠에는 가이아(Gaia) 분수 모조품이 있는데 막아 놓아 접근하기 쉽지 않았다. 이곳저곳 기웃거리다 캄포광장에 들어가자 시장기가 느껴지고, 식욕을 자극하는 냄새가 난다. 이곳에서 잠시 쉬면서 맥주와 포도주, 그리고 파스타로 여행의 호사를 느껴 본다.

1.5

르네상스의 탄생지 피렌체(Firenze)

피렌체(Firenze)에 오기 전에는 줄곧 중소 도시들을 거쳐서 왔기 때문에 여러 날 머물 필요는 없었지만, 피렌체에서는 도시의 규모와 방문할 장소를 고려하고, 그동안 피로도 풀 겸 4일간 머무르기로 했다. 일단 렌터카로 이동하므로 ZTL 구역을 벗어난 구시가 언저리에 숙소를 정했다.

피렌체에 대한 문화, 역사, 정치, 등 정보는 방대하여 여행 목적으로 지나친 지식까지 가질 필요는 없다고 생각한다. 여행자 입장에 맞게 필요한 부분만 이해하면 되지 않을까?

피렌체는 토스카나(Toscana) 지방의 중심 도시로 은행업과 직물 산업으로 번성하였고, 중세 이후 메디치 가문의 후원으로 많은 예술가들이 활약하여, 르네상스 문화의 중심지로서 예술, 건축, 과학 분야에 두루 변화를 이끌었다. 이의 영향으로 시 전체가 역사와 르네상스 문화의 산물로 간주하기 때문에 일찌감치 유네스코 세계문화유산으로 지정되었다.

필자처럼 숙소가 관광 중심 지역을 벗어나고, 여러 날 머물 경우 무제한 이용할 수 있는 교통카드 겸 관광 명소를 입장할 수 있는 카드를 구입하는 것이 경제적이고, 편리하다. 필자는 교통카드 기능이 있는 피렌체 카드를 이곳에 오기 한 달 전에 인터넷을 통해서 구입했다. 두오모가 있는 시내로 가려면 대중교통을 이용해야 하는데 걷기를 적당히 조합하면, 단

시간 내에 해당 시의 모습과 분위기 등을 파악할 수 있는 장점이 있어, 이것 또한 여행의 일부분이다. 여유롭게 다니면 시의 골목과 길모퉁이별 청결도, 시민들의 표정, 쓰레기 관리, 보도 블록 등 세세한 부분을 실제로 느낄 수 있고, 지역 주민과 접촉할 기회도 많아진다. 혹자는 여행의 목적이 사람을 만나는 것이라고 하던데, 거기에도 부합한다.

피렌체에서 무엇을 보고 혹은 어느 장소를 들어가야 하는지 정리를 해야 한다. 자유 여행자가 한정된 시간을 효과적으로 활용하려면 필요한 조치이다. 수박 겉핥기 식이나 관광지 증명사진 찍기 식의 여행이라면 대략 해도 되지만, 기왕에 선택한 것에 허락된 만큼은 최선을 다해야 하지 않을까? 물론 안내 책자를 보면 참고가 되기는 하지만 갈피를 잡는 데 시간이 걸린다. 이런 과정들은 피렌체뿐만 아니라 모든 여행지에 대한 공통이다. 또한 보통의 여행자라면 이런 충고가 없더라도 스스로 알아서 하는 일들이다. 필자는 이탈리아 내의 많은 도시들을 둘러보는 매일 바쁜 일정 중에서도 이런 점에 역점을 두었다. 가끔은 다음 날 정보 수집과 기록을 위해 거의 매일 늦게까지 정리하곤 했다. 이렇듯 여행은 그 질을 높이기 위한 나름의 고단함과 고통을 수반한다. 그렇다면 피렌체에서는 무엇 혹은 어느 곳을 가야 하는지 나름 간략히 소개해 보면, 첫 번째로 피렌체는 뭐니 뭐니 해도 두오모 대성당이다. 이곳에는 단순한 성당만 있는 것이 아니다. 세례당, 종탑, 박물관(Museo dell'Opera Duomo)이 성당 주변에 있으며, 성당 내부와 옥상의 돔 구역이 있고, 이 전체를 포괄하는 대성당 광장이 있다. 이렇듯 두오모 한 곳만 제대로 관람하려면 최소한 하루는 필요하다. 그냥 훑어보기만 해도 그렇다. 그리고 아무 준비 없이 가면, 줄 서고 기다리다 지쳐서 여행이고 뭐고 짜증이 나서, 패키지로 졸졸 다니는 사람들이 부러워진다.

두 번째는 미술관과 박물관이다. 피렌체에는 우피치(Uffizi) 미술관, 바르젤로(Bargello) 국립 박물관, 아카데미아(Academia) 박물관, 그리고 두오모 박물관이 있다. 이 중에 두오모 박물관을 두오모 영역에 두면 세 곳인데, 한 곳을 빠뜨리면 무언가 찜찜하다. 그 이유는 우리가 평소 피렌체에 대하여 대화할 때 자주 들었던 작품들은 각각의 미술관과 박물관들이 분산, 소장하고 있기 때문이다. 필자는 한 때 관광객들을 위해 중요 작품들만 모아 한곳에서 소장하면 어떨까 하는, 피렌체시 입장에서 보면, 어림도 없는 순진한 생각을 해 본 적도 있다. 그보다는 오히려 미래의 방문객들을 위하여 현재 소장 작품들을 더 이상 분산하지 않도록 바라는 것이 현실적인지도 모른다. 그 외에도 구찌, 페라가모 박물관과 미술관들이 있으니 관심 있는 사람은 추가하면 된다.

세번째가 산 로렌초(Lorenza) 성당, 산타 마리아 노벨라(Novella) 성당, 산타 크로체(Croce) 성당 등 성당 군이다. 이외에도 가 볼 만한 성당들이 더 있다. 종교인이 아니더라도 성당에 가야 하는 이유는 예술적으로 뛰어나다고 하는 회화나, 프레스코화들이 각각의 성당에 분산되어 있기 때문이다. 대중교통과 걸어서 다니는 것을 적절히 조합하면 되는데, 이때 대중교통을 무제한 이용 가능한 피렌체 카드가 빛을 발한다. 아울러 휴대폰의 지도에 표시하고 다니지 않으면 피곤함에 제풀에 꺾여 포기하게 된다. 특히 더운 여름철에는 육체적으로 지치면 정신마저 혼미해진다. 그러므로 한 번에 끝내려 의욕적으로 다니는 것은 바람직하지 않다.

네 번째는 미켈란젤로 광장, 베키오(Vecchio) 다리, 베키오 궁전, 시뇨리아(Signoria) 광장 등 명소들이다. 이것들은 지역별로 서로 가깝지는 않다.

네 가지를 지역별로 분류하여 적절히 섞어서 방문하면 좀 더 효율적인 것은 당연하다.

　필자가 도착한 첫날은 우선은 대중교통을 이용하여 시내의 주요 관광 포인트들의 위치를 파악하고, 입장 방법을 알아 두는 데 중점을 두었다. 아울러 휴대폰에 있는 피렌체 카드를 실물 플라스틱 카드로 발급받을 수 있는지 확인도 하고, 피렌체 카드로 입장을 할 수는 있지만 별도의 예약이 필요한 우피치 미술관과 아카데미아 미술관에 예약하려고 한다. 이 두 곳은 이상하게 온라인 예약이 안 된다. 말이 예약이지 날짜와 입장 시각을 말해 주면 미술관 측에서 일방적으로 통보한다. 참 별난 배짱 예약이다. 두 곳 외에도 피렌체에서는 예약이 필수인 곳이 하나 더 있다. 바로 브루넬레스키(Brunelleschi) 패스라고 부르는 두오모의 옥상(루프탑) 입장권인데, 필자는 한국에서 입장 시각과 함께 온라인으로 구입했기 때문에, 날짜와 시각에 맞게 입장하면 된다. 구입 시 반드시 돔 루프탑(큐폴라) 입장 날짜와 시각을 지정해야 하므로, 일정 변수가 있을 것을 고려하여, 도착 첫날이나 마지막 날은 피하는 것이 좋다. 미리 구매하지 않으면, 표를 사기 위해 길게 줄을 서서 기다리고, 또 표를 구매했다고 해서 바로 입장시키는 것도 아니라서, 표를 손에 쥐고 언제 입장할지 몰라 하염없이 땡볕에 줄 서서 기다려야 한다. 이렇게 미리 구입해 놓으면 이런 사람들 보란듯 기다림 없이 입장할 수 있다. 그 외의 장소 중 피렌체 카드로 입장이 가능한 곳은 예약하지 않더라도 실시간 입장이 가능하다.

  8월 하순이었지만 더위가 꺾이지 않아, 천천히 두오모 주변의 박물관, 가방 보관소, 종탑과 세례당 등의 외관을 둘러보고 시뇨리아 광장 주변도 탐색하였다. 시뇨리아 광장에는 베키오 궁전이 있고 넵튠의 분수, 모조품의 다비드상과 기타 많은 조각상이 있다. 그리고 이곳에는 늘 사람들이 몰려 있다. 넵튠의 분수는 다음 날 한국인 가이드와 함께 우피치 미술관 투어하기 위한 만남의 장소이다.

　광장의 주변에는 우피치 미술관, 바르젤로 국립 박물관, 산타크로체 성당 등이 있어, 한국인 단체 관광객들을 많이 만나게 된다. 바르젤로 국립 박물관은 입장 마감 시간이 특이하게도 오후 1:50으로 되어 있어서 이곳에 입장하려면 점심 전에 입장 계획하는 편이 좋다. 베키오 다리로 가기 위해 아르노 강변을 따라 걷다가 우피치 미술관 근방에서 거리 미술가에게 수채화 그림 한 점을 기념으로 샀다. 갈색 톤의 대성당 큐폴라가 포함된 정경인데 왠지 마음에 들었다. 이곳 우피치 미술관 주변은 많은 길거리 미술가가 있고 이런 부류의 그림들을 팔고 있다. 사진과 같이 화려하고 깨끗한 그림보다는 수채화의 풍경화가 더 마음에 들었다.

 단테가 베아트리체를 만나 사랑에 빠졌다고 하는, 베키오 다리 위에는 건물이 있는 것으로 유명하고 대부분 금은 세공 공방들과 그들의 점포들이다. 다리 위는 관광객과 잡상인들로 붐볐고, 딱히 이들의 스토리 외에는 붐비는 이유를 찾지 못하지만, 구태의연하게 눈길을 끄는 장난감 잡상인이 있는 것으로 보아 소지품 조심을 해야 할 듯하다.
 베키오궁 여행자 정보 센터에서 실물 플라스틱 카드를 받으려 했으나, 이미 휴대폰 앱에서 카드를 구현하면 플라스틱 실물 카드를 받을 수 없다고 한다. 생각해 보니 그럴 수밖에 없다. 베키오궁을 둘러본 후 인근 광

장의 식당에서, 점심으로 와인과 맥주를 곁들여서 하고 오후 일정을 하기 위해 광장 옆 카페에서 휴식을 취했다.

휴식을 마치고 산로렌조 성당과 메디치가 예배당을 들렀다. 산로렌조 성당은 피렌체 대성당의 돔을 설계한 브르넬레스키의 설계로 재건되었고, 메디치 가문의 전용 성당이었다. 외관이 화려하지 않은 르네상스 양식이고 내부로 들어가면 열주 형식의 바실리카 양식인데, 소박한 첫 느낌과 달리 화려한 장식들이 빛난다. 성당 왼쪽에 중정으로 들어가는 입구가 있어 그곳에서 더위에 지친 심신의 피로를 풀기로 했다.

성당의 안쪽으로 들어가면 메디치가 예배당이 있는데 이곳에 가족들의 무덤과 성구 실, 왕자들의 예배당 등이 있다. 제대 정면의 기둥 양쪽에는 도나텔로의 화려하고, 섬세한 부조로 된 직사각형의 수난 강단과 부활 강단이 있어 눈길을 끈다. 그 외에도 회화 작품들이 양 측벽을 장식하고, 성당의 외부와 내부 이곳저곳에 메디치 가문의 상징인 방패 형태의 타원형 안에 여섯 개의 공 모양이 박힌 문장이 보인다.

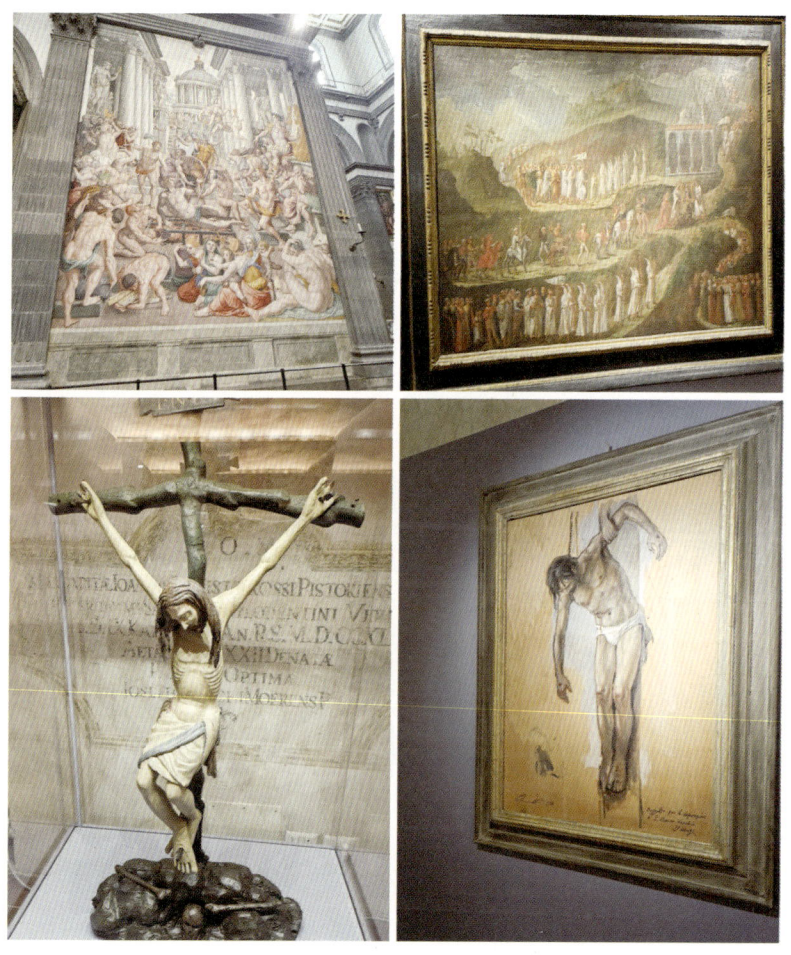

이것들은 메디치가의 성공과 부를 상징하고 가문의 부와 권력을 지키는 보호와 방어를 상징한다고 한다.

시내버스를 타고 숙소로 오면서 피렌체의 일몰 시각을 확인하고, 간단히 식사 후 시내버스로 미켈란젤로 광장으로 갔다. 광장 주차장에는 이미 많은 차가 들어차 있었고 관람석처럼 생긴 계단에는 많은 사람이 앉아서 무언가를 기대하는 눈빛을 하고 있었다. 어릴 때 보았던 야바위꾼들이 여기저기서 바람잡이들과 함께 영업하는 것을 보면 아직도 이런 야바위가 통할 정도로 다양한 사람들이 모여드는 장소라는 것이 실감 난다. 필자가 사진을 찍으려 하자 정색을 하고 제지한다.

광장 끝 난간에는 사람들이 빈틈없이 둘러싸여 있어서 자리 차지하기 눈치 보였으나, 전망이 좋은 광장에서 피렌체의 전경을 여러 장 기념으로 남겼다. 약간 구름이 섞인 날씨라서 선명한 노을이 담긴 피렌체 시내 해넘이 전경을 만족하게 담아내지는 못했다. 하지만 부지런히 움직여 그래도 괜찮은 일몰과 아름다운 전경을 눈과 가슴에 담아 숙소로 돌아왔다.

* * *

현지 가이드와 함께 우피치 미술관 투어 일정이 있는 날이다.

숙소에서 시내버스로 만남의 장소인 시뇨리아 광장에 가기 위해 40분 전에 출발했다. 전날 매표소에 들러 피렌체 카드로 예약한 영수증을 가이드에게 넘겨주고 다른 일행 5명과 함께 3시간의 투어를 했다. 우피치 미술관

은 르네상스를 연 피렌체의 많은 예술가를 후원한 메디치가가 소장하고 있었던 수많은 예술품 중 회화 작품을 주로 모아 놓은 곳이라 한다. 예술에 대한 깊이 있는 지식이 있는 것도 아니고, 예술을 특별히 많이 사랑하는 것도 아닌, 필자가 왜 이곳에 와야 하는지 생각해 보았다. 허영심일 수 있다는 생각에, 스스로를 속이는 행위 같아서 갑자기 부끄러운 생각이 들었다. 나 같은 사람들이 많아서 이렇게 붐비는 것일까? 주변의 패키지 투어를 하는 한국인들이나 다른 사람들의 열정과 진지한 모습에 부러움을 느꼈다.

필자는 자유여행이지만 이곳은 전문 가이드 투어를 하기로 하고, 한국에서 예약하고 왔다. 이곳은 자유여행보다는 이곳을 잘 아는 전문 가이드의 설명을 듣는 것이 그나마 얕은 지식을 보완할 수 있다는 판단이다. 7명이 만남의 장소인 넵튠의 분수 앞에서 만나 가이드를 졸졸 따라다녔다. 한국인 가이드는 중세 이전, 중세 그리고 르네상스를 연대순으로 예술가들과 예술품들을 설명한다. 보티첼리, 미켈란젤로. 레오나르도 다빈치, 라파엘로, 카라바조 순으로 설명했는데 설명을 모두 기억하기는 방대하다. 작품들을 설명할 때 시대 배경과 작품에 숨어 있는 예술성, 그리고 왜 위대한 예술가이고 작품인지를 설명할 때마다 수긍이 가면서도, 혹시 후세인들이 스토리를 입힌 것이 아닌가 하는 의심병도 생기곤 했다. 가이드는 작품에 대한 배경과 일화들을 소개할 때마다, 이런 위대한 사람들의 위대한 숨결이 있으니 평범한 후대인인 우리는 충분히 감동해야 한다고 말하는 것 같다. 실제 일부의 위대한 작가의 작품이란 후대의 사람들이 만든 스토리 덕분이 아닌가 생각도 해 보았다. 하지만 책이나 그림으로만 보았던 위대한 예술가들의 작품들을 직접 보았다고 해서 특별히 내 안에 예술적 감각이나 소양이 상승하는 것 같지는 않았지만, 진품을 보았다는 것만으로도 충분한 가치가 있다는 생각으로 위안을 삼았다.

사진을 촬영할 때 실력도 일천하지만, 각도나 빛 때문에 애를 먹었고, 밀려드는 관람객과 가이드의 빨리 따라오라는 압박 등으로 사진의 품질이 불만스럽다. 외국의 미술관을 보면 보통 소위 대중적 인기 있는 작품들을 여간해서는 하나의 미술관에 보관하지 않는다. 이곳저곳 분산 소장하도록 한다. 재해 시 위험 분산의 효과도 있지만, 일반 관람객으로부터 소외되는 미술관이 없도록 하는 효과도 있을 것이다. 그런 측면에서 보면 우피치 미술관은 비교적 한 곳에 인기 명작들이 많은 편이다. 보티첼리의 봄(Primavera)과 비너스의 탄생 등 대중에게 널리 알려진 작품 앞에는 관람객이 항상 많이 몰려 있다. 그림들을 전체적으로 다 자세히 감상하지는 않지만, 눈길을 끄는 작품이 있다. 여류화가 아르테미시아 젠틸레스키(Artemisia Gentileschi)의 '홀로페르네스의 목을 베는 유디트(Judith Slaying Holofernes)'인데 성경의 내용을 그렸지만, 화가 자신이 여성으로서 받은 수치와 고통을 복수했다고 알려진 그림이다. 이런 그림을 집에 걸어 놓을 사람은 많지 않을 것 같다.

1장 중부 지역

레오나르도 다빈치 2점의 작품 수태고지와 동방박사의 경배도 전시하고 있는데, 동방박사의 경배는 미완성 작품인데, 완성된 작품과 동일한 대접을 받으니 신기하다. 천재가 한 낙서는 평범한 사람이 정성스레 쓴 글보다 더 대접을 받는다. 그 가치와 정신세계의 사유를 높이 평가하는 것 같다. 바로크 시대에 여러 예술가 중 천재이면서 풍운아 같은 삶을 살다 사십 전에 세상을 떠난 카라바조의 그림을 볼 때마다 강한 인상을 받는다. 성경을 주제로 한 그림인데도 극적인 순간을 강한 명암과 세밀한 묘사로 다른 화가의 그림과 비교적 쉽게 구별된다. 이삭의 희생에서 아브라함은 강한 의지로 칼을 잡은 손에 힘이 들어가 있고, 아들 이삭은 목이 눌린 채 눈에는 공포가 보인다. 천사가 급히 달려와 아브라함의 팔을 붙잡고, 한 손으로는 양을 가리키고 있지만, 정작 아브라함은 천사의 눈을 바라보며 신빙성 여부를 탐색하는 듯하다.

작품들이 많이 있지만 필자도 관람객 입장이라 설명에는 한계가 있다. 우피치 미술관을 나온 시각이 점심때가 되었지만, 식사를 미루고 우피치에서 가까운 바르젤로(Bargello) 국립 박물관으로 향했다. 왜냐하면 바르젤로 국립 박물관은 오후 1:50까지만 문을 열기 때문에 오후 시간에 가면 입장을 할 수 없다. 박물관 건물은 앞쪽에 광장이 없어서 그런지 아니면 한때 처형장이었다는 건물의 역사가 지닌 짐 때문인지 대낮인데도 한가하고, 스산한 느낌이 들었다. 메디치 가문이 소장하고 있던 예술품 중 우피치에는 회화 작품을 보관하고 있는 반면, 이 박물관은 조각 작품과 소품들을 보관하고 있다. 사람들이 이곳을 찾는 이유는 도나텔로(Donatelo)와 베로키오(Verrocchio)의 다비드상을 보기 위해서이다. 예술품으로서의 다비드상 조각품은 4개가 있다고 하는데, 그중 3개가 피렌체에 있고, 그 3개 중 2개가 이곳에 있는 셈이다. 나머지 하나는 베르니니

(Bernini)의 작품으로 로마의 보르게세(Borghese)에서 소장하고 있다.

각각의 작품들은 특징이 있어, 시대적으로 먼저 제작된 도나텔로와 다빈치와 보티첼리(Boticelli)의 스승이었던 베로키오의 다비드상은 청동 제품으로 자세히 보면 여성으로 착각할 정도로 팔다리가 가늘고 연약해 보인 반면, 나중에 대리석으로 제작된 미켈란젤로와 베르니니는 근육질의 미소년이다. 청동 재질의 표현의 한계 때문이었을까라고 생각해 보았다. 특히 도나텔로의 다비드는 성기 묘사가 없었다면, 꽃 모자에 양옆으로 내려온 머리카락을 보면 여성처럼 보인다. 이 성기 노출 때문에 당시에 많은 논란과 비난이 있었다고 하며, 후에 제작한 베로키오는 비난에 부담을 느꼈는지 하의를 입혔다.

박물관에는 이 외에도 미켈란젤로의 바쿠스와 로마 공화정을 옹호하여 시저를 암살한 브루투스의 흉상이 있다.

우피치 미술관과 달리, 박물관은 규모가 크지 않고 다른 곳에 비해 관람객들이 많지 않아 우리 부부는 여유 있게 둘러볼 수 있었다. 박물관을 떠나 점심 식사하기 위해 밖으로 나왔다. 인근 광장에는 관광지답게 많은 식당이 늘어서 있고, 햇볕이 강하고 날씨가 뜨거워 큰 광장에는 햇볕이 드는 쪽의 식당들은 한산하고 그늘이 드는 쪽은 손님들이 꽉 들어찼다.

파스타와 샐러드로 든든히 배를 채운 후 산타크로체(Santa Croce) 성당에 입장하여 날씨도 덥고 힘들게 걸어 다닌 다리도 잠시 쉴 겸 내부 순례를 했다. 미켈란젤로, 갈릴레오, 로시니, 마키아벨리의 묘지가 있어 묘지성당으로 알려진 이 성당의 파사드는 한눈에 보아도 장식이 없는 전형적인 고딕 양식이다. 산타마리아 노벨라(Novella) 성당과 흡사하나 노벨라 성당보다는 고딕 양식이 더 도드라진다.

그리고 치마부에의 십자가에 달린 예수, 도나텔로의 수태고지 부조, 등의 여러 작품도 있지만, 필자의 흥미를 끈 것은 수도사 식당 벽에 있는 타데오 가디(Taddeo Gaddi)의 프레스코화 생명의 나무와 최후의 만찬이다. 성당 바닥에는 대리석의 조각품이 새겨져 있고, 이곳은 작품 보호 목적인 것으로 보이는 줄이 쳐져 있어, 관람객들이 밟지 않도록 보호하고 있었다. 관람객이 많지 않은 편이라서 중앙 정원의 벤치에서 휴식을 취하고 5시 예약이 되어 있는 아카데미아 미술관 관람에 대비해 체력을 비축했다.

여행이란 것이 늘 그렇지만 일단 하루에 걸을 수 있는 기본 체력을 유지하는 것을 염두에 두어야 한다. 피렌체와 같은 도시는 옹기종기 명소들이 모여 있기는 하지만 짧은 거리를, 차를 타고 이동하기도 그렇고 또 교통수단도 마땅하지도 않다. 다행인 것은 체력적으로 부담이 되고, 조금 먼 거리라면 택시 탈 수도 있다. 관광 명소를 외관만 둘러보려면 골프 카트처럼 생긴 투어 카트를 이용할 수는 있다. 가격은 흥정하기에 달렸는데, 기사와 흥정하는 것이 아니라, 여러 카트를 관리하는 사람이 따로 있다.

아카데미아에 입장하여 많은 사람들이 붐비는 미켈란젤로의 다비드상으로 갔다. 드디어 진품 다비드상을 마주하는 감동과 기쁨이 잠시 스쳐갔다. 그동안 많은 모조품, 복제품만을 본 탓인지 기대가 컸고, 마주하고 나니 기대만큼 느낌은 달랐다. 아마 워낙 대중성이 있는 작품이라 사진과 진품이 아니라는 것을 인지하고, 복제품, 모조품을 여기저기 쉽게 볼 수 있어서 그런 것으로 추측한다. 복제품인 다비드상은 미켈란젤로 광장과 베키오궁전 앞에 있는 것을 촬영한 것이다. 복제품과 비교해 보니 진품은 실내에 있는 것을 가까이서 처음 보아서 그런지 크기가 커 보였고, 표면이 좀 더 깨끗하고 흰 피부가 도드라져 보여 카라라의 백색 대리석의 질감이 느껴지는 듯했다. 아마도 야외에 전시한 모조품들은 비바람, 먼지,

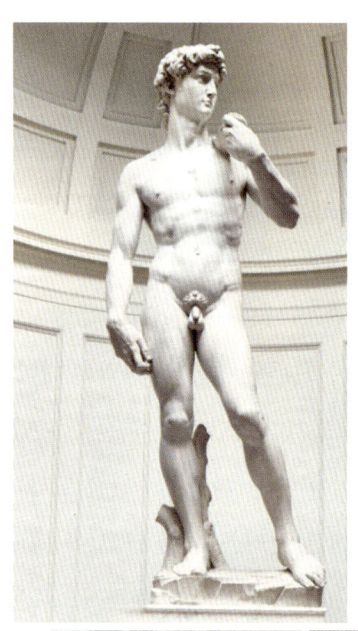

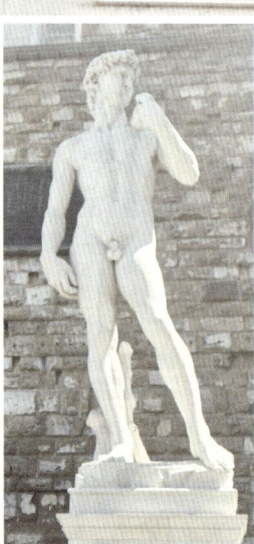

새들의 오물 등의 영향을 받아서 그럴 수도 있다고 생각했다. 이 외에도 지오바니 다 볼로냐의 역동적 모습의 '사비나 여인의 납치'가 있다. 이 조각은 로마 건국 초기 남성이 모자라던 로마가 이웃 부족인 사비나의 여인들을 강제로 약탈하는 광경을 표현한 것이다. 나머지 회화와 조각 작품은 주마간산 식으로 관람하고, 지쳐 있는 몸 상태를 고려해 잠시 휴식을 취했다.

더운 날씨 탓도 있어 산타크로체 성당에서 아카데미아 미술관으로 이동할 때 체력적 부담을 덜기 위해 노선버스를 이용했다. 아카데미아 미술관을 마치고 지친 상태로 숙소로 돌아와 하루를 마무리했는데, 요즘 매일 걷는 걸음 수가 20,000보가 넘고, 어제와 오늘처럼 많이 걷는 날은 23,000보가 넘는다.

* * *

하룻밤의 휴식으로 원기를 회복하여 피렌체 방문 목적 중의 하나인 두오모 투어를 하기 위해 숙소를 나섰다. 두오모의 정식 명칭은 '꽃의 성모 마리아 성당(Basilica di Santa Maria del Fiore)'이다. 성당 자체뿐만 아니라 거느린 식구들이 있는데, 바로 옆이 있는 '조토의 종탑(Campanile di Goitto)', '산 조반니 세례당(Battistero S. Giovanni)', '두오모 박물관(Museo dell. Opera del Duomo)' 등이다. 각각이 모두 예술적 가치가 있는 외관과 함께 소장품 등, 독특하고 뛰어난 볼거리가 있기 때문에, 엄밀히 분류하면 별도의 투어로 보면 되고, 두오모 측에서도 따로 떼어 투어를 구성한다. 즉 피렌체 카드가 거의 모든 박물관, 미술관, 성당들을 출입하는 데 유용하지만, 두오모는 전혀 관계없는 별도의 비즈니스다. 각각의 티켓을 구입해도 되지만 필자는 30유로짜리 통합권을 한국에서 온라인으로 구매했다. 통합권이 커버하는 것은 우선 돔 큐폴라에 올라갈 수 있는 티켓, 성당 내부 입장, 지오바니 세례당, 두오모 박물관이다. 돔 큐폴라에 올라갈 수 있는 티켓 구매할 때는 출입 날짜와 시간을 명시해야 하는 점은 이미 강조한 바 있다.

우리는 서둘러 배낭을 짐 보관소에 맡기고, 예약 시 지정한 시각인 오전 9:00 도착했다. 배낭은 크건 작건 간에 상관없이 입장 불가이다. 실제로 큐폴라에 올라가다 보면, 통로가 비좁아 배낭은 가져오지 않는 것이 정답이다. 많은 사람들이 이 사실을 모르고 왔다가 허둥지둥하는 모습을 보인다. 큐폴라로 올라가는 입구는 성당 정면을 바라보고 왼쪽 돔 측면이고, 가방보관소는 그곳에서 왼쪽으로 더 진행하여 돔 끝부분의 성당 밖 박물관 20미터 못 미쳐 있다. 배낭을 맡기고 와서 끝이 안 보이는 줄을 서서 기다리는 사람들 옆으로 미리 입장권을 구입한 사람들을 위한 입구로 바로 입장을 했다. 큐폴라에 올라가기까지 아내의 허리 상태가 걱정되었다.

　여행 온 이후로 허리 통증이 의심되는 증상이 자주 보여 463개 계단을 통해 꼭대기까지 올라가도 큰 문제가 안 생길까 걱정이 많았다. 그런데 필자보다 더 거뜬히 올라가 한시름 놓았고, 하지만 계속 신경 쓰면서, 전체 조망과 사진 촬영을 했다. 늘 느끼는 것이지만 원래 명성이 있는 것들은 실제와 상상의 갭이 크다. 어쩌면 매스컴이나 영화 등의 영향이 크다. 하지만 나름대로 영화 '냉정과 열정 사이'에서 설정된 그런 로맨스는 아니지만 아내와 힘들게 올라온 만족감을 공감하고 서로를 위로했다. 올라가면서 예약을 필수로 해야 하는 이유를 알고 이해했다. 입구와 계단이 좁고 가팔라서 한꺼번에 여러 사람이 올라갈 수 없는 반면 올라가려는 사람이 많기 때문에 통제하지 않으면 사고의 위험이 있다. 큐폴라는 당대의 거장인 브르넬레스키의 작품으로 커다란 붉은 타일로 덮여 있고, 45m가 넘는 돔의 지름은 보는 사람을 압도한다. 이곳에 오르면 조토의 종탑과 세례당이 한눈에 보이고, 지상에서 보는 것과는 느낌이 다른 모습을 선사한다. 큐폴라로 올라오는 도중 돔 내부에 프레스코화인 최후의 심판은 화려하고 압도하는 분위기를 만든다. 이 프레스코화는 바사리와 주카리의 작품이라 하는데 큐폴라로 올라갈 때는 지옥의 모습이 보이고 내부에서 보면 천국의 모습이 보인다. 성당 옥상에서는 멀리 미켈란젤로의 광장도 보이고 성당의 종탑과 세례당의 느낌이 지상과 다르다. 큐폴라에서 내려오면 바로 성당 내부로 들어갈 줄 알았는데 외부로 나가게 되어 있어서 내부를 가려면 또 한 번 줄을 서고, 짐 검사를 해야 하는 불편함이 있다. 우리는 바로 짐을 찾지 않고 성당 내부와 세례당 박물관 등의 순례를 모두 마친 후 배낭을 찾기로 했다.

두오모 큐폴라에 올라가는 것 때문에 미뤄 두었던, 산 지오바니 세례당과 두오모 뒤편에 있는 박물관을 차례로 입장했다. 팔각형으로 생긴 세례당은 외관이 흰색과 녹색으로 장식된 성당에 비해 깔끔하고 단순한 외관을 가지고 있다. 사람들이 많이 모여 있는 곳은 이곳의 3개의 문 중 동문인 천국의 문 앞이다. 이곳에서 사진을 찍으려면 순서를 기다려야 한다. 그런데 동문인 천국의 문은 로렌초 기베르티가 만든 것으로 세례당에 있는 것은 복제품이고 진품은 두오모 박물관에 보관하고 있다. 필자의 생각으로는 사람들이 많이 찾는 볼거리인데 문이라 가릴 수도 없고, 이것을 떼어내어 실내에 보관하는 이유는 별도로 있을 것이다. 외부와 다르게 내부는 화려한 모자이크로 장식되어 있고 특히 천장의 모자이크는 기하학적 문양까지 보인다. 내부의 대부분은 줄로 막아 놓아 접근 공간이 지극히 제한적이라 사진 촬영도 불편하여 포기하고 박물관으로 향했다.

박물관의 명칭은 '오페라 델 두오모 박물관(Museo dell'Opera del Duomo)' 이며, 가방 보관소와 가까운 곳에 있고 입장하는 데 복잡하지 않다. 아마도 찾는 사람이 상대적으로 많지 않아서인 것 같다. 박물관에는 조금 전의 산 조반니 세례당의 천국의 문 진본이 있어 역시 이곳은 사람들이 많이 모여 사진을 찍고 있기 때문에 쉽게 찾을 수 있다.

이와 함께 박물관에는 '반디니의 피에타'와 도나텔로의 '막달라 마리아' 조각이 있는데 필자가 이상하게 생각하는 것은 막달라 마리아의 조각상은 마치 본인을 학대하듯 얼굴과 의복이 비참한 모습을 하고 걸인처럼 표현하였다. 막달라 마리아는 성녀이기에 성스러운 모습으로 표현해야 하는 것으로 생각했었다. 미켈란젤로가 말년에 제작한 반디니의 피에타는 바티칸의 성베드로 성당에 있는 미켈란젤로의 초기 작품과는 느낌이 다르다. 아들의 죽음을 슬퍼하는 성모보다는 왠지 예수님을 십자가에서 내려 준 니고데모를 더 부각한 느낌이 든다. 실제로 미켈란젤로는 니고데모의 얼굴을 자신의 모습으로 했고, 자신 무덤 장식 목적으로 제작했다고 한다. 그 외 여러 유물들을 소장하고 있는데 그중에, 눈에 띄는 것은 브루넬레스키 돔의 모형과 함께 건축 과정 소개 자료, 건축 도구와 목재 구조, 도면 등인데 유리 안에 전시되어 있다.

박물관 관람을 마친 후 간단히 스낵류와 빵과 함께 커피를 마시며 재충전 시간을 보냈다.

휴식 중 우리가 앉은 벤치에 한국말이 들려 돌아보니 한국인 젊은 청년 4명이 땀을 흘리고 있었다. 자유 여행으로 온 젊은이들 같은데, 어린 나이에 거침없는 모습이 대견하여, 밥이라도 사 주고 싶었지만, 현실적이지 않아 대신 인근 노점에서 사과를 사 주고 성당 내부로 발길을 옮겼다.

우리는 대성당의 옥상에 올라갔다 왔기 때문에 긴 줄을 서야 하는 종탑에 올라가는 것은 생략했다. 아이러니하게도 성당 내부 관람이 제일 마지막이 되었다. 이곳에서도 미리 입장권을 구매한 사람들은 우대하여 작열하는 햇볕 아래 줄 서는 것을 모면할 수 있었다. 성당 내부는 소박했고, 지하에는 과거 이 자리에 있었던 산타 레파라타 성당 유물과 브루넬레스키의 무덤, 그리고 천장의 '최후의 심판' 프레스코화 등이 관광객의 관심을 모으고 있다. 재미있는 것은 돔 옥상으로 올라갈 때 보였던 돔 안쪽의 5단 프레스코화 '최후의 심판'은 일반인이 올려다보면 천국이 보이고, 미사를 집전하는 사제의 위치에서 보면 지옥이 보인다고 한다.

　대성당의 전면 사진은 필자의 실력으로는 힘들었다. 세례당이 가로막고 있어 방해된다.

　아침에 출발하면서 선선한 기온이 느껴져 아내와 함께 이제는 더위가 한풀 꺾이려나 하고 대화를 했었다. 하지만 그것은 섣부른 생각이었다. 정오가 되자 더위가 본색을 드러내 세상을 달구고 있다. 점심을 해결하기 위해 그늘이 드리워진 식당에 자리 잡고 다른 여행객들이 이탈리아에서 많이 먹었다는 피자와 샐러드를 주문하고 있으려니 더위에 갈증도 났다. 식사 후 어제 들렀던 산타크로체 성당을 다시 한번 들러 외관을 확인한 후, 이와 비슷한 산타마리아 노벨라 성당으로 갔다. 이 성당의 전면 파사드는 곡선 처리가 있어서 그런지 부드럽고 왠지 여성적인 분위기가 났다. 성당 내부에는 마사초의 삼위일체 그림이 있는데 최초로 원근법을 사용한 그림이라고 한다. 하지만 그림은 그 장소 있기는 하지만 건설용 비계로 막아 놓고 복원 중이라는 안내가 있고, 천으로 가려진 실물 그림을 보려면 1.5유로를 추가로 더 지불해야 한다. 이렇게 해서 복원에 들어가는 비용을 충당하는 것 같다. 하지만 추가 요금을 지불하고 비계가 설치되어 있는 공사용 계단으로 올라가니, 복원 중인 그림이 나타났는데, 관람자의 위치에서는 비계의 구조물 때문에 감상은 물론이고 사진도 빛 반사와 구조물을 포함해서 촬영할 수밖에 없었다. 하지만 예술에 문외한인 필자의 눈에도 멋진 그림이란 느낌이 있어 무사히 복원을 마치고 관람객 앞에 나타나길 바라는 마음으로 계단을 조심스럽게 내려왔다.

성당에서 나와 숙소로 가는 길은 평범했지만, 너무 더워 힘이 들었다. 노선버스를 타는 정류장이 걸어서 7~8분 거리인데 평소 같으면 대수롭지 않은 거리이다. 아마도 오전에 대성당의 큐폴라에 올라갔다 온 영향이 있는 듯하다. 숙소에 도착하여 걸음 수를 체크해 보니 2만 3,000보를 훨씬 넘겼다.

이곳에서 4일간 동일한 숙소에 머물며 즐겼던 여유로움이 내일부터는 당분간 하루 숙박 혹은 이틀 숙박으로 되돌아간다.

1.6

성벽 도시 루카(Lucca)

　오늘은 피노키오 마을을 둘러본 후 루카에서 숙박하는 날이다. 피렌체에서 승용차로 1시간 반 정도밖에 안 걸리는 가까운 거리라서 서두르지 않고 숙소에서 나왔다. 도로 양편의 풍광은 왠지 익숙한 모습으로 느껴졌다. 나무와 집들 그리고 야트막한 언덕의 전원 풍경, 포도밭, 옥수수밭 등 우리의 농촌 지역에도 볼 수 있다. 운전 또한 조금 익숙해지니 마음이 편안해졌다. 그동안 피렌체에서 더위 속에 주로 걸어서 시내 관광, 옥상에 올라가고, 박물관, 미술관, 성당 투어 등 육체적 고단함이 있었던 지라, 이런 느낌의 달콤함은 자체가 여행의 즐거움이다.

피노키오 마을인 콜로디는 산 계곡 자락에 위치해 있다. 마을은 약간 설렁하고 외부인에게 그리 호의적이지 않은 것 같다. 보통 마을에 여러 종류의 목각인형 조형물과 기타 관련한 홍보 차원의 조형물들을 설치해서 관광객에게 홍보하는 것이 일반적인데, 필자가 본 것은 두세 개뿐이다. 널찍한 유료 주차장은 몇 대의 차만 보이고, 대부분은 비어 있다. 공원이 있는데 입장료가 인당 26유로이다. 어린이를 동반하지 않았으니, 루카로 차를 몰았다.

고대 에트루리아인들이 건설한 토스카나 지방의 피렌체와 피사 사이에 있는 루카는 성벽 도시로 유명하다. 중세 시대부터 같은 토스카나의 도시 피렌체와 시에나와 경쟁을 하면서도 고유한 모습을 지켜 냈다. 이곳 태생 푸치니와 성벽은 루카의 자랑거리다. 하루 종일은 길고, 반나절은 약간 모자랄 듯한 시간만 투자하면 웬만한 곳은 다 돌아볼 수 있는 규모의 도시로 기차와 버스로 올 수도 있다. 하지만 여행 일정에 여유가 있다면 성벽을 따라 걷거나 자전거를 타는 것도 좋은 생각이다.

ZTL이 있는 도시라서 성곽 밖에 숙소를 정하고, 한낮의 더위를 보낸 후 걸어서 들어갔다. 숙소의 위치는 역에서 우측으로 떨어진 외곽이라 루카 대성당(Duomo di San Martino)까지는 약 20분 소요된다. 4시 이후라서 더위는 약간 덜해진 느낌인데 시 외곽을 도는 도로에 도착하니 시는 성벽으로 둘러싸여 있는 모습이 보인다. 외곽 도로에서 성곽까지는 예전에 해자 자리는 메꾸어져 넓은 풀밭으로 변하였고, 풀밭으로 오솔길이 나 있으며 그 끝자락에 성벽과 동굴처럼 생긴 터널로 이어져 있다. 터널을 지나야 구도심이 있는 곳으로 갈 수 있다. 구시가지로 가려면 물론 차도도 있지만 걸어서는 터널을 지나야 한다.

1장 중부 지역　111

　산 마르티노 성당은 이곳 루카의 두오모 성당으로 기차역 방향에서 성곽 내부로 걸어서 들어가면 먼저 만난다. 전면의 파사드는 큰 장식 없이 로마네스크양식의 아치로 이루어져 있다. 3개의 아치 위로 3단의 아치가 올려져 있고, 측면에 과거에 조각 장식이 있었을 것으로 추정되는 빈자리가 있다. 성당 외벽에는 대리석으로 된 마르티노 성인의 기마상이 있는데 이것은 모조품이고 안쪽에 진본이 있다. 입구 오른쪽에는 원형의 미로 같은 구조물이 있는데 이는 악마가 성당에 들어오지 못하게 하는 것이라 한다. 내부에는 십자 구조의 고딕 모습이고 천장은 반복된 기하학적인 문양의 프레스코화들이 꽉 차 들어서 있다. 성당에는 볼토 산토(Volto Santo)라는 예수님 얼굴이 새겨진 목각 십자가가 있는데, 예수님을 직접 목격한 니코데모가 만들었다고 전해진다. 이 니코데모는 피렌체 미켈란젤로의 반디니의 피에타에 후드를 입고 있는 모습으로 예수님을 십자가에서 내려 준 사람이다. 이 밖에도 틴토레토의 최후의 만찬 등 여러 회화 작품이 있다.

골목길을 따라 시가 안쪽을 들어가면 시의 중심에 산 미켈레 성당이 나온다. 재미있는 것은 전면 파사드의 맨 상부에는 보통 성모 마리아상이 있는데, 성당 명칭에서 보듯이 오른손에 창을 들고, 왼손에는 십자가를 든 산 미켈레 대 천사상이 있다. 그리고 오른쪽 건물 모서리 부분에 성모 마리아가 아기 예수 조각이 장식되어 있다.

예쁜 물건들을 구경하면서 골목길을 가다 보면 성당에서 멀지 않은 곳에 푸치니 생가가 있고, 반대 방향 골목으로 가다 보면 로마 시대 원형극장 터가 나오는데 실제로 원형극장은 흔적만 있고 광장 모습의 넓은 시장이다. 그것보다는 루카 시내 전체를 조망할 수 있는 탑이 두 개 있는데 체력이 자신 있으면 모두 올라가도 되지만, 하나만 올라갈 것을 권한다. 우리는 구이지니 탑은 포기하고 시계탑만 올라갔다. 물론 무료인 곳은 없다. 오후 5시 가까워 시계탑의 입장권을 구매하고 올라가려는데 매표소 직원이 부르더니 무언가 이탈리아 말로 이야기하는데, 못 알아듣는 표정을 알아보더니 귀를 막는 시늉을 한다. 알고 보니 시계탑에서 매시간 종을 울려 시간을 알리도록 장치가 되어 있는데 잠시 후면 종이 울리니 귀를 보호하려면 귀를 막으라며 귀마개를 건네준다. 역시 종에는 기계적 장치가 있었고 종소리는 그야말로 귀를 막아야 할 정도로 컸다. 탑 꼭대기에서는 루카시가 한눈에 보이고 탑 정상에 나무가 우거진 구이니지 탑이 보인다.

1장 중부 지역

숙소로 돌아오는 길에 지역 주민들의 휴식 겸, 산책, 자전거를 타며 여가를 즐기고 있는 성벽 산책로에 올라갔다. 성벽은 기존에 알고 있는 벽돌이나 돌로 쌓아 외부 침략에 대비하는 그런 구조가 아니다. 시민들을 위한 공원 역할을 할 수 있을 정도로 성벽 위의 공간은 넓고 주변에는 나무와 정원 형식으로 가꾸어 놓고, 간간히 벤치 등 시민들의 편의 시설들이 곳곳에 있다. 그리고 외부 쪽은 돌로 쌓아지고 해자의 흔적이 있어 터널을 통해서 내부에 진입할 수 있지만, 내부에서는 성벽 산책로에 올라갈 수 있는 완만한 진입로나 계단이 있어서 편리한 구조다. 안쪽의 성벽 위는 마치 8차선 정도의 넓은 공간이 있고, 흙으로 완만하게 도시 기반 도로에 도달하는 구조로 되어 있다. 필자는 이제야 왜 루카의 성벽이 지금까지 온전하게 남아 있을 수 있는지 의문이 풀렸다. 여타 도시들이 평지에 성을 축조할 때 돌이나 벽돌로 건물 짓듯이 했으니, 파괴하기가 쉬웠을 것이다. 하지만 루카의 성 구조는 안쪽의 공간을 많은 양의 흙으로 축조했기에 파괴하기는 쉽지 않아서 지금까지 남아 있는 것 같았다. 이탈리아의 고대 건축물이나 성벽들은 후대의 사람들이 공공의 목적뿐 아니라 개인적인 목적으로 건축 자재를 손쉽게 얻기 위해 파괴하고 손상했다는 것이 정설이다. 루카의 경우 성벽을 헐어 새 건물 자재 조달 방법으로 생각하기는 어려웠을 것이다.

1.7

다섯 개의 보석 마을 라 스페치아(La Spezia)/친퀘테레 (Cinque Terre)

일정 계획상 피사를 들려서 투어를 한 후 친퀘테레로 가는 것이었는데, 피사는 두 번이나 가 본 경험이 있기 때문에 친퀘테레 관광의 거점 도시인 라 스페치아로 바로 가기로 했다.

다섯 개의 땅이란 뜻의 친퀘테레는 이탈리아 북부 서해안의 가파른 해안 지대에 있는 다섯 마을을 말한다. 라구리아주의 라 스페치아와 제노바 사이에 해안선을 따라 알록달록 경치가 아름다운 마을들은 주변 관광 인프라가 잘 갖추어져 있어 많은 관광객이 모여들고 있다. 차가 없으면 버스와 기차를 이용하여, 라 스페치아에 올 수 있다.

루카에서 라 스페치아로 가는 코스는 토스카나에서 라구리아 지방으로 북상하는 경로 중 주변의 멋진 경치가 있는 마지막 구간이다. 경로상 이탈리아의 흰색 대리석 생산지로 유명한 카라라를 지나가게 되는데 특별한 방문 장소를 계획한 것이 없기 때문에 지나쳤다. 그 대신 왕복 일정으로, 페리로 해안선을 따라 다섯 마을을 돌아보는 일정만 진행하기 때문에, 여유가 있어 규정 최고 속도보다 느리게 이동하였다. 서두르지 않으니, 덤으로 운전하면서 주변 경치를 편한 마음으로 감상할 수 있는 이점이 있다. 육상에서 기차로 투어 하는 것은 내일 하기로 일정을 수정했다. 더욱이 우리는 여유가 있어 내일 기차 육로 여행 중 세 번째 마을인 코르닐리아에서 베르나차까지 약 3.4km를 트레킹하기로 했다. 길이 험해서 체력적인 부담이 있을 것 같지만 한번 도전해 보기로 했다. 원래는 사랑의 길이라고 알려진 첫 번째 마을 리오마조레에서 두 번째 마을 마나롤라 구간은 초심자에게 부담도 없고, 길이 아기자기하고 평탄하여 인기가 있었는데, 2011년 폭우로 폐쇄되어 지금은 트레킹을 할 수 없다. 그 대안으로 세 번째 구간을 트레킹을 하기로 한 것이다.

　페리를 타기 위해 승선 지점에서 가깝고 외부 차가 자유롭게 드나들 수 있는 주차장을 이용했다. 주차 공간이 문제인데, 빈자리가 있어서 주차할 수 있는지 미심쩍어서 지나가는 현지인인 듯한 젊은 여자에게 물었더니 괜찮으니 주차해도 된다고 하고 본인도 주차하고 사라진다. 30분 정도 여유 시간이 있어 카페에서 간단히 맥주 한잔하고 승선했다. 출발시간이 낮 12:25였는데, 이 시간은 가리는 구름이 하나도 없는 태양이 막 대지를 지지기 시작하는 시점이다. 아랑곳하지 않고 1층의 편안한 소파보다는 지붕이 없는 2층 데크에 자리 잡았다.

　배는 5개 마을에 들르기 전에 포르토베네를 들리고 5개 마을 중 코르닐리아는 접안 시설이 없어서 들르지 않는다. 계절별로 페리의 운항 시간은 다르지만, 피크 시즌인 4~9월에는 매시간 출발하되 언제든 내렸다 탔다 할 수 있기에 여행자에겐 매우 편리하다. 그런데 포르토베네레의 승선 인원이 라 스페치아 승선 인원보다 훨씬 많은 것 같았다, 시간대별로 다르겠지만 중간 마을에서 계속해서 더 많은 사람들이 승선한다. 해안선을 따라 항해하는 페리에서 바라보는 지중해의 푸르고 고운 빛깔은 해안 절벽과 잘 어울려 상상에서 본 듯한 풍경을 연출한다. 마을별로 옹기종기 붙어 있는 주택들은 엽서에서 보는 그런 광경이지만 카메라에 온전히 담지는 못했다.

 그냥 자리에 앉아 눈으로만 절벽과 마을의 배경이 되는 험준한 산자락이 실루엣처럼 희미한 풍경을 담았다. 페리의 갑판은 살살 불어오는 바닷바람 덕에 생각보다 덥지 않아서 모두 열심히 사진을 찍으며 여행을 만끽하고 있다. 그런데 마지막 마을인 몬테로소를 지척에 두고 배에 문제가 생겼다. 배의 시동 자꾸 꺼지는 것 같았다. 모든 사람이 뒤를 보길래 무슨 일인가 궁금해 가 보았더니, 어부들이 쳐 놓은 그물의 밧줄이 스크루에 걸려 시동이 자꾸 꺼진다는 것이었다. 승무원이 선장과 상의하더니, 나이프를 가지고 잠수했다. 폐그물을 제거한 듯 시동은 꺼지지 않았고 다시 출발하는 해프닝이 있었다. 스태프진들이 익숙하게 움직이는 것으로 보아 가끔 일어나는 일인가 보다. 마지막 마을인 몬테로소에서 되돌아오는 배를 타기까지 1시간가량 여유가 있었으나 도중의 그물 걸림 해프닝으로 지연되어 20분가량밖에 여유가 없어 서둘러 점심을 해결하고 라 스페치아로 되돌아오는 배에 승선했다.

우리는 약간 피로감도 있고, 갈 때 마을들의 사진도 찍었기 때문에 햇빛이 없는 실내에 있기로 했다. 두 번째 들르는 베르나차에서 한 무리의 사람들이 승선했는데 그들 중 노년의 부부가 우리 앞에 마주 보고 앉았다. 이들은 영국의 맨체스터에 살고 있다고 하는데 2011년 같은 교회에서 만나 결혼했다고 한다. 나이는 묻지 않았지만 남자는 70대, 부인은 60대로 보이는 중국계였다. 황혼 결혼이다. 여러 대화를 했다. 맨체스터 유나이티드 이야기와 박지성 선수 이야기를 했더니 반가워한다.

투어를 마치고 숙소로 가려고 차가 있는 주차장에 갔더니 차에 주차 위반 과태료 고지서가 앞 유리에 붙어 있다. 마침, 경찰이 있길래, 사유를 물으니, 주차장은 맞지만 버스가 주차할 곳에 주차한 위반이라고 알려 준다. 처리 방법을 물으니, 담뱃가게(Tabachi, 타바키)에서 내면 된다고 한다. 자세히 보니 지워지기는 했지만, 주차선 안에 BUS라는 것이 희미하게 보였다.

오늘 묵을 숙소의 주인과 어젯밤에 사소한 문제가 있었다. 주차 안내를 미리 부탁했더니, 길거리 파란색 선이 있는 곳에 하라는 정보를 준다. 사실 필자는 깜짝 놀랐다. 왜냐하면 파란색은 유료 주차이며, 예약 시 숙소 내 무료 주차 시설이 있는 것을 보고 예약을 했기 때문이다. 혹시 내가 잘못 보았나 싶어 다시 봤는데 역시 실내 주차였다. 이를 캡처 해서 보내 주고 무슨 착오가 있는 것 같다고 했더니 잠시 시간이 지체되어 온 대답은 자기네 숙소 소개 어디에도 실내 주차라고 되어 있는 부분이 없다고 우긴다. 그래서 다시 한번 사이트로 들어가 보았더니 이미 모든 정보를 길거리 주차로 변경해 놓은 후였다. 이에 대하여 항의 메시지를 보냈더니 그쪽에서는 당황스러운지 화를 낸다. 참 세상의 이치란 동서고금 똑같다. 잘못을 꼭 짚어 이야기하면 반발한다. 어이가 없었지만, 항의하는 것보다 다른 방법을 모색해 보았다. 체크인하고 확인해 보니 파란색의 무료 주차증이 탁자에 놓여 있었다. 그러니까 호스트는 본인 것을 투숙객에게 주고, 숙소 소개 란에, 숙소 내 무료주차로 올린 것이다.

곡절 끝에 숙소에 도착해서 휴식을 취하려는데, 아뿔싸 어제 숙소 주인으로부터 메시지가 왔다. 루카 숙소이다. 방 청소 중 베개 밑에서 전화기가 나왔고 보관하고 있다는 내용과 보관하고 있는 위치가 숙소가 아닌 장소를 알려 주었다. 우리는 낮에 투어에 집중했기에 메시지를 보지 못했다. 아내와 상의 후 내일 찾으러 가기로 하고 휴식을 취했다. 다행인 것은 여기서 루카까지는 1시간 정도 걸린다.

* * *

아침에 조금 서둘러 한 시간 거리의 루카로, 두고 온 전화기를 찾으러 갔다. 한번 갔던 길이라서 제법 기억나는 것들도 있다. 서쪽 해안선으로 난 고속도로를 남쪽으로 달리니 어제 본 대리석 산지인 카라라를 지나가게 되어 더욱 기억이 새롭다. 여행 중 물건을 한두 개 잃어버리는 것은 대수롭지 않은 일이다. 이번 전화기도 사실 필자가 가지고 간 4개의 전화기 중 예비로 가져간 것이다. 그동안 필자가 가장 많이 잃어버린 것은 모자이다. 모두 나의 서두름과 부주의에서 벌어진 일이다. 전화기를 곡절 끝에 되찾아오면서 어제 왔던 길을 되짚어 가니 왠지 익숙한 길을 가는 것 같은 느낌이 있어, 마음의 교만함이 일어난다.

　이곳 친퀘테레 여행은 크게 세 가지로 하나는 가장 흔한 기차를 타고 마을들을 둘러보는 것이고, 두 번째, 각 마을을 트레킹 하는 방법이다. 이것은 총구간이 13km가 되기 때문에 하루 만에 끝나기 어려울 수도 있고 코스에 입장하려면 티켓을 구매해야 한다. 티켓은 기차까지 포함할 수도 있는 1~3일권이 있다. 게다가 사랑의 길이라 부르는 가장 인기 있는 첫 마을 리오마조레에서 다음 마을인 마나롤라 그다음 코르닐리아까지의 구간은 친퀘테레에서 가장 인기 있는 트레킹 코스인데 현재는 이용할 수 없다. 2011년에 무너진 후 복구가 안 되어 사람들을 안타깝게 한다. 대안으로 3번째 마을인 코르닐리아에서 베르나차까지 3.4km를 걷는 것을 택하는 사람들도 있다고 한다. 마지막 방법은 페리를 이용하는 방법인데, 겨울철에는 제한적으로 운영한다고 한다. 여행자는 본인의 취향과 현지 사정을 고려하면 되는데, 세 가지 방법을 모두 해 보기로 했었다.

역까지는 멀지 않아 숙소에 주차하고, 전화기 찾으러 루카에 갔다 왔기 때문에 예정했던 트래킹 대신 수시로 타고 내릴 수 있어 편리한 기차로 가기로 했다.

예정대로 기차를 타고 내리는 것이 자유로운 티켓을 구입하여 기차를 타고 숙소에서 가장 먼 몬테로소로 가서 점심 식사 후 거꾸로 다섯 마을을 탐사했다. 그런데 8월 말답게 오후 1시가 넘으니 거의 지구 날씨가 아닌 듯 작렬하고 주변 공기를 달궈 뜨겁다. 마을을 차례로 이동하기도 하고, 오던 마을을 다시 가 보기도 하면서 마을 여행을 즐겼다. 마나룰라에서 신혼여행으로 우리나라 젊은 부부를 만났는데 부지런히 다니는 모습이 보기 좋았다.

점심을 마치고 마을 하나하나 둘러보았는데 그냥 코르닐리아에 자체 경치가 좋은 곳을 찾아서 사진을 찍는 것으로 트레킹 못 하는 아쉬움을 달래기로 하고, 포토존을 찾아 아름다운 풍경을 카메라에 담고자 노력했다. 하지만 필자 실력으로는 화보의 사진처럼 형형색색으로 표현하기 어려웠다.

햇빛이 너무 강한 나머지 적당한 빛으로 다양한 색으로 연출되는 것이 아니라, 누렇게 단색으로 퇴색된 느낌의 풍경만 반사하는 것처럼 보인다. 하지만 멋진 사진은 아니라도, 이런 곳에서 환상적인 풍경을 바라보는 이 순간을 즐기는 것으로도 감사하다. 이런 계절에는 저녁까지 기다렸다가 황혼 녘에 빛을 이용하면 될 것 같은데, 필자는 밝지 않을 때는 활동을 하지 않는 원칙을 가급적 지키려 한다.

이곳 이탈리아는 공식 숙박비 외에 숙박세를 별도로 받는 숙소가 제법 많다. 그런데 필자에게 문제가 생겼다. 4일 뒤의 베네치아에서의 숙박 시 숙박세 때문이다. 다음 날까지 숙박세를, 앱을 통해서 납부 안 하면 예약이 취소된다고 호스트로부터 연락이 왔다. 그렇게 되면 그만큼 숙박비도 손해를 보게 된다. 문제는 숙박세를 내고 싶어도 내는 방법을 모르는 경우가 생긴다. 숙소마다 지불 방법이 다른데, 숙소에 현금으로 두고 퇴실하는 경우가 대부분이다. 그런데 도착해서 현금으로 지불하겠다고 했는데, 막무가내다. 무조건 공유 앱을 통해서 4일 전에 지불하라는 것인데, 지불 계정이 생성되지 않아서 애를 먹었다. 곡절 끝에 해결되었지만, 여행자들은 주의하여야 한다. 첫째 후기의 평점이 낮으면 무언가 게스트가 감지할 수 없는 치명적 결함이 있다. 둘째 숙박비가 왠지 저렴하고, 취소 시 환불 불가이면 거의 문제가 많고, 실 숙박 하루 혹은 이틀 전 취소 시 전액 환불이면 거의 문제가 없다. 그리고 예약 전에 반드시 꼼꼼히 살펴보아야 할 곳이 있다. 어느 숙박 공유 앱이든지 뒤쪽에 '환불 정책과 숙소 이용 규칙'이 있다. 이런 것들은 매우 중요함에도 급한 성격이거나, 부주의하고, 경솔한 이용자가 숙소의 생김새 가격 등에 신경을 쓰는 심리를 이용하여, 뒤쪽에 배치한다. 그들을 나무랄 수는 없는 노릇이고, 이용자가 주의해야 한다.

2장

북부 지역

2.1

붉은 도시 볼로냐(Bologna)

볼로냐는 라 스페치아에서 동쪽, 피렌체에서는 동북 방향의 아펜니노산맥 너머에 있어, 라 스페치아에서 볼로냐로 간다는 것은 이탈리아반도를 세로로 길게 뻗어 있는 아펜니노산맥을 넘어가는 것이다. 비유하자면 서울서 강릉 가는 것과 비슷하다. 길은 구불거리고 수많은 터널을 지나게 된다. 산맥을 넘으면 파르마에 도착하고 평원 지역으로 모데나를 경유해 도착한다. 이탈리아가 우리와 닮아 있는 것처럼 느끼는 것은 아마 아펜니노산맥이 한반도 태백산맥처럼 반도를 세로로 길게 뻗어 동서로 양분하는 지형적인 유사성 때문인 것 같다. 하지만 태백산맥과 차이가 있는 것은 우리의 태백산맥은 동쪽으로 많이 치우쳐서 동쪽에는 평평한 땅에 인색한 것 대비, 아펜니노산맥은 비교적 공평하게 반도의 좌우에 넉넉하게 여유로운 땅을 배분했다. 우리의 태백산맥 동쪽은 급경사로 이어지다 곧바로 해변으로, 여유로운 평지가 적다. 라 스페치아에서 승용차로 가려면 직선 방향으로 산맥을 넘는 도로는 없기 때문에 지금까지의 경로를 역으로 진행하는 피렌체를 거쳐서 가야 한다. 하지만 왔던 길을 되돌아 가는 것은 가급적 피하고 있어, 많이 우회하더라도 파르마, 모데나를 거쳐 가기로 했다. 내비게이션상에 소요되는 시간은 약 3시간 정도로 나오지만, 현실적으로는 구경하면서 쉬엄쉬엄 가니 약 8시간가량 걸린다. 대중교통을 이용하려면 기차를 이용하는 것이 좋다. 일반 차량으로는 아펜니노산맥을 넘을 때 고속도로라도 굴곡지고 위험해 보이는 험한 지형을 무수히 건너야 한다.

볼로냐로 가는 길은 이탈리아에서 비교적 장거리 운전에 해당하여, 고속도로를 이용하면서 자연스럽게 휴게소를 제대로 이용할 기회가 왔다. 물론 지금까지 휴게소가 처음은 아니다. 기껏 이용한 것은 연료만 채우고 떠나거나, 경로 점검차 잠깐씩 들른 정도가 전부이다. 이 외에는 아예 국도로 다녔기 때문이다. 더욱이 고속도로의 개념과 휴게소의 개념은 우리와 매우 흡사해서 한국인이 이용하면 금방 적응할 수 있다. 다만 도로의 포장을 비롯한 도로 노면의 품질은 매우 뛰어나지만 굴곡과 높낮이 변화는 이곳이 고속도로인가 하는 의문이 들 때가 많았다. 그래도 비교적 우리나라와 비슷한 휴게소가 있어 여행객에게 편리하다. 이 휴게소에는 기본적으로 여행객이 휴식을 취할 수 있는 시설과 주유소는 기본이다. 또한 우리의 고속도로 휴게소보다는 좀 더 전문적인 쇼핑 공간이 있고 식당과 커피를 마실 수 있으며, 카페테리아식의 먹거리 제공 시설들도 있다. 우리와 다른 점은 이곳에는 건물 외에 있는 잡상인이 일절 없고, 모든 가게는 하나로 통제되어 있다. 우리나라 고속도로 예를 들면 커피 파는 곳이 프랜차이즈별로 여러 곳 있지만 이곳에서는 그런 것은 없고, 하나 있는 카페 시설에 길게 줄을 서는 경우가 많다. 또한 본인들이 싸 온 음식도 먹을 수 있는 시설도 있다. 그래도 우리나라 고속도로 휴게소와 많이 닮아 왠지 마음이 편안하다. 1960년대 후반에 우리나라 최초의 고속도로를 건설할 때 이탈리아의 고속도로를 주로 참고했다는 설이 있는데, 수긍이 간다. 이탈리아에서 렌터카로 여행하는 것이 다소 모험이고, 지형 때문인지 구불거림이 우리보다 훨씬 심하기는 하지만, 떠도는 소문처럼 어렵지 않고 필자의 경우 오히려 한국보다 편안하다. 다만 이탈리아 인의 질주 본능은 어쩔 수 없는 일이지만, 그것이 나의 운전에 큰 영향을 주지는 않는다. 로마를 떠나 오늘이 벌써 13일째인데 전체적으로 렌터카를 이용해서 여행한다는 것은 매우 긍정적이고, 우리 부부의 나이가 적지 않지만, 아내도 능숙하게 운전하는 것으로 보아, 우리나라에서 보통의 운전자라면 누구나 가능하겠다는 생각이 들었다.

여행자로서 볼로냐를 이해하려면 세 가지 대표 개념만 기억하는 것으로 족하다. 세계에서 가장 오래된 대학이 있는 곳, 이탈리아 요리의 중심지, 붉은색의 도시 등이다. 볼로냐에서 유럽 최초로 대학이 필요했던 이유가 무엇일까? 많은 이유가 있는데 그중 경제적인 번영과 정치적인 후원이 마음에 와닿는다. 무선 통신의 아버지라 불리며, 볼로냐 국제공항 이름이기도 한 마르코니가 태어난 도시로서 볼로냐 대학과의 관계는 우연한 것은 아니다.

볼로냐에만 있는 명물이 하나 있다. 포르티코(Portico)라고 하는 건축물인데, 기둥이 있고 지붕이 있는 인도를 상상하면 된다. 마치 성당 내부의 바실리카 구조의 회랑과 거의 같은, 세계에서 유일한 아치형 회랑 통로는 유네스코 세계문화유산으로 등재되었다. 비가 오거나 햇빛이 강할 때 통행에 편의성이 있는 포르티코는 시내 중심가에 약 38km에 달한다.

휴식과 점심 식사 겸 볼로냐에 오는 고속도로상의 휴게소를 여러 번 들렸고, 호기심에 이것저것 구경을 했다. 소품들은 여전히 값싼 인력이 있는 나라 제품이 많았고, 식료품들은 역시 지역 상품이 많았는데, 휴게소의 판매 진열대에서 우연히 훈제 쌀(Smoked Risotto Rice)을 보았다. 이탈리아는 쌀도 훈제하여 요리를 하나 하고 갸우뚱했다. 이것도 대중적 입맛을 사로잡는다면 머지않아 우리나라 마트에서도 볼 수 있겠다고 생각했다.

우연히 운전 중 간식으로 과자를 샀는데 맛이 우리 입맛에 잘 맞아 확인해 보니 비스코티라는 유명한 과자이고, 이 과자는 한국인 여행객의 귀국 선물 목록 상위를 차지한다고 한다.

* * *

숙소의 위치가 절묘하여, 시내의 관광 포인트들이 모여 있는 시티센터로 가기 쉬운 볼로냐 중앙역에서 도보로 2~3분 거리에 있다. 시티센터로 가는 길은 평지라서 걸어서 가기는 쉽다. 어제 장시간 운전 때문에 서두르지 않고, 오전 10시가 다 되어 길을 나섰다. 그러나 볼로냐 중심가인 산 페트로니오 성당이 있는 마조레 광장까지는 거리가 약 2km로 오전이기는 하지만, 해는 벌써 열기를 쏟아 내고 있고, 걸어서 가려면 길은 단순한 직선 길이지만 30분 이상을 걸어야 한다. 유연하게 전략을 수정하여 시내버스를 탔는데, 신의 한 수였다. 버스의 노선은 지도상의 직선 길을 가지 않고 여러 골목을 경유해서 목적지 근방으로 가는 마치 관광 코스 같았다.

중심가에 도착하여 우리는 먼저 두 개의 탑을 방문하여 올라가 보기로 했다. 두 개의 탑은 아시넬리탑과 가리센다 탑을 말하는데, 그중 97미터에 달하는 아시넬리는 정상에 올라가려면 486개의 계단을 올라가야 하고,

그 옆에 있는 가리센다 탑은 약간 기울어져 있으며 높이가 48미터라고 한다. 원래 볼로냐에는 180여 개의 탑이 있었다고 하는데, 지금은 다 없어지고 20개 정도만 남아 있다고 한다. 오후에는 기온이 더 올라가고 지치게 되면 못 올라갈 것 같아서 중심가에 도착하자마자 바로 탑에 올라가 보려고 부지런히 걸었다. 그런데 지반에 문제가 생겨서 보강공사를 하는 중이라 올라갈 수 없었다. 실망스러웠지만 탑과 인접한 바르토로메오 성당(Basilica Collegiata dei Santi Bartolomeo e Gaetano)에 들어가 더운 날씨에 서둘러 움직인 열기를 식혔다.

무료입장이었고, 책자에도 소개된 바가 없는 성당에 들어와 놀란 것은, 크기와 돔을 비롯한 성당 내부의 아름다운 프레스코화와 바닥의 대리석 모자이크들 때문이다. 단지 이름난 예술가들의 작품 하나도 소장하지 못한 이유로 여행 소개 책자에서 제외된 듯하다. 세상인심은 그러하다. 별

것 없는 성당이 유명 예술 작품을 1개라도 가지고 있으면 입장료를 받는데, 그 예술품을 제외하면 이곳보다 못한 곳이 수두룩하다. 필자의 눈길을 끈 것은 성당 한 켠에 예수님의 죽음을 묘사한 테라코타 상의 약 이천년 전의 사람들의 복장이다. 예수님이 돌아가시고 십자가에서 내려진 상황을 고려할 때 현실성이 의심되는 화려한 복장이다. 당시 예법과 염색기술이 어느 정도였는지 잘 모르지만, 다양한 의상의 색상은 마치 현대의 염색 기술과 견주어 손색이 없다. 두 번째는 남성의 복장이다. 당시 예루살렘 지방의 복색인지 분명치는 않으나, 피렌체 대성당 박물관의 미켈란젤로의 반디니의 피에타의 니고데모 복장과는 대비된다. 예술이란 창작자의 영감과 상상의 산물이니 끄덕여진다.

산타 마리아 델라 비타 성당 인근의 드라페리에(Drapperie) 가와 카프라리에(Caprarie) 가 주변은 생선가게, 과일가게 등이 있고, 식당들이 들어서 있는 시장이다. 이곳은 마조레 광장에서 멀지 않아서 지친 다리도 쉴 겸 기분 좋은 식사를 할 수 있는 곳이다. 느린 발걸음을 옮겨 시장 인근의 산타마리아 델라 비타(Santa Maria della Vita) 성당에 들렀다. 이 성당은 바닥의 대리석 모자이크과 천장 돔의 프레스코화가 매우 섬세하다.

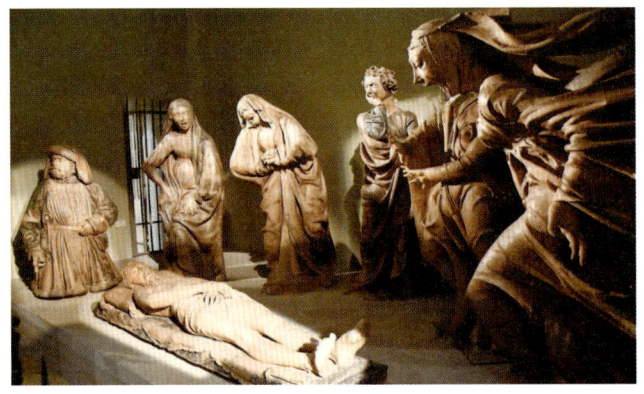

 그리고 성당 내부 우측에는 몇 개의 테라코타 상이 있다. 예수님의 십자가형을 받고 죽음을 맞이한 순간을 표현하고 있다. 이 작품은 르네상스 시대에 리콜로 델라르카의 작품이라 한다. 이 성당은 원래 맞은편에 있는 병원에서 사망만 사람들의 장례미사를 치르는 곳이었기에 생명의 성모 마리아라는 뜻을 갖게 되었다고 한다.

 여행은 그 지역의 명소를 방문하는 것 이외에 그 지역의 문화와 역사, 전통과 음식을 먹어보는 것을 경험해야 재미있는 여행이 된다. 다만 음식은 직접 먹어 볼 것을 권장한다. 에밀리아로마냐주의 주도인 볼로냐는 이탈리아 요리의 중심 도시라고 알려져 있다. 특히 볼로냐 소스로 알려진 라구 볼로네제(Ragu Bolognese), 타글리아텔레(Tagliatelle) 등이 유명하다. 왜 이곳의 음식 문화가 발달했을까? 의문이 생겼다. 필자의 비전문가의 직관적인 해석에 의하면 풍부한 식재료 조달이 가능하고, 문명의 다양성이 어울려 개방적인 사고가 자연스럽게 음식문화 발전에 기여한 것이 아닐까 생각해 보았다. 식재료는 아펜니노산맥의 동편 자락 끝부터, 동해안인 아드리아해까지 이르는 너른 들에서 나오는 풍부한 농산물의 공급이 가능하게 된 것이다.

산타 마리아 델라비타 성당이 보이는 곳에서 점심 식사하기로 했다. 마침 자리잡고 앉은 곳이 포르티코 회랑 구조의 통로다. 정오의 햇빛을 피하면서도 시원한 바람, 적당히 펼쳐지는 시야 등 명당자리였다. 메뉴는 이곳의 최고 유명 음식인 타구리아 텔레 알 라구(Tagliatelle Al Ragu)와 문어 샐러드를 먹기로 했다. 스파게티의 일종인데 스파게티 면을 만드는

것과 라구 소스를 만드는 것이 이곳 전통 방식을 따르고 있다고 한다. 소고기 다진 것에 토마토소스를 혼합하여 독특하고 감칠맛이 있었으나 필자에게는 짠 것이 흠이었다.

식사 후 산타마리아 델라비타 성당을 뒤로하고, 마조레 광장과 그 주변을 둘러보기 위해 발걸음을 옮겼다. 그늘이 없는 광장에는 더위 탓인지 사람들이 별로 없고, 건물 주변 그늘에만 밀집해서 모여 있다. 광장 남쪽에는 산 페트로니오(san Petronio) 성당, 동쪽에는 시청사로 사용하고 있는 아쿠르시오(Accursio) 궁전 등이 있으며, 서쪽에는 반키(Banchi) 궁전, 북쪽에는 엔초(Enzo) 궁전이 있어 관광의 중심지 역할을 하고 있다. 시청사와 엔초 궁전 사이에는 넵투노 분수가 있다.

　세계에서 다섯 번째 큰 산 페트로니오 성당은 미완성으로 바티칸의 산 피에트로 대성당보다 규모가 커 교황청의 명령으로 중단되었다고 한다. 그래서 전면 파사드의 아래쪽은 대리석, 위쪽은 벽돌로 된 특이한 모습을 하고 있다. 내부 입장은 무료이다. 내부의 천장에는 프레스코 하나도 없는 소박한 모습이고, 열주 형태의 바실리카 구조다. 넵투노 분수 옆 광장 그늘에는 더위에 지친 여행객들이 휴식을 취하고 있고, 버스킹을 하는 한 가수는 목이 터져라 노래하고 있지만 우리 외에 관심을 보이는 사람은 별로 없었다. 시간을 잘못 선택한 것 같다.

 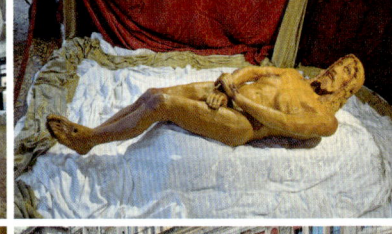

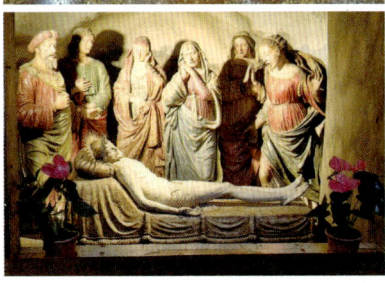 

 더운 날씨로 인한 체력 소모를 줄이기 위해 볼로냐 시티에서 운영하는 꼬마 기차를 타고 투어 하기로 했다. 약 45분가량 소요되는데 장점은 편하게 명소들을 빠르게 돌아볼 수 있지만 각 장소 내부 관람은 할 수 없다. 다만 이어폰으로 영어 설명을 들을 수는 있다.

 시간 여유가 있는 여행자라면 유럽에서 가장 오래된 대학인 볼로냐 대학을 방문해 보는 것도 의미가 있다. 이 대학 출신인 단테, 에라스무스, 코페르니쿠스, 마르코니, 움베르토 에코 등의 업적을 생각해 보는 시간을 갖는 것도 여행자가 누릴 수 있는 행복이다. 그리고 자동차에 관심이 있다면 볼로냐 인근에 있는 명품 자동차 페라리와 람보르기니 박물관에 방문해 보자.

2.2

물의 도시 베네치아(Venezia)

    세월의 빠르기는 그것을 느끼는 당사자가 처해 있는 상황별로 다르다. 물리적인 시간의 흐름과는 차이가 많이 난다. 어느덧 이탈리아 여행을 시작한 지 2주가 지났다. 첫 주는 마음의 준비를 하고 낯선 것에 적응하려 노력했지만, 실수를 많이 하고, 두 번째 주는 어렴풋이 알 것 같은 이곳의 시스템을 이해하려고 노력하면서 시간이 흘렀다. 그렇다고 여행하면서 새로운 것을 감상하고 즐기는 기회를 소홀히 한 것은 아니다.

볼로냐에서 출발해서 고속도로상의 북동 방향의 베네치아로 향했다. 더위는 여전히 기승을 부리지만 주변 풍광이 조금씩 변화가 생겼다. 자주 보이던 사이프러스가 뜸해지고 올리브 나무도 밀도가 점점 적어지는 것 같다. 파도바에 가기까지는 평탄한 평야와 목초지들이 끝없이 펼쳐지는 듯하다.

베네치아로 가기 전에 꼭 들러 보고 싶은 곳이 있었다. 몇 년 전 TV 프로그램에서 이탈리아 출신 방송인 알베르토 문디와 오프리 등이 출연한 오징어순대집이다. 그곳은 베네치아에서 차로 10분 거리에 있는 미라노 라는 곳으로 시골의 전원 풍경이 있는 자그마한 도시다. TV 프로그램은 그곳에서 한식 위주의 메뉴로 이곳 지역민에게 먹거리 소개를 하면서 현지 사람들의 한식에 대한 반응을 재미있게 소개한 프로그램이다. 흥미 위주의 프로그램이라 그런지, 대부분이 사람들이 음식에 대한 호기심과 맛에 놀라는 표정을 보여 주었던 것으로 기억한다. 한식은 아직 세계인의 인식이 부족한 시점에 이탈리아 출신의 예능인이 인정한 것을 보면, 어느 정도는 한식을 접한 이곳 주민들의 표정 반응은 신빙성이 있다고 보았다.

도착하자마자 그때 TV에서 보았던 풍경이 눈에 들어온다. 지금도 그곳은 식당으로 운영하고 있는데 지방 소도시의 고급 레스토랑이다. 이름은 흰 거위라는 뜻의 오카 블랑카(OCA BLANCA) 식당이다. 안으로 들어가니 여직원이 반갑게 맞이한다. 먼저 우리가 몇 년 전에 한국의 TV 프로그램을 촬영하던 장소라는 것을 확인하고, 그때의 이야기를 들려 달라고 했더니 당시에는 인기가 있었다고 한다.

　우리는 이곳에 올 때 점심때에 맞추어 왔고, 나름 이곳의 요리가 궁금해서, 조개 관자 구이와 생선 요리를 주문했다. 음식은 깔끔했고 식당의 주변은 평화롭고 조용하고 아름다웠다. 필자가 사진 찍는 것에 관심을 보이자, 이곳저곳 안내해 주고, 주방의 내부도 안내해 주었다. 식당은 TV에서 본 것보다 훨씬 넓고 쾌적했고, 식당 관계자들은 무척 친절했다.

　볼로냐를 떠나 7시간 만에 숙소가 있는 베네치아의 메스트레에 도착했다. 사실 고속도로로 쉬지 않고 달리면 2~3시간이면 충분하지만, 쉬엄쉬엄 기웃거리며 다니니 시간은 늘어진다. 베네치아는 5세기경 게르만의 침략을 피하기 위해 초기 이주민들이 섬들을 개척하여 도시를 세우고 발전시킨 곳이다.

고려시대 몽고의 침략에 강화도로 피신한 역사적 사실을 상기해 볼 때 수긍이 간다. 도시를 이루고 있는 본 섬은 하나의 섬이 아닌 100여 개의 섬이 밀집된 것이고 섬과 섬 사이는 육지 도시의 도로와 같은 개념의 운하이며, 수많은 다리로 연결되어 있다. 본 섬의 지도를 자세히 보면 파란 바닷물이 실핏줄같이 침투해 그물망처럼 보이는 것을 알 수 있다. 당연히 교통수단은 곤돌라 같은 배이다. 사진은 구글 지도이며 얼핏 두 개의 섬처럼 보이지만 백 개 남짓으로 쪼개져 있는 것이 보인다. 이 외에도 주변의 석호 주변에는 리도, 산테라스모, 부라노, 무라노 등 많은 섬이 있다.

섬에는 육지에서처럼 거대한 건축물들이 있는데, 그들은 어떻게 그렇게 할 수 있었는지 궁금했다. 초창기 건물을 지을 때 진흙과 펄인 물속에 나무를 촘촘히 점토층까지 박고, 나무 위에 석회석을 깔고 그 위에 건물 기초를 했다. 이후 나무들은 산소가 희박한 소금물 속에서 부패하지 않고 석회화되면서 더 단단해졌다. 건물을 설계할 때는 무게를 분산시켜 어느 한쪽으로 쏠림이 없도록 했다고 한다. 그러므로 베네치아의 건물들은 물속에 기초하여 세워졌지만, 구조적으로는 안전하다. 베네치아의 위기 혹은 취약점은 생활 공간들이 전반적으로 낮은 데 반해, 지구 온난화 여파로 해수면 상승이 문제가 되고 있다고 한다. 기후 변화로 침수를 우려하는 전 세계, 지대가 낮은 섬의 문제와 별반 다르지 않다. 이 사실을 알기 전에는 베네치아의 문제가 펄 위에 세운 거대한 건축물을 지탱하는 지반의 불안정한 상태로 이해했었다. 이것들의 구조적인 견고함은 육지와 큰 차이가 없다.

베네치아에 도착하여 3일간 머무를 숙소는 베네치아 섬이 아닌 메스트레(Mastre)이다. 차를 가지고 다니는 여행자들 대부분이 이곳에 숙소를 정하며, 안쪽 섬까지는 40분 정도 걸린다. 교통수단은 일단 ACTV 버스로 로마광장에 도착하여 다시 바포레토(Vaporetto)라 불리는 수상버스를 타며 매우 편리하다. 만일 버스를 타지 않고 메스트레역에서 기차를 탈 경우는 산타 루치아 역에서 내려 역시 바포레토를 타고 목적지로 가면 된다. 하지만 필자는 특별한 장점이 없는 기차 타는 것을 권하지 않는다. 그리고 한 가지 소매치기 조심해야 한다. 2~5명이 한 조로 다니는데 타깃을 정하면 거의 당한다. 남자보다 여자가 많고, 의외로 임신부가 많은데 사실은 아닌 경우가 많다고 한다. 그러니까 임신부가 나타나면 긴장해야 하고, 배낭을 뒤로 메면 거의 당한다고 보면 되니, 메더라도 앞으로, 뒤로 했을 경우는 잃어버려도 큰 문제 없는 것들만 넣으면 된다. 바포레토 승강장, 버스 내리는 곳, 심지어 혼잡한 골목 등에는 소매치기 경고문이 여기저기 붙어 있다. 당하는 관광객만 모를 뿐이고 소매치기들은 어디가 좋은 영업장소인지 다 알고 있다.

이탈리아의 다른 도시에서 베네치아에 오려면 버스나 기차로 오면 메스트레 지역이나 안쪽 섬인 산타루치아역에 도착하면 이후는 같다. 다만 항공편으로 국제공항에 내리면 기차는 없고 버스와 배를 이용할 수 있다.

* * *

　숙소가 있는 메스트레 지역에서 베네치아 본 섬으로 가기 위해서는 기차나 버스 등 대중교통을 이용해야 한다. 이용해야 하는 버스는 타는 지점에 따라 노선버스 번호가 다르지만 매우 편리하고, 모두 본 섬의 로마광장으로 간다. 버스를 타고 내리는 위치와 노선 번호까지 구글 맵을 따르면 서울 시내버스 타는 것만큼 쉽다. 그런데 이곳에 오기 전에 이곳의 시티패스와 함께 UNICA를 구입했는데 잘 모르는 상태에서 한 것이라 후회스러웠다. 현지에서 구입해도 아무 문제가 없어 구태여 온라인에서 미리 씨름해 가며 구매할 필요가 없었다. 또 교통카드가 포함된 산마르코 패스도 100유로가 넘는 금액이었지만 이것도 약간 알고 보면 이용 가치가 작고 가성비 낮다. 이유는 이렇다. 이곳에서 여행객에게 인기 있는 것들은 다 빼고, 사람들이 가지 않는 지역을 방문하는 티켓만 유효한 것이다. 산 마르코 대성당, 박물관, 종탑은 아예 빠져 있고, 두칼레궁의 박물관 또한 제외됐다. 이런 곳에 입장하려면 별도로 일일이 입장권을 구입해야 한다. 관광객이 가고 싶은 곳, 즉 알맹이를 뺀 것을 비싸게 산 셈이다. 결국은 별도의 입장료를 지불해야 하는 것이다. 그뿐만이 아니다. 건너편에 인기 있는 산 조르지오 마조레 성당도 빠져 있고, 산타마리아 델라 살루테 성당 등은 모조리 빠져 있다. 즉 사람들이 갈 만한 장소는 모두 뺐다는 사실이다. 왜 그런지는 독자들이 상상해 보시라. 대신 사람들이 거의 찾지 않는 성당 세 군데와 코레르 박물관, 볼 것이 별로 없고, 알맹이 없는 것들을 두루 모아 그럴듯하게 포장했다는 생각을 지울 수 없다. 두칼레궁을 예로 들면, 이것은 허울 좋게 '산 마르코 패스'에 포함되어 있지만 입장하면 텅 빈 마당과 계단만 보이고, 볼 만한 것들은 박물관에 갖다 놓고, 들어가려면 별도 티켓을 구입해야 한다는 것이다. 필자도 패스 구입할 때 두칼레궁이 있길래 당연히 입장이 가능할 것으로 알았는데, 빈 껍데기 두칼레궁이란 것은 이해하지 못했고, 베니스 상인은 잘 모른 탓을 해야만 했다. 이것은 피렌체 카드나 밀라노 카드, 로마 카드와 비교하여 질적인 차이가 많이 나는 듯하다. 한마디로 말하면 필자는 베니스 상인의 상술을 과소 평가한 셈이다. 이것은 내용을 실제로 경험해 보지 않은 여행자들은 절대로 알 수가 없는 것이다. 차라리 그냥 산 마르코 광장에서 사진 몇 장 찍고, 바포레토를 타고 산 조르조 마조레 성당에 가서 종탑을 올라가 보라.

또 하나 바포레토 수상 택시를 탈 때, 온라인 48시간권을 구매한 우리는 확실한 차별을 받았다. 입구가 두 군데 있는데 바로 탈 수 있는 입구는 우리 카드로는 열리지 않고 대기실 비슷한 공간만 열려 정면 입구에 있는 사람들이 다 타고 나면 열어 준다.

　사람이 많으면 무한정 기다려야 한다. 옆 공간 사람들은 쉽게 기다리지 않고 승선한다. 갑자기 필자는 셰익스피어의 베니스의 상인이 생각났다. 이렇게 해도 사람들이 많이 찾아오니, 그런 것 같다.

　버스에서 내려 2번 바포레토 수상버스를 타고 리알토 다리에서 내려 산 마르코 광장으로 가는 골목길을 통해서 걸어갔다. 사실 거리상으로는 멀지 않고 10분 이내 거리지만 가게 진열대의 기념품들이 발길을 더디게 하여 꽤 시간이 걸린다. 리알토 다리 사진을 찍다 보니 그 옆에 있는 폰다코 백화점이 보여 이곳 백화점의 루프탑 예약한다는 것을 깜박하고 예약하지 않은 것이 생각나 화들짝했다. 이 백화점의 루프탑은 베네치아의 전경을 한눈에 조망할 수 있는, 여행자들에게 매우 인기 있는 장소로 유명하고 무료이다. 다만 사람들이 너무 많이 밀려와 예약해야 하며, 그것도 반드시 온라인으로만 가능하다.

　재빨리 백화점 홈페이지에 들어가 확인하니, 오늘 것은 완전 매진되었고 내일 오후 2:45에 입장하는 딱 2자리 있길래 재빨리 예약을 완료했다. 이곳에 올라가면 15분간만 머물 수 있고, 예약은 15일 이내 것만 가능하다. 즉 9월 1일에 예약하면 9/1~9/15만 가능하고 9/16은 열리지 않는다.

산 마르코 광장에 도착하여 먼저 눈에 띄는 것은, 산 마르코 광장의 상징인 꼭대기에 날개 달린 사자상이 있는 산 마르코 기둥이다. 사자는 발밑에는 복음서가 있는데 이는 베네치아 공화국의 권위를 나타낸다고 한다. 바다를 바라보고 오른쪽에 있는 기둥은 산 데오도르 기둥인데 이 두 기둥이 베네치아 공화국의 역사와 문화의 상징성을 가지고 있다.

베네치아의 수호성인이기도 한 산 마르코는 예수님의 열두 제자는 아니지만 사도 베드로와 연결된 인물로서 '마르코 복음서'를 기록한 사람이다. 그는 이집트의 알렉산드리아에서 선교 중 순교하고 그곳에 유해는 안치되었다. 그러다가 828년에 베네치아의 상인들이 몰래 유해를 훔쳐 베네치아로 가지고 왔다. 당시 유해를 이슬람교도들이 금기시하는 돼지고기로 덮어 무사히 절도 행위가 성공했다고 전해진다. 도착 당시 도시 전체가 환호했고, 유해는 산마르코 성당에 안치한 후, 공화국의 수호성인으로 선포하고, 이후 베네치아 공화국 정체성의 핵심이 되었다.

산 마르코 기둥을 뒤로하고 우리는 제일 먼저 서둘러 종탑으로 갔다. 이곳 종탑은 티켓을 별도로 사야 하는데 10유로이다. 비싸다는 생각을 해 보앉지만, 엘리베이터가 있어서 땀 흘리며 무릎에 문제 있는 시니어들에게는 다행이라 생각했다. 하지만 그것도 잠시. 위에 올라가면 베네치아 전체를 조망하는 데는 문제가 없다. 다만 사진 찍기는 불편하다. 그냥 휴대폰으로 경치 사진을 찍기는 큰 문제가 없으나, 인물을 넣어 찍으려면 콘크리트 벽이 높아 시내를 배경으로 넣어 찍기 어렵고, 또 결정적으로 전망대 빙 둘러 굵은 쇠창살을 해 놓아 그것까지 넣어 찍으니, 사진이 영 아니다.

실망을 많이 하면서 종탑을 내려와 맞은편 산 조르조 마조레 성당으로 가기 위해 바포레토 선착장으로 향했다. 가는 도중 사람들이 많이 몰려 있는 곳을 가 보니, 탄식의 다리를 배경으로 사진을 찍으려는 관광객들이다. 이곳에서 바포레토를 타고 산 마르코 광장 건너편으로 가는 것인데 구글맵의 안내 오류가 있어서 한 시간 이상 엉뚱한 선착장에서 기다렸다.

더욱이 바포레토가 왔는데도 줄이 길다 보니, 바로 탈 수 있었음에도 엉뚱한 줄에 서서 기다린 것이다. 산 마르코 광장 바포레토 선착장은 여러 곳이 있는데 가려는 행선지에 따라 선착장이 다르다.

산 조르조 마조레 성당은 베네치아와 가까운 비첸차 출신의 르네상스 시대 걸출한 건축가인 안드레아 팔라티오의 작품인데, 베네치아에는 이 외에도 팔라티노가 설계한 성당이 레데토레 성당 등 3개가 더 있다. 팔라티오는 건물의 외관은 그리스 신전을 연상하듯 대칭적 구도를 강조하고, 내부는 공간감을 극대화하는 것이 특징이다. 전체적으로는 단순함과 고전적인 비례를 강조하였다. 아이러니하게 그의 팔라티안 건축이라 부르는 건축적 특징은 신대륙인 미국에서 일반인들의 가정집 설계의 표본이 되었다는 것이다. 그의 건축적인 특성은 베네치아의 현실에 맞게 구조적 대칭성, 단순함, 전체적 균형을 강조하여 취약한 자연환경에 적응했다고 생각한다. 멀리서 보이는 성당은 한눈에 보아도 균형감이 느껴진다. 성당에는 틴토레토의 유명한 그림 두 점이 있다. 최후의 만찬과 하늘에서 내린 만나이다. 두 작품은 성당 안쪽 성전의 좌우에 걸려 있다. 성전 외측에서 최대한 안쪽으로 접근하여 찍었지만, 빛 반사와 위치, 각도 등의 이유로 만족스럽지 못하다. 이 성당의 장점은 종탑에 있다. 산 마르코 종탑보다 저렴한 8유로이며, 역시 엘리베이터가 있어 수월하게 올라 갈 수 있다. 여기서 보는 조망은 그야말로 환상적이다. 베네치아가 한눈에 보이고 멀리 바다 쪽도 볼 수 있으며, 턱이 비교적 낮아 배경 넣고 인물사진에도 적당하다. 그리고 굵은 쇠창살도 없으니 인생 사진이 나온다. 하지만 사진보다는 감상이 먼저라 멋진 풍경을 먼저 몸속에 담아 보고 싶었다.

2장 북부 지역

두칼레궁에 입장하기 위해 바포레토를 타고 다시 산 마르코 광장으로 와 잠시 쉬기 위해 궁 맞은편 건물 난간에 잠시 앉아 쉬려는데 티셔츠 등

에 'Enjoy Respect Venezia'라는 문구를 쓴 사람이 와서 앉지 못하게 호령한다. 필자로서는 어처구니없는 일이다. 경찰도 아니고 어떤 신분인지도 불분명한 사람이 인근의 카페로 가라는 영업 행위처럼 보인다. 그런데 이곳의 여행객들은 많이 걷기 때문에 다리가 아프고 쉴 곳을 찾게 마련인데 그럴 만한 곳은 카페에 들어가는 것 이외에 그 넓은 공간에 한 곳도 보이질 않는다. 자연히 빈 곳에 앉아 쉬려는 사람들이 많을 수밖에 없다. 비단 필자뿐 아니라 제지당한 많은 사람들이 불평하면서 표정이 좋지 않다. 화려함 뒤에 가려진 베네치아의 진짜 모습이다.

다른 도시의 대성당은 보통 입장료를 받지 않는데, 이곳은 입장료를 받고 또 두칼레궁 박물관과는 별도의 성당 박물관 입장하려면 입장료를 또 내야 한다. 헷갈리지 않게 정리하자면. 성당(유료 별도), 성당 박물관(유료 별도), 두칼레궁(유료), 두칼레궁 박물관(유료 별도), 종탑(유료 별도)이며, 이 중 산마르코 패스가 가능한 것은 두칼레궁뿐이다. 이곳에 오는 여행자들은 이런 것을 고려해야 한다.

　두칼레궁과 산마르코 대성당을 유료로 입장해서 둘러보고, 산마르코 광장의 명소인 프로리안 카페에 들렀다. 사실 두칼레궁에서는 계단과 궁 내부 건물 그리고 옆 성당의 돔이 빠끔히 보이는 것이 전부다. 성당 내에서도 예술품들은 모두 치워 박물관에 보관하고, 치우기 불가능한 성전과 프레스코화, 모자이크만 남아 있다. 성당 내부의 모자이크는 주제별로 구역별로 되어 있다. 이것까지 떼어다 박물관에 넣지는 않았다.

카페에서 우리가 내용을 잘 이해하지 못한 부분이 있는데 탁자에 놓인 메뉴 중에 식사로 할 수 있는 것은 건물 내부로 들어가야 하고, 야외 자리에서는 콜드 푸드나 핫초코만 가능하다. 건물 내에서는 더구나 서비스 받기가 어렵다. 그러니 커피나 핫초코, 청량음료, 와인 그리고 가벼운 스낵류를 주문해야 한다. 우리는 시장했기 때문에 할 수 없이 옆의 카페에서 롤 샌드위치를 주문해서 와인과 함께 허기를 메웠다. 광장을 사이에 두고 산 마르코 성당 맞은편에는 사람들이 잘 가지 않는 코레르 골동품 박물관이 있다, 필자가 구입한 산 마르코 패스로 입장할 수 있는 곳으로 주로 베네치아의 역사적 유물과 조각 등을 소장, 전시하고 있다. 그리스 신화를 주제로 한 석고라든지 대리석 조각, 옛 황제들의 반신상 등 학술적으로는 의미가 있을 수 있고, 입장하면 고고학 박물관(Museo Archeologico Nazionale)까지 한꺼번에 관람할 수 있다. 박물관에 입장해서 관람을 시작했지만, 붐비는 구역과 비교하면 같은 광장 안에 있지만 관람객이 거의 없어 매우 한산하여, 여유를 가지고 소장품들을 감상할 수 있다. 관람객에게 인기가 없는 걸까?

　숙소로 가기 위해 골목길의 예쁜 기념품 가게들을 기웃거리면서 오전 한때 바쁘게 다녔던 열기를 식혔다. 오후가 되자 다시 주변 공기는 달궈져 여행객을 괴롭힌다. 마트에서 잘 마시지 않던 콜라도 사 마시고, 재충전해 보았다. 늦은 오후라 바포레토를 타기 위해 리알토 다리로 어슬렁거리며 걷고 있는데 멀쑥하고 건강한 이십 대 중반 여자 둘이서 한두 걸음 뒤에 따라오던 아내 배낭의 지퍼를 열려고 하는 순간 아내가 돌아보아 들

2장 북부 지역　163

컸는데 천연덕스럽게 시시덕거리며 지나친다. 물론 도둑맞은 것은 없다. 이래저래 베네치아는 처음부터 숙소가 말썽을 피우더니 이탈리아 최악의 도시 인상이다.

✳ ✳ ✳

베네치아 여행의 마지막 날이다. 아쉽지만 서두르거나 의무적인 명소 방문보다는 발길 닿는 대로 가기로 했다. 숙소에서 출발하여 산 마르코 패스로 무료입장이 가능한 캄포 산토 스테파노 성당으로 향했다. 리알토 다리에서 하선하여 걸어서 베네치아의 촘촘한 골목길 투어도 겸했다. 그런데 오늘이 일요일이라서 문을 열지 않은 골목길 상점들이 더러 있다.

성당에 도착하니 필자도 예상치 못하게 주일 미사를 막 시작하려고 했다. 천주교 신자인 아내와 함께 잘 되었다 싶어 미사에 참여했다. 현지인들로 보이는 사람들과 같이 섞여서 했으나, 이탈리아 말을 몰라 답답하기는 했지만 미사 전례의 의식을 따라서 하는 데는 큰 문제가 없었다. 미사에 참여하는 것을 아내는 무척 기뻐했지만, 사실 필자는 무덤덤했고, 성당 구조와 회화 작품에 더 마음에 있었다. 하지만 아내가 좋아하니 덩달아 기분이 좋아졌다. 소박한 고딕 양식으로 성당 천장은 배의 선체를 뒤집은 형태라 하는데 필자가 내부에서 바라보니 구별할 수는 없었다. 성당의 입구 쪽에 있는 거대한 파이프 오르간이 눈에 띄고, 베네치아의 유명한 화가 틴토레토(Tintoretto)의 회화 작품들이 여러 점 있다고 하는데 미사 중이라서 확인이 어려웠다.

미사를 마치고 내친김에 인근에 있는 산타 마리아 델 기글리오 성당에 갔다. 이성당에는 플랑드르 화가 피터 폴 루벤스(Peter Paul Rubens)의 "성모 승천(The Madonna and Child with Saints)"이 있다고 해서 곧바로 더운 날씨임에도 불구하고 찾아갔으나 성당 문은 굳게 닫혀 있어서 아쉬웠다.

다음 성당인 산타마리아 델라 살루테를 들렸다. 수로 건너편에 있는 그곳으로 가려면 바포레토를 타고 3~4분 가야 한다. 마치 맞은편 개울 건너 있는 것 같은 위치에 있다. 이 성당은 전날 들렸던 산 마르코 광장에서 마주 보이는 산 조르조 마조레 성당의 종탑에서 내려다보였던, 베네치아의 멋진 풍경의 한쪽을 맡고 있는 성당이다.

  대리석 장식이 화려한 성당의 파사드는 아름다운 바로크 양식이며 팔각형의 돔은 베네치아의 풍경에서 빼놓을 수 없다. 대운하와 라군이 합류하는 지점에 있어, 바포레토로 산 마르코 광장으로 들어오는 입구에서 산 조르조마조레 성당과 함께 관문의 역할을 하며 베네치아의 아름다움에 결정적인 역할을 하는 성당이다. 성당 내부에는 르네상스 시기의 유명 화가 티치아노(Titian)의 작품들이 다수 전시되어 있고, 특히 그의 후기 작품인 "다윗과 골리앗"과 '가나의 혼인 잔치'가 있다고 하지만 이곳도 내부

는 들어가 볼 수 있지만 일요일이라서 종탑과 박물관 등 핵심 관람 구간은 열지 않았다. 아마도 예술품들은 모조리 박물관으로 옮겨 별도의 관리하는 모양이다. 공교롭게 일요일이라서 박물관을 열지 않아 보지 못하니 마음이 허전하다. 게다가 전면 파사드는 보수 공사 중인지 천으로 가려져 있어서 아쉬웠고, 뜨겁고 무더운 날씨라서 지친 다리도 쉴 겸 성당 계단에 앉아 건너편 감상을 했다.

그런데 궁금한 것이 있다. 아주 그 옛날 셰익스피어는 베네치아에 왔었나? 왔었어도 필자 같은 느낌을 이들로부터 받았을까? 아무튼 이곳에 여행을 왔었는지, 얼마나 머물렀었는지. 어떤 상황에서 베네치아인의 기질을 파악했는지 등이 궁금하다.

다시 산 마르코 광장의 플로리안 카페에 들러 간단한 샌드위치로 요기하고 더위에 지친 심신을 재충전했다. 휴식 후 전날 오후 2:45에 예약한 리알토 다리 옆에 위치한 폰다코 백화점의 루프탑으로 갔다. 직원이 대기하고 있다, 예약 명단 확인하고 입장시켜 준다. 예약제로 하다 보니 왁자지껄한 분위기보다는 차분한 가운데 옥상 전경을 감상할 수 있다. 옥상에서는 리알토와 전면의 지붕 그리고 양쪽으로 수로가 잘 보인다. 아주 높은 곳은 아니므로 전체 조망은 기대하기 힘들다. 세상은 몇 사람의 행위나 말로 쏠림을 유발한다. 필자는 개인적 견해로는 산마르코 성당종탑보다는 산 조르조 마조레 성당의 종탑을 추천한다. 이곳에 올라가게 된다면 건너편에서 본섬의 전체 조망을 제대로 할 수 있다. 특히 어제도 언급했지만, 산마르코 종탑에는 굵은 쇠창살이 있고, 사진을 찍으려고 손을 밖으로 내밀면 안전상의 이유로 추정되는 감시인이 와서 제지한다. 눈으로만 보아야 한다. 진작 알았더라면 필자는 올라가지 않았을 것이다.

 더위에 지친 필자는 아내에게 골목 투어를 더 하라 권하고 앉아서 쉬면서 숙소로 돌아갈 길을 검색해 보다가 깜짝 놀랐다. 수상버스인 바포레토의 운행이 중단된 듯 구글 경로에는 현 위치에서 산타크루즈역이나 버스터미널이 있는 로마광장으로 걸어서 가라는 것이다. 필자가 있는 위치에서 약 2km, 30분 정도 걸린다. 그 거리는 평소 같으면 큰 문제는 아니지만

오늘 하루 종일 걷고 날씨는 무더우며 컨디션 난조를 보이는 상태에서는 난감한 상황이다. 바로 아내에게 전화해서 상황을 실명하고 숙소로 바로 가기로 했다. 사실 우리 여행자들이 몰라서 그랬지, 공지된 사실일지도 모른다.

일요일인 오늘 리알토 다리를 중심으로 한 수로에서 퍼레이드를 벌이고 있었다. 다양한 형태의 배와 다양한 복장으로 많은 팀들이 참가하는 퍼레이드이다. 자체 내 행사인 듯하니, 당연히 이곳의 교통수단인 수상버스는 다닐 수 없게 된 것이다. 버스 터미널이 있는 로마 광장으로 걸어가는 길에는 필자 부부 말고도 많은 사람들이 걸어가고 있었다. 그나마 우리 부부는 형편이 나은 편이다. 아이들 데리고, 캐리어 끌고 가는 사람들도 꽤 있었다. 이번 경우처럼 정보를 소홀히 해서 겪는 불편함은, 여행자가 현지에서 실시간으로 얻는 정보의 중요성을 일깨운다.

우리는 베네치아에서 여행 관련 소개 자료에 있는 여러 곳을 다 들러 보지는 못했다. 하지만 그것으로 만족하기로 했다. 너무 욕심을 부리다 질을 떨어뜨릴 수도 있기 때문이다. 또한 여행자의 숙명처럼 현지에서 벌어지는 일들을 실시간으로 정보를 얻기에는 필자가 모자라는 부분이 있음을 인정하고 마음을 편안하게 놓았다.

2.3

자연의 마법 돌로미티(Dolomiti)/코르티나 담페초(Cortina d'Ampezzo)와 오르티세이(Urtijëi)

좋은 기억이 많지 않았던 베네치아를 떠나, 돌로미티로 출발했다. 고속도로에 진입하자 길은 널찍하고, 가슴이 탁 트이는 느낌의 기분 좋은 드라이브를 시작했다. 포장 상태가 좋은지, 진동이 별로 없고 도로를 매끄럽게 주행하는 느낌은 국내에서 좀처럼 해 보기 힘든 경험이다.

목적지인 코르티나 담페초가 있는 돌로미티 지역은 오스트리아 국경과 가까운 알프스산맥의 일부 지역으로 평균 고도가 2,000m 이상이다. 고산의 풍화와 침식 과정을 거친 암석들이 만들어 내는 독특한 풍경으로, 유네스코 세계자연유산 지역으로 지정되었고, 등산, 스키, 산악자전거 등 다양한 야외 활동의 천국으로 알려지면서 많은 사람을 끌어들이고 있다. 필자 부부는 7박을 하면서 차를 이용하여 이곳저곳 두루 방문할 예정이고, 필요하면 케이블카를 이용하고, 걷는 등 그때 사정대로 움직이기로 했다. 물론 막연하게 하는 것은 아니고 방문 장소의 일정 계획을 정하고 다닐 것이다. 두 사람의 체력을 고려하여, 봉우리 정상이나 고원지대에 올라갈 때는 케이블카를 이용하고 구릉지대나 경사가 완만한 지역은 걷는 등 무리하지 않기로 했다. 하산할 때도 마찬가지로 경사가 급하지 않으면 걷고, 그렇지 않은 경우는 케이블카를 이용하는 식이다.

베네치아에서 출발했기에 돌로미티(Dolomites) 북쪽 관문인 코르티나 담페초(Cortina d'Ampezzo)를 거쳐 리퓨지오 페다레(Rifugio Fedare) 일차 목적지로 삼았다. 그러나 필자가 보기에 어차피 들러야 할 곳이라 차라리 숙소를 목적지로 변경했더니 경로가 바뀌었다. 결국에는 도로가 넉넉한 롱가로네(Longarone)에서 서쪽의 좁고 가파르고 구불구불한 길로 안내됐다. 나중에 안 일이지만 이것으로 변경을 안 했더라면 오히려 더 엉뚱한 경로로 진입할 뻔했다. 이 구간을 아내가 운전했는데 지금까지 오던 길과 다르게 굴곡이 많아 당황스러워 속도를 낮추어 운전했다. 처음에는 적응이 잘 되지 않다가 속도를 내지 않고 뒤에서 따라오는 차들을 비켜 주면서 점차 적응하며 운전했다. 리퓨지오 펠모(Rifugio Pelmo)에 도착하여 잠시 휴식을 취하고, 구불거려 긴장했던 심신을 달래 보았다. 리퓨지오란 산악지방의 오두막이나 피난처를 말하는데, 규모가 큰 곳에는 숙소가 있는 것이 일반적이고, 숙소에서 식사도 할 수 있다. 리퓨지오 펠모는 인근의 펠모산 등산을 시작하는 거점으로 주변에 기반 시설들이 있고 경치가 아름다운 곳이다. 우리는 돌로미티의 관문 격인 이곳에서 험한 지형에 적응하려고 여유롭게 시간을 보냈다. 도중에 아까운 경치들이 많아서 운전 중인 아내를 대신해서 차 안에서 사진을 많이 찍었는데, 차 유리에 얼비친 과자 그릇이 계속 나온 것을 나중에 알았다.

리퓨지오 펠모에서 휴식 후 심기일전하여 목적지를 향해 경사진 곳의 멋진 풍경을 기대하며 길을 재촉했다. 리퓨지오 페다레 가는 길은 지금까지의 길보다 더 험난했다. 그런데 더 놀라운 것은 이렇게 가파르고 험한 길을 바이크를 타고 가는 사람이 드문드문 보였다. 그뿐만 아니라 오토바이를 타고 집단으로 몰려다니며 차선도 없는 길에서 필자의 차를 추월하며 다니는데 놀랐다. 사실 이것은 그야말로 양념에 불과하다는 것을 나중에 알았다. 차로 올라가면서도 필자가 숨이 가쁜 듯한 느낌이 들었고, 지금까지와 다른 풍경이 발목을 잡아 자주 차를 멈추고 뒤를 돌아보고 실루엣 같은 먼 산의 경치에 빠지기도 했다. 코르티나 담페초를 경유하여 가려 했던, 리퓨지오 페다레에 먼저 도착했다. 그곳 풍경들을 감상하고 사진도 찍으면서 이곳 초심자의 심정으로 케이블카를 어떻게 타는지 등 궁금한 것을 해 보기로 했다. 먼저 이곳 대피소 산장에서 케이블카를 타고 더 높은 곳에 있는 아베라우 산장(Rifugio Averau)으로 가기로 했다.

올라가기 전에 퇴직해서 강화도에 사신다는 필자 나이 또래 한국인 부부를 만났다. 그분들은 이곳에 막 도착한 우리 부부에게 여러 가지 도움이 되는 좋은 정보를 많이 주셨다. 길이 험하니 운전 조심하라는 당부도 잊지 않으신 고마운 분이셨다. 케이블카를 타고 올라오니 아래에서 보는 것과는 다른 더 멋지고, 멀리 3단의 산 윤곽선이 보이는 풍경이었다. 필자는 일단 능선까지 가서 경치를 보는 것으로 만족하려 했으나, 아내는 정상 부근을 걸어 더 올라가자고 재촉한다. 산세와 풍경은 조금만 보는 위치가 바뀌어도 새로운 모습으로 다가온다. 이곳의 매력은 이런 것이 아닐까 생각해 보았다. 등산 스틱에 의지해 능선을 따라 정상 쪽으로 서서히 올라갔다. 사진을 찍느냐 필자의 걸음이 다소 늦어지자, 아내 혼자 저만치 먼저 올라간다. 능선을 따라 한참을 올라가니 이곳에서 다른 봉우리로 올라가는 길이 보이고 더 높은 정상으로 가는 길도 보인다. 하지만 어느 정도 높이의 능선에서 바라보는 경치는 필자의 실력으로는 표현하기 힘들다. 사진에 담으려 해도 이 또한 자신 없기는 마찬가지지만 사진에 담아 정상의 산장으로 돌아왔다. 아베라우(Averau) 산장에는 전문 산악인 복장으로 온 사람들이 많이 보이고, 필자처럼 그냥 케이블카를 타고 주변만 둘러볼 사람들도 섞여 있었다.

멋진 풍경을 뒤에 두고, 되돌아 나오기가 다소 아쉽지만, 다시 케이블카를 타고 내려와 코르티나 담페초로 가는 도중 파소 지아우(Passo Giau)에 들러 또 한 번 돌로미티의 산악이 만드는 멋진 모습을 보았다. 파소

(Passo)란 우리말로 고갯길, 고갯마루, 통로, 지나가는 길 등의 의미이다. 이곳의 멋진 풍경을 감탄하면서 사진을 더 찍으면서 시간이 조금 지체되었다.

  이곳의 산길은 난생처음 경험해 보는 일명 극단적인 헤어핀 도로이다. 필자도 썩 운전을 잘하는 편은 아니라서 등과 손에서 땀이 나는 것으로 보아 도로의 상태 때문에 긴장한 것이다. 우리나라에서는 볼 수 없는 심하게 굴곡지고, 폭이 좁고, 차선도 없는 그런 길을 맞은편에서는 속력을 내어 내달려 오면 화들짝 놀라기가 다반사이다. 양쪽에서 차가 마주치면 저절로 브레이크를 밟거나 아예 섰다가 다시 출발하기를 수십 번 반복이다. 자연히 차는 엉거주춤 거북이처럼 기어가고, 거기에 더해 현지인들 차인 것으로 추정되는 차들은 엄청난 속도로 달리면서 바짝 우리 차 뒤에 붙여 압박한다. 더욱 공포스러운 것은 맞은편에서 달려오는 차인데, 차가 1대만 지나갈 수 있을 것 같은 구불구불한 길을 전속력으로 내달려 오면 마치 스스로 목숨을 내놓으려는 행위로 보이고, 순간 운전대를 꽉 잡고 브레이크를 꼭 밟게 한다. 하지만 입장을 바꾸어 놓고 생각해 보았다. 우리나라에서도 앞에 초보운전이라고 써 붙인 차가 편도 1차선을 기듯이 갈 때 우리는 어떻게 했는지. 그래도 평소 운전하던 속도보다 천천히 운전하면 안전하다. 그래서 빨리 갈 수 있는 정도로 도로에 익숙하지 못하니 비킬 수 있는 공간이 나올 때마다 비켜 준다. 그게 현명한 거다. 필자가 뉴질랜드에서 남섬의 북쪽 해안 길을 운전했을 때는 그래도 도로 폭은 넓었었던 것으로 기억한다. 그나마 다행인 것은 자발적인 휴식이 아닐지라도 운전을 멈추고 바라보는 경치는 천상의 세계라는 것이다. 숙소에 도착하니, 주차장 한 켠에 야생 여우 한 마리가 나와 우리를 마중 나온 것 같아, 즐거움이 더해지고 풍성해지는 느낌이다. 숙소는 코르티나 담페초와는 떨어져 있고 고도가 2,000미터 되는 지점에 있다. 숙소에서 주변을 둘러보면 친퀘토리 봉우리와 거대한 바위산들의 전경들이 한눈에 들어온다. 산속이라서 그런지, 지금까지는 계속 에어컨에 의지해 온도를 맞추어 왔지만, 갑자기 기온이 떨어져 감기라도 걸릴까 봐 호텔에 난방을 부탁하고 가져온 발열 담요를 함께 사용하였다. 호텔은 흔쾌히 난방을 틀어 주었고, 예약 시 공유 앱을 통하지 않고 호텔 홈페이지를 통해서 예약했더니 전망 좋은 방과 무료 조식을 서비스로 주었다. 필자도 예상 못 한 깜짝선물이었다. 보통 공유 앱이 가져가는 수수료가 호텔비용의 10~20% 정도인데, 많게는 그 이상도 가져가는 곳도 보았다.

* * *

    오늘은 딸 생일이다. 여행을 자주 하는 사람은 가족의 행사를 챙기는 것에 소홀히 하기 십상이다. 장기간 집을 비우다 보니 아무것도 걸치지 않는 기간을 선택한다는 것은 정말 어렵다. 간혹 미안한 생각이 들기도 하는데, 생각하기 나름이라고 위안해 본다.

    오늘 일정은 코르티나 담페초를 거쳐, 친퀘토리를 올라갈 예정이다. 코르티나 담페초는 오르티세이(Urtijëi)와 함께 돌로미티 관광의 거점 도시로서 고도가 1,200m로 비교적 낮은 계곡에 있는 도시이다. 숙소에서 코르티나 담페초 방향으로 되짚어 나가야 친퀘토리(Cinque Torri)로 올라가는 케이블카 승강장으로 갈 수 있다. 숙소를 나서자마자 시작부터 소위 말하는 헤어핀 도로가 우리를 맞이한다. 여기서 헤어핀 도로는 필자가 처음 경험하는 꺾임 정도가 180도를 넘어 거의 용수철처럼 360도가 넘는 구간도 있다. 그것도 연속으로 나타나며, 경사 또한 급하게 되어 있다. 도로 여건상 운전하기 어려운 극한의 경험이라, 조금도 한눈을 팔 수가 없다. 필자가 그동안 가지고 있었던 과거 도로의 개념과는 다른 것이다. 그래서 오던 길을 되짚어 나간다는 것은 꺼려진다. 그나마 다행인 것은 평소 차멀미로 고생하던 아내가 아무렇지도 않았는데. 조수석에서 손잡이를 세게 잡고, 너무 긴장해서 그럴 수 있다고 생각했다.

친퀘토리로 올라가는 케이블카 승강장은 오르티세이에서 코르티나 담페초로 가는 길에서 약간 안쪽으로 들어가야 한다. 어제 이 길을 두 번이나 왕복했는데 길가에서 안 보여 혹시나 운영을 중지했나 걱정했었다. 주차장에 들어서자 이미 많은 차가 들어와 있었고, 공사 중이라 비포장에 주차선이 없어 약간 혼잡했다. 친퀘토리는 돌로미티의 대표적인 랜드마크의 하나이며 우리말로 다섯 개의 탑이란 뜻이다. 석회암의 다섯 개 바위는 풍화와 침식을 거쳐 독특한 모양을 하고 있다. 등산과 일반 트레일, 암벽등반까지 즐길 수 있다. 높은 암벽 쪽을 자세히 보면 암벽 등반을 하는 사람들이 까만 점으로 보인다.

이곳에서 필자가 놀란 것은 이곳의 케이블카 시설이다. 조그만 오르막이라도 선택적으로 이용할 수 있도록 케이블카 설비가 무수히 많다. 자료에 의하면 돌로미티 지역에 전망대의 개수가 140여 곳이라 하니, 적어도 140개 이상일 것이고, 하나의 전망대에 2~3개의 케이블카가 설치된 곳도 많으니 짐작할 수가 없다. 더구나 알페 디 시우시에는 전망대 없는 리프트 설비가 많이 있는 점을 감안하면 400개는 넘을 것 같다. 이곳에는 수많은 야생동물이 서식하고 엄격한 자연환경 보호 개념이 존재하는 것이 무색하다. 우리나라 어느 곳에 몇 십 년째, 무슨 이유인지, 진행이 안 되는 케이블카 설치를 생각하니 부럽다. 하지만 이곳의 케이블카라 해서 모두 운행하는 것은 아니다. 계절적으로 스키 시즌은 리프트 용도로, 꼭 그렇지 않더라도, 평균 수요가 있는 것은 운행하는데, 보통 승강장 앞에 주차된 차가 많으면 운행 중인 케이블카이다.

  친퀘토리 매표소에서 리퓨지오 스코이아토리(Rifugio Scoiattoli)까지 편도를 선택했고 비용은 인당 18유로였는데, 내려올 때는 도로를 따라 걸어서 내려갈 작정이었다. 우리는 리퓨지오 스코이아토리(Rifugio Scoiattoli)에서 내려 능선 위에서 친퀘토리 바위들이 보였다. 바위들은 능선을 따라 일부러 세워 놓은 듯 독특한 모습으로 빚어 놓았다. 미국 중서부의 아치스 국립공원(Arches National Park)에서 보았던 붉은 색깔의 풍화 바위라든지, 서호주의 남붕 국립공원(Nambung National Park)에서 보았던 바위의 색깔과 규모는 다르지만 역시 자연의 경이로운 느낌은 같다.

가장 오른쪽에 있는 바위가 가장 거대한데, 이 바위에는 암벽 등반을 하는 사람들이 까만 점으로 여기저기 붙어 있는 것이 보인다. 일반 관광객들도 편리하게 바위들을 조망할 수 있도록 정상의 구릉지에 기반 시설과 전망 도로인 오솔길들이 오밀조밀 잘 만들어져 있다. 오솔길 위치에 따라 보는 각도가 달라지면 바위를 보는 느낌도 달라진다. 그런데 이곳이 1차 대전시 오스트리아-헝가리 제국과 치열한 전투를 벌였던 격전 지역이었다고 하며, 흔적들이 여기저기 보존되어 있다. 참호, 벙커와 포대가 있었고, 교통로도 있었다. 참으로 인간은 전쟁에 이런 곳까지 이용한다. 아울러 이곳이 전쟁 중에는 양국 간에 서로 전략 요충지란 것이 수긍이 갔다. 실제로, 이곳을 통과하지 않고는 이탈리아 중부 관문인 오르티세이와 볼차노, 비첸차, 베로나, 밀라노로 가기는 불가능에 가깝다.

지금까지 잘 보이지는 않았지만, 이곳에서 아주 드물게 자유 여행하는 한국인들과 패키지로 투어 하는 한국 여행자들이 가끔 눈에 띈다. 그리고 대부분 무리를 지어 다니는 중국인들도 보이는데, 마치 밀물과 썰물처럼 갑자기 몰려왔다가 순식간에 사라진다. 대화 상대가 필자밖에 없었던 아내는 한국 사람을 만나면 물 만난 듯이 반가워 무조건 인사하고 수다 시작이다. 어디서 오셨느냐, 얼마나 계시느냐, 자유여행이냐 묻는 건 메뉴판이고, 우리는 두 달 걸린다는 등, 상대가 궁금해하지도 않는 이야기를 풀어 놓으며 바쁜 그들의 발길을 붙잡는다. 그렇게 반가워하는 아내의 모습이 천진난만해 보인다. 과거에 필자는 아내가 한국 여행자와 이야기하는 것을 좋아하지 않아, 필자의 눈치를 보고는 했는데 요즘에는 그런 눈치가 없어졌는지, 아니면 필자가 별로 말릴 생각이 없다는 것을 알았는지 대놓고 붙잡고, 수다. 보통 아내는 어디가 좋다는 정보도 얻어 오고는 했는데, 친퀘토리 정상에서 한국인 중년 부부로부터 얻어 온 정보는 셀라 패스(sella pass)가 멋진 곳이니 꼭 가 보라는 것과, 가르데나 패스(Passo Gardena)를 가 보라는 정보를 얻어 왔다. 그분들 한결같이 운전 조심하라고 부탁하면서 걱정을 해 주었다. 해외에서 만나는 한국인들의 끈끈한 동포애 같은 것을 종종 느끼고는 한다.

우리는 케이블카를 편도로 선택했기에 내려갈 때는 등산 스틱에 의존해 걸어서 내려왔다. 보통 시간이 걸리더라도 풍광을 구경하면서 내려와야 하는데 경로를 잘못 선택했는지, 길은 널찍했지만, 경사도가 심해서 나이 든 사람들에게는 권할 만하지 않다. 아내가 걱정되기도 하였지만, 아내는 나름 지혜를 발휘하여 뒤로 돌아서서 내려오는 보법으로 필자보다 훨씬 가볍고 여유 있게 내려온다. 아내가 권해 보아, 그렇게 해 보았더니 확실히 무릎에 부담이 줄어든다. 내려오는 것은 40분 정도 걸려 생각보다 빠르게 내려온 셈이다. 내려오면서 중간중간 잠시 내려다보이는 산악 풍경을 즐기고, 가을 초입 산중에 핀 야생화들을 감상하는 등, 즐겁게 담소하며 내려왔다. 이곳에는 한국에서 본 것보다 약간 작은 밝은 보라색의 엉겅퀴, 토끼풀, 자운영들과, 불투명한 흰색의 앙증맞은 데이지들이 많이 보인다. 그 외에도 필자가 모르는 야생화들이 있었고, 무릇 종류의 알뿌리에서 올라오는 듯한 무더기 꽃들과 마타리와 비슷하지만, 흰색의 뚜깔로 보이는 꽃들이 지천이다.

40분여 걸어서 하산한 후 파소 가르데나(Passo Gardena)와 파소 셀라(Passo Sella)를 향해 가는데, 운전하기에 힘들 정도의 도로는 헤어핀의 수준을 넘는다. 이곳들을 거쳐서 숙소가 있는 오르티세이로 가는 경로로, 첫날 숙소가 있었던 파소 팔자레고(Passo Falzalego), 로카리타 레나즈(Localita Renaz), 파소 셀라(Passo Sella) 등 생전 처음 경험하는 험한 산길을 택하였다. 당연한 이야기지만 거북이 운전으로 쉬엄쉬엄 가면서 이곳의 웅장한 봉우리들의 웅장한 모습은 험한 산길 운전에 대한 보상이 되고도 남았다. 살짝 비를 뿌리는 날씨라서 조금 긴장은 했으나, 폭우 수준은 아니고, 금방 개였다. 멀리 보이는 피츠 보에(PiZ Boè), 셀라 타워 등의 바위 봉우리들은 그 독특한 풍경은 표현할 단어를 생각해 내기 어려웠다. 운전은 아내와 번갈아 가며 했는데, 아내의 시선을 뺏는 경치가 연속이라 승객 입장인 필자는 무척 불안했다.

 험한 지형이지만 이곳에 익숙할 것으로 추정하는 사람들이라도 속도를 내어 달리는 것을 보면, 이곳 환경에 적응한 그들을 내가 걱정할 일이 아닌데도 걱정되고, 신기하기도 하다. 산 위에서 한국인 부부가 운전 조심하라고 했던 것이 그냥 인사로 한 이야기가 아니었다. 이야기해 준 것 중에는 버스가 앞에서 오면 가슴이 쪼그라드는 느낌이란 것과 바이크족과 오토바이 부대들이 많아 운전하기 힘들다고 했다. 과연 버스가 마주 오면 멈추지 않으면 정면충돌할 기세로 달려오니 급브레이크를 밟아야 한다. 마치 러시안룰렛 게임을 하는 것 같다. 또한 산악자전거로 이곳을 오르내리고, 오토바이부대는 물론이고, 자전거마저 거의 내 차는 없는 것처럼 비웃듯이 추월하면서 급경사에 급커브를 내달린다. 상식이 아니라고 생각했던 것들이 상식인, 낯선 경험을 하면서 그들이 존경스러워졌고, 우물 안 개구리 의미를 곱씹어 보게 했다.

파쏘 셀라(Passo Sella)를 지나오면서 아내의 사진 찍기 갈증이 해소될 즈음에 오르티세이 숙소에 도착했다. 숙소에 체크인하면서 영어를 잘 못하는 호스트인 호버트(Robert)는 매우 친절했고 반갑게 맞이해 주면서 오르티세이 버스 승차권과 여러 가지 안내를 해 주었다. 숙소는 아내가 아주 마음에 들어 하니, 안심이 되었고, 호스트는 필자를 슬그머니 부르더니 포도주 한 병을 건네준다. 그리고 우리가 춥다고 했더니 보일러 온도를 올려 주고, 잠시 후 무언가 부스럭거리더니 우리 숙소 거실의 페치카에 불을 피워 준다. 우리는 지금까지의 숙소에서 누려 보지 못한 호사를 누려 보았다. 저녁 식사 후 비가 조금씩 오는데도 둘이서 우산 쓰고 산책하면서 운전으로 긴장했던 심신을 풀어 주었다. 오랜만의 여유로움을 즐기고, 좋아하는 아내의 모습을 보면서 하루를 마감했다.

* * *

   도착은 어제 했지만, 오르티세이에서 실질적인 첫날이다. 어느 지역에 도착하여 투어 준비를 하게 되면 예상치 못하게 낭비되는 시간이 많다. 사실 이렇게 눈에 띄는 성과 없이 빈둥거리는 시간도, 지나고 보면 여행에 밑거름이 되는 생산적인 경우가 적지 않다. 이것저것 지역 파악하고 버스 노선 챙기고, 여기서 탈 케이블카, 그리고 트래킹 계획 등등 의견이 만들어진다. 우리는 일단 남쪽의 알페 디 시우시 쪽을 먼저 가기로 했다. 그런데 시각이 벌써 11시가 되었으니, 숙소에서 꽤 어슬렁거리며 여유를 부렸나 보다. 비단 이번 여행뿐 아니라 여행 중 서두름은 사고의 실마리가 되는 경우가 많아서 되도록 서두르지 않으려고 한 것이 너무 게으름을 피운 셈이 되었다. 케이블카 매표소까지 숙소에서 8분 거리임에도 우리는 10분도 넘게 양반걸음으로 천천히 갔다. 매표소에서 필자가 잠시 착각하여 케이블카 탑승권인 슈퍼 섬머 카드 1일권을 구매했는데, 사실은 3일권을 구매해야 했다.

이곳에서 케이블카 탑승에 제한이 거의 없는 6~9월에는 3일 정도는 돼야 즐기면서 여기저기 다닐 수 있다. 가장 인기 있는 알페 디 시우시(Alpe di Siusi)와 세체다(Seceda)를 가려면 하루로는 부족한 감이 든다. 오르티세이 지역 티켓이라면 1일권만으로도 충분한 것 같았지만 출발 시간과 걷는 속도, 식사 시간과 여유로움의 정도에 따라서 필요한 시간이 다르다. 우리는 서두르지 않는다는 원칙이 있어서 더 많은 시간이 필요하다. St. Ulrich Seiser Alm 승강장에서 케이블카로 올라가며 보이는 산악 계곡 도시인 오르티세이는 레고로 만든 장난감처럼 보인다. 붉은 갈색과 회색의 지붕이 섞인 윤곽이 뚜렷한 작은 건물에 깨알 같은 창문들이 앙증맞다. 막상 정상의 케이블카에서 내리면 둔덕과 나무에 가려 마을이 보이지 않아 섭섭했지만, 나무 사이로 살짝 벌어진 틈으로 사진을 찍어 두었다. 반대편인 남쪽으로 알페 디 시우시 방향으로는 시야 가림 없는 멋진 풍경이 내려다보여 순간 아~ 하는 감탄사와 함께 호흡은 멎고 맥박은 빨라졌다.

   마치 마법에 걸려 그림 속에 있다가 필자 앞에 현실로 펼쳐지는 듯 아찔한 현기증 느낌이 났다. 이렇게 절제되고 조화로운 풍경을 글로 표현한다는 것은, 글재주가 없는 필자에게는 능력 밖의 일이라 아무리 해도 안 된다는 생각에, 잘 찍은 사진은 아니지만 사진을 더 많이 실어 보았다. 그래도 사실적으로 표현해 본다면, 주변의 높은 봉우리로 둘러싸인 고원 분지의 목초지는 멀리 보이는 완만한 초원 구릉지의 일부이다. 마치 누군가 커다란 사포로 살살 문지르고 초록색 융단을 깔아 놓은 것 같다. 주변의 산봉우리들은 맞춤으로 주문하여 배치한 듯 깊이가 있는 우아한 자태로 우리를 안아 주려 한다. 어찌 보면 이탈리아 중부의 발도르차의 구릉지대와 사이프러스가 잘 어울리는 풍경을 산악 고원지대에 그대로 옮겨 놓은 것 같다. 안평대군의 꿈을 그림으로 그린 안견의 몽유도원도는 꿈속의 이상향이지만 이곳은 현실 속의 세상이다. 필자는 표현력이 부족하더라도 멋있다 혹은 아름답다는 단순한 표현을 하고 싶지는 않다. 간혹 낙원을 상상했다면 이런 곳이 아니었는지? 동양의 낙원이라고 하는 무릉도원은 왠지 뭉뚝하고 두리뭉실하지만 이곳은 그런 느낌은 없다. 이렇게 느낌이 다른 것은 필자의 동양 감성에서 성장한 환경 때문이리라.

  케이블카에서 내려 정상 주변을 감상하고 아래쪽에 있는 알페 디 시우시로 가는 방법을, 걸어갈까 케이블카를 이용할까 망설이기도 했다. 결국 길 하나를 건너 아래로 내려가는 케이블카를 타고 내려가 평탄한 구릉지대에서 오솔길을 따라 천천히 걷기 시작했다. 가는 길은 평탄했지만 원래 어슬렁거리며 걷는 분위기인 데다, 사진 찍기, 야생화 감상 등으로 걸음이 무척 더디어졌다. 많은 사람으로 붐비거나 번잡한 시장같이 요란스럽지는 않지만, 가족 단위 혹은 연인들이 즐거운 표정으로 자연을 즐기는 모습이다. 가끔 자전거를 타는 사람들도 있는데, 케이블카에서 내리면 빌려 주는 곳이 있다. 신기하게도 가족 단위 자전거를 타는데 어린이들도 비포장 오솔길을 능란하게 조정하고, 언덕길을 잘도 치고 올라가, 자전거의 성능이 좋은가 보다 생각했는데, 식당 앞에 세워 놓은 것을 호기심 나서 살펴보니 전기 자전거였다. 그러다 시장기가 느껴지는 순간 멀리 식당이 보였다. 이런 계절에는 이 오솔길에 유일하게 문을 연 그림같이 예쁜 식당인데, 그 예쁜 만큼 맛도 있었다. 야외에 있는 식탁에서 주문하려는데, 아는 음식이 하나도 없다. 여행하다 보면 필연적으로 현지 식당을 이용하게 되는데 그때마다 어려움이 있다. 사전 정보가 있으면 다행이지만 일일이 챙기기 어렵다. 그런데 항상 아내는 기지를 발휘해 주변의 다른 손님들이 먹는 음식들을 슬쩍 둘러보고 좋아 보이는 것을 지적하여 종업원에게 주문한다. 그런데 이 방법은 꽤 효과적이다. 여러 개의 지식보다 더 함축적인 정보를 가지고 판단하니 실패율이 낮다. 이번에도 그 방법으로 주문했는데 직원이 이름도 어려운 카이저 어쩌구라고 한다. 나중에 메뉴판으로 확인해 보니 '카이제르슈마렌(Keiserschmarren)'이었다.

사 후 구릉의 목초지를 천천히 가로지르며 야생화들이 지천으로 피어 있는 길을 걷기도 하고, 앉아 쉬기도 하면서 잠시 시간의 흐름을 잊고 있었다. 알페 디 시우시 마을이 보이는 곳에서 아랫길에서 윗길로 바꾸어 천천히 걷고, 야생화가 한창인 언덕에 앉아 쉬면서 고원의 맑은 공기 향에 취해 보았다. 천천히 여기저기 목초지 사이의 오솔길을 걷다가 케이블카가 있는 곳으로 되돌아왔다.

이탈리아에 도착한 이래로 20여 일간 지독한 더위 때문에 한낮에 여행하는 것이 힘들었는데, 돌로미티는 이런 상황을 순식간에 바꾸어 놓았다. 비마저 내리면 껴입고, 패딩으로 무장하지 않으면 추위에 힘들어진다. 마침 알페 디 시우시에서 내려와 맞은편에 있는 세체다로 향하는데 비가 쏟아진다. 여행에서는 운도 따라주어야 하는데 날씨는 그중 가장 크다. 세체다를 포기하거나, 내일로 미루는 것 중 선택해야 하는데, 바로 우중이지만 올라가기로 했다. 케이블카 승강장까지 걷는 길이 길어져 한참을 걸었는데 알고 보니 길을 잘못 들어 레스키에사(Resciesa)로 올라가는 푸니콜라레(Funicolare) 승강장 가는 길이었다. 그렇지 않아도 힘들어하는 아내에게 미안했다. 곡절 끝에 케이블카에 올라탔다.

세체다에 올라가려면 케이블카를 두 번 타야 한다. 경사가 급하고, 긴 거리를 가야 하기 때문에 그런 것 같다. 다행인 것은 방금 전까지 뿌리던 비가 케이블카에서 내리니 그쳐 있었다. 사실을 조금 전까지 비가 몹시 내려, 올라가 봐야 뿌연 윤곽만 볼 수 있으려니 했는데 고맙게도 전망이 탁 트이고 하늘 투명체 위에 그림을 그리는 듯하다. 근거 없는 믿음조차 없었는데, 운이란 이런 것이구나 생각했다. 정상에서 아내는 한국인 또래 부부를 만나 대화하고 있었는데 먼저 온 그들은 조금 전까지 비와 안개밖에 못 보았고, 패키지로 와 일행과 합류 시간 때문에 내려가야 한다고 해서 안타까웠다. 반면에 우리는 그들이 누리지 못한 깨끗한 풍경을 대신 선사 받은 느낌이라 조금은 미안한 마음이 들었다. 주변에는 한국에서 신혼여행 온 젊은 부부도 있어, 서로 사진도 찍어 주며 비 온 뒤의 정상에서 경치를 즐겼다.

　이곳은 오르디세이를 가운데 두고 반대편에 있는 알페 디 시우시와는 다르게 편하게 걷는 것이 아니라 높은 곳에서 바라보이는 돌로미티의 산악 전경을 감상하는 것이다. 물론 시간이 많고 전문 산악인들은 더 진행하여 갈 수 있지만 일반 관광객들은 이것으로 만족해야 한다. 우리는 경사면 풀밭에서 서로 위로하며 사진도 찍고, 즐겁게 보내고, 아내는 십자가에 매달린 예수님상 구조물이 있는 곳까지 같이 가자고 재촉한다.

　가끔 길 찾을 때 의견 충돌이 생기는데 그 바람에 조금 지체되기는 하지만 여행을 즐기는 데 필요한 의례 혹은 과정이라 생각한다. 세체다에서 내려와 숙소로 가는 도중 마트에 들러 생필품들을 구매했다. 아내는 길을 찾을 때 휴대폰을 들여다보는 것을 무척 싫어한다. 본인의 감을 믿고 재촉하지만, 필자가 빙빙 돌면서 방향을 찾으려고 하는 모습이 우스꽝스럽고 어리석어 보이는 모양이다. 하지만 필자는 사람의 감보다는 기계의 정확성을 더 신뢰한다. 그래서 휴대폰에 의존할 수밖에 없고, 그런 것이 고지식하고 답답해 보이는지, 휴대폰만 본다고 꾸지람한다.

＊ ＊ ＊

　오르티세이와는 정반대에 있는 트레치메(Tre Cime)로 향해 출발했다. 원래 이곳은 며칠 전 코르티나 담페초에서 가야 하는 곳이지만 코르티나에서는 시간이 충분치 않아서 그냥 지나쳐 왔다. 이곳에서 만난 한국인 젊은 여행자가 경사가 별로 없는 트래킹 코스가 괜찮은 곳이라는 정보에 아내가 아쉬워했다. 이곳 사정을 잘 모르는 우리는 거리가 조금 멀고, 시간이 걸리더라도 운에 맡기고 가 보기로 했다. 출발할 때부터 잔뜩 흐려 비가 올 것같이 일기는 좋지는 않았다. 오르티세이에서 트레치메에 가려면 경로를 두 가지로 선택할 수는 있다. 하나는 거리는 가깝지만 가는 길이 계속 헤어핀 도로를 통하여 코르티나 담페초를 경유하는 길이고 또 하나는 서쪽으로 가서 고속도로를 이용하는 방법인데 거리는 거의 1.5배이지만 시간은 30분가량 단축되어 우리는 그 경로를 택했다. 그 경로는 오르티세이 서쪽으로 A22번 도로로 북상하다가 E66번 도로로 변경하여 동진하는 방법이다.

여행 중에도 수많은 의사결정을 해야 하지만 잘못된 결정을 하는 경우도 수없이 많다. 운에 기대해 보는 경우도 있는데 매번 행운을 기대할 수 없고, 사실 실마리가 되는 조금의 정보만이라도 있었다면, 치명적인 실수는 면할 수 있었다. 흐린 가운데 트레치메를 간다는 것은 이곳 사람이 알았다면 웃을 일이다. 본래 트레치메(Tre Cime)란 세 개의 봉우리란 뜻인데 각각의 봉우리는 고도가 3,000m 가까이 된다. 이렇게 고산지대에서는 흐렸다는 것은 비가 오는 것과 별반 다르지 않고, 비가 안 오더라도, 구름 때문에 아무것도 볼 수 없다는 말과 동격이다.

일찍 출발했지만, 비가 오고 웬일인지 차가 밀려 3시간이 넘게 걸려 매표소에 도착했다. 비는 계속 내리고 입장료는 30유로인데, 앞서가던 차량들이 입장을 안 하고 자꾸 유턴해서 나오지만 대수롭지 않게 생각했다. 입장료 지불할 때 직원이, 이방인에게 그런 호의를 베풀지 않겠지만, 알려 주었더라면 하는 아쉬움이 있었지만 일단 입장해서 조금 가니 옅은 안개가 시야를 가리더니 급기야 아무것도 안 보이게 되었다. 유턴해서 나간 차들은 이곳 사정을 잘 아는 매표소 직원이 알려 주었다는 생각을 오는 내내 지울 수 없었다. 가까스로 아우론조 산장(Rifugio Auronzo) 주차장에 도착했으나 비는 멈추지 않고 바람과 구름만 이리저리 몰려다니고 옆의 차도 안 보일 정도의 짙은 구름이 덮여 있다. 입장료가 아까워 상황이 좋아지기를 마냥 기다리는 것은 아닌 것 같아 조심스럽게 하산했다. 되돌아 나오면서 자그만 안토르노 호수(Largo Antorno)와 미수리나 호수(Largo di Misurina)에 정차해 사진 찍는 것으로 아쉬움을 달래 보았다. 호수에서 바라본 트레치메는 여전히 구름에 싸여 있다.

공원에서 철수하여 점심 식사 후 가르데나 패스로 향했다. 우리가 둘째 날 오르티세이를 올 때 거친 곳이 파소 셀라인데 파소 가르데나는 경로가 달라서 지나쳐 보지도 못했다. 되돌아 가는 경로는 코르티나 담페초를 거쳐 진행했는데 역시나 길은 험하고 날씨는 비가 오다 말다 그런 상태가 계속 반복되었다. 문제는 고산 지대라서 비가 곧 구름이고 안개라서 산에 올라가도 아무것도 볼 수가 없다는 것이다. 여행 중 늘 있는 그런 결정 중의 하나일 뿐이라고 생각하니 마음의 짐이 무겁지 않다. 결국 잘못한 결정은 하나로 끝나지 않는다는 교훈을 체험한 꼴이다. 트레치메에 가기로 한 것, 가는 경로, 공원 입장 등 세 가지는 모두 정반대로 해야 했다.

겨우 가르데나 패스에 도착했으나, 케이블카를 탈 수 있는 시간이 애매하다. 보통 오후 5:30에 마지막 하산 케이블 탑승 시간인데, 이곳은 오후 5:00가 막차라서 오후 4:30쯤 도착한 우리는 탑승을 포기했다. 더구나 비가 와서 그런지 관광객도 한산하여 을씨년스러웠다. 매표소까지는 가 보았으나, 이미 직원은 자리를 떠나고 없었다.

숙소에 돌아와 앞으로의 숙박 예약을 다시 점검하고, 체크인과 주차장 설비 등을 신경 쓰면서 호스트와 소통했다. 그런데 이들 중 가끔 애매한 표현을 쓰면서 게스트에게 판단할 수 있는 자료를 주지 않는 경우가 있다. 그래서 꼼꼼히 체크해야 한다. 특히 에어 XXX의 경우, '숙소 사용 규칙'을 반드시 확인하고, 화면이 한꺼번에 나오지 않는 경우가 있으므로 '더 보기'를 눌러 끝까지 확인해야 한다. 늘 착한 호스트는 없다는 마음으로 꼼꼼히 살펴, 이상한 조건이나 소개된 정보와 상반되는 내용을 슬며시 넣어, 이런 것들을 확인하지 않아 보는 피해를 줄여야 한다. 차를 가지고 다니면 주차 시설이 중요한데, 무료 주차 설비라는 것은 이탈리아의 경우 50%가 길거리 무료 주차를 의미하는 경우가 많다. 심지어 건물 내 무료 주차로 소개된 것들도 실제 주차장에 대하여 물으면 딴소리한다. 그러니 여행의 본질은 이런 것을 얼마나 수용하고 대처하느냐에 그 의미가 새로워진다.

* * *

어제 겪었던 일로 날씨의 변화를 좀 더 세밀하게 살펴보았다. 비는 그치고 예보상으로는 정오 무렵 맑아지는 것으로 나오지만 고산지대라 자주 바뀌고, 위치 간에도 미묘한 차이가 있다. 날씨 변수에 대처하기 쉽게 숙소에서 가까운 거리의 몽 파나(MONT PANA) 산에 올라가기로 하고 출발했다. 산 정상 아래쪽의 고원지대에는 공원이 조성되어 있는데, 공원 지역까지는 케이블카를 이용하면 되며, 차로도 갈 수 있다. 케이블카는 산타 크리스티나 발가르데나(Santa Cristina Valgardena) 마을에 있는 승강장을 이용하고, 차로 올라갈 경우는 공원과 호텔이 있는 정상까지 나 있는 차도를 이용하면 된다. 마을의 큰 길옆에 있는 케이블카 승강장에는 주차장이 넓고 케이블카를 이용하면 무료이므로 편리하다.

　일단 케이블카로 높은 곳으로 올라왔지만, 어제 비가 온 탓인지 몽 파나는 구름이 감추고 보여 주지 않는다. 고산지대의 고원처럼 평평한 지형에 있는 공원은 고급 호텔 시설도 있고 가족이 즐길 수 있는 테마로 꾸며 놓았다. 약간의 높낮이가 있는 트레일 코스도 있어 부담 없이 걸을 수 있고, 산악자전거와 여러 야외 활동을 할 수 있는 기본 시설들이 갖추어져 있다. 트레일 코스에는 길 따라 벤치 시설이 있어 필자 나이의 사람들이 쉬어 가기에 알맞다. 너른 잔디와 목장이 있고, 넓은 야외 식당이 있는 고급 호텔은 하루를 보내기는 적당한 곳이다. 호텔의 뒤쪽으로는 어린이들을 위한 공간들이 있는데 양떼 목장과 어린이들이 승마할 수 있는 포니 종의 아주 작은 말과 시설이 있다. 언덕 위로 오솔길과 몽 파나의 본격적인 등산 루트가 있다.

어린이들이 타는 말은 큰 개보다 약간 큰 말인데 필자는 이렇게 작은 말은 처음 보았다. 조련사로 보이는 직원에게 사진을 찍어도 되는지 허락을 받고 몇 컷을 찍어 두었다. 놀이터 앞쪽에는 고깔 모양의 기도하는 장소가 보이고, 위쪽으로는 비포장 큰 길이 있어 젊은이들 몇 명이 자일을 가지고 자전거를 타고 가는 것으로 보아, 암벽 등반을 하려는 것 같은데, 몽파나 산은 여전히 구름에 싸여 보이지 않는다.

우리도 그동안 이곳 도로를 운전하면서 긴장했던 심신을 달랠 겸 산책을 하기로 하였다. 높은 지대라서 기온은 다소 차갑지만, 침엽수에서 나오는 향기와 맑은 공기에 머리가 맑아지는 느낌이다. 숙소에서 타 가지고 온 커피를 마시면서 비 온 뒤 산 중턱의 구름이 서서히 걷히는 모습을 바라보았다. 천천히 걸어서 주변을 일주했는데 그곳에는 어린이와 어른들을 위한 시설들과 여러 갈래의 산책 코스가 있다. 숲속의 오솔길을 따라가다 보니 자그만 저수지가 마치 그림처럼 보이는데, 맑기도 하지만 바람이 없으니 세상 풍경을 거꾸로 그려 낸다. 말들이 한가롭게 풀을 뜯는 경사진 목초지를 따라 올라가다 다른 갈래의 오솔길로 들어서니 재미있는 조형물들을 설치해 놓아 산책하는 기분이 한결 좋아졌다.

 어느덧 정오가 지나지 파나 산(Mont Pana)은 봉우리는 그동안 두르고 있던 구름을 걷어 내고 말끔하게 세수한 어린아이 얼굴을 하고 해맑게 인사한다. 점심때가 한참 지난 시간이라 하산하여 점심 식사하기로 했다. 내일은 톨로미티 지역을 떠나 비첸차와 베르나로 가는 일정이라, 그동안 머물렀던 오르티세이 시내를 둘러보고 이곳 음식을 맛보기로 했는데, 이상하리만치 피자집들만 즐비하고 요리 전문 집이 눈에 띄지 않는다. 한참을 걷다가 찾아간 식당이 마우리츠 켈러식당(Mauriz Keller Restaurant-Pizzeria)이다. 우리는 고산지대에 와 있었지만, 식당의 주메뉴는 해산물이라 그중에 몇 개를 주문했다. 음식 맛은 시장해서 그랬는지 훌륭했고 무엇보다 아내가 좋아했다. 이것으로 돌로미티에서의 좋은 추억 거리를 갈무리하며 또 한 페이지를 넘겼다.

2.4

팔라디오의 비첸차(Vicenza)

　이번 여행의 1/3의 기간이 지났다. 사람의 심리 상태에 따라 다르겠지만 그야말로 순식간에 지나간 느낌이다. 이제 이탈리아 북쪽 지역은 베로나, 밀라노, 코모, 토리노의 일정만 남았다. 이들 도시는 비교적 이탈리아 내에서도 소득 수준이 높은 지역이다. 자동차, 기계, 패션 등의 산업이 발달해 있고, 축구를 좋아하는 이탈리아인들을 대표하는 명문 프로 축구 3팀이 모두 이곳에 있다. 토리노의 유벤투스, 밀라노의 2개 팀인 AC밀란, 인터 밀란인데, 명문 프로 축구팀의 성적과 명성은 정확하게 경제력과 비례한다. 지금도 정치적으로 남쪽의 소득 수준이 낮은 지방과 분리 독립을 주장한다고 하니, 밥그릇 싸움은 전 세계 장소 불문이다. 당연히 이곳은 타 지역 대비 물가는 높다.

　7일간의 돌로미티 일정을 마치고 볼차노, 비첸차를 거쳐서 베로나로 가는 날이다. 오르티세이를 출발하여 A22번 고속도로 진입까지 약 30여 분을 내려왔는데, 그 길이 무척 길고 험하게 느껴졌다. 오르티세이의 고도가 1,200m가 넘으니 그럴 만도 하고, 저녁때 잘 때는 추위를 느낄 정도의 고도이다.

　얼마쯤 가다가 차 안에서 간식을 준비하던 아내가 감자칼에 다치는 사고가 났다. 가슴이 철렁했지만 운전 중이라, 안전지대를 찾는 데 시간이 조금 걸렸다. 새끼손가락을 다쳤는데 상처는 생각보다 깊었다. 평소 항상 소지한 비상 장비로 지혈하고 약을 바르니 어느 정도 치료가 되었다. 잠으로 미래의 일은 한순간도 어떻게 될지 모른다는 생각이 머리를 스쳤다. 이런 일이 일어날 줄은 몇 초 전까지 알지 못하는 것이, 우리의 삶이라 생각하니 어쩐지 미래의 시간을 진지하고 능동적으로 보내고 싶다는 생각이 스쳤다.

오늘 일정은 조금 이상하지만, 그것은 도로 사정 때문이다. 비첸차에 가려면 베로나를 거쳐야 하고, 거기서 투어 일정을 소화한 다음 다시 베로나의 숙소로 돌아오는 여정이다.

비첸차는 '팔라디오의 도시'라고 부른다. 안드레아 팔라디오(Andrea Palladio)는 16세기 르네상스 시대 건축의 거장으로서 서양 건축의 정체성을 확립한 인물이다. 비첸차는 그가 남긴 건축 작품이 많이 남아 있는 덕에 유네스코 세계문화유산으로 지정되었다. 베로나를 거쳐 가는 번거로움을 무릅쓰고 이곳을 들리는 이유도 그가 남긴 작품을 둘러보기 위해서다.

필자가 이탈리아 여행을 계획할 때 비첸차보다는 크레모나를 들리려고 했었다. 크레모나는 전세계 현악기 품질을 최고로 치는 생산지로서, 우리가 잘 아는 스트라디바리(Stradavari)가 이곳에서 나온다. 필자 친구 중에 현악기 관련 부품 사업을 하는 친구가 있어 꼭 들러 보려 했었다. 그런데 크레모나는 일정과 경로를 벗어나 있어 아쉽지만 포기했다. 이곳을 가려면 베로나에서 밀라노로 가는 중간에 남쪽으로 90도 꺾어 3시간 정도 가야 한다. 크레모나에는 스트라디바리 외에도 2개의 최고 품질 현악기 생산 가문이 있다고 한다. 이렇게 크레모나에서 우수한 품질의 현악기를 만들 수 있는 검증되지 않은 배경이 있다고 하는데 흥미롭다. 일설에 의하면 알프스산맥에서 자란 가문비나무와 단풍나무가 홍수 때 포강(Fiume

Po)을 따라 흘러 내려온 것을 건져서 악기 재료로 사용했는데, 이 나무들은 오랫동안 물속에서 수액과 불순물이 빠져나간 상태로, 자연 건조 과정을 거쳐 다공성의 균질하고 단단한 재료가 되었다고 한다. 눈에 보이지 않는 다공성 재질은 뛰어난 울림과 독특한 음색을 낸다고 하며, 이러한 설을 많은 학자들이 사실로 받아들인다고 한다.

비첸차 시내의 ZTL 구역 밖에 주차한 후 도보로 제일 먼저 바실리카 팔리디아나가 있는 시뇨리 광장에 도착했다. 점심시간을 훌쩍 넘겨 시장기를 느껴 식사하기로 하고, 바실리카 오른쪽 골목의 그늘진 카페에서 맥주와 레모네이드, 그리고 피자로 점심을 해결했다. 카페의 음식은 생각보다 부드러워 맛있게 즐기고 팔라디오의 건축물들을 둘러보았다.

　광장에서 바라다보이는 바실리카 팔라디아나 성당을 비롯하여 팔라디오의 사망으로 미완성으로 남아 있는 로지아 등을 감상했다. 비첸차에 올때 성당 내부나 건축물 내부는 들어가지 않고 외부에서 팔라디오의 건축물을 탐색하기로 했었다. 바실리카 팔라디아나 역시 성당이지만 회랑 부분이 연속된 아치 형태의 2층 구조인데 멀리서 보면 마치 민가 공동 주택처럼 보인다. 마무리가 안 된 로지아도 1층은 아치형 구조, 2층 창문은 직사각형의 현대식 구조다.

성당의 오른쪽 끝에 있는 작은 광장 피아제타 팔라디오(Piazzetta Palladio)에는 자기가 설계한 건축물들을 오른손 검지를 턱에 대고 무언가 골똘히 생각하고 있는 모습의 동상이 있다. 필자의 눈에는 다음 건축물의 위치와 구도를 생각하지 않았을까 상상해 보았다.

안드레아 팔라디오는 16세기 초 베네치아와 베첸차 사이의 파도바 인근에서 태어났고 비첸차에서 스승 트리시노(Trissino)에게 교육받았다. 그는 스승으로부터 이름도 받았는데, 본명은 안드레아 디 피에트로 델라 곤돌라(Andrea di Pietro della Gondola)였다. 새 이름 팔라디오는 지혜의 여신 팔라스 아테나에서 따 왔다는데, 얼마나 뛰어났으면 스승이 지혜 여신의 이름으로 지어 주었겠는가! 그의 건축은 마치 그리스 신전은 보는 느낌이 들고, 고대 건축 양식을 재해석하여 균형 조화, 대칭을 중요시하였다. 이미 베네치아에서 소개한 산 조르조 마조레 성당을 비롯하여 4개의 성당이 팔라디오의 작품이란 것을 소개한 바 있다. 필자의 소견으로는 베네치아의 특수한 건축적인 환경이 그의 건축 철학에 영향을 준 것이 아닌가 생각해 보았다.

안드레아 팔라디오 거리를 따라 팔라디오 건축물들인 발마라나 궁전, 바르바란 궁전, 티에네 궁전 등을 둘러보았으나 좁은 골목 안에 있는 건물이라 사진은 찍을 수가 없었고, 드론이 아니면 윤곽을 알 수가 없는 위치에 있었다.

이곳 방문 기념으로 기념품을 찾아보았으나 마땅한 것이 없어, 그냥 빈손으로 시내를 빠져나와 비첸차의 자랑거리이자 팔라디오의 최대 걸작품으로 알려진 빌라 로톤다(Villa Rotonda)로 향했다. 사실 비첸차에 온 목적이 이곳에 오기 위해서인데, 시내에서 멀리 떨어져 있어, 차가 없으면 별도 교통수단을 이용해야 한다. 차가 있는 경우는 바로 전면에 무료 주차시설이 있어 이용하기 편리하다. 물론 빌라 로톤다에 입장하기 위해서는 입장료를 지불해야 한다.

약간 언덕 위 평평한 지대의 정원 가운데 위치한 로톤다는 팔라디오의 개인 주택이다. 특이하게도 정 가운데는 돔 구조로 입구가 4곳이며, 정확하게 정사각형의 각 면에 있는 4개 입구는 모양이 같고, 대칭이다. 이는 마치 그리스 신전의 모습을 보는 것 같은 구조다. 현재 미국의 개인 주택의 전면을 이것과 유사하게 설계한 것으로 미루어 보아 실용성 면에서도 우수하다고 보아야겠다. 내부는 똑같이 생긴 4개 구역의 중앙 상부에 돔이 있고, 하부는 넓어 일반 생활 공간과 거실 기능으로도 훌륭하다는 생각이 들었다.

천정의 돔과 벽에는 프레스코화와 조각 예술품으로 장식되어 있다. 내부에 중년의 안내원이 있어, 정교한 장식물들이 대리석 조각인가 물었더니, 일부만 그렇고 나머지는 석고라고 한다. 빌라의 위치 또한 탁월하여, 높고 넓은 정원의 적당한 거리에는 화초가 배치되어 있고, 주택과 떨어져서는 적당한 밀도의 활엽 관목들이 들어서 있다. 정원 끝은 완만한 내리막으로 멀리까지 조망이 가능하다.

2.5

사랑과 낭만이 있는 베로나(Verona)

　베로나의 아침은 흐렸지만, 시내 여러 곳을 둘러보며 걷기에는 좋은 날씨 같아서 대비를 세밀하게 하지 않았다. 숙소에서 거리가 4km 정도 되어 시내로 갈 때에 차를 가지고 베로나의 관광 관문인 아레나(Arena)로 향했다. 호스트가 알려 준 주차 장소는 안전하기는 했지만 시내 중심가에서 너무 멀어 귀가할 때 애먹었다. 더욱이 오늘이 일요일이고 보통 일요일에는 시내 주차 사정이 좋아, 가까운 곳에도 여유가 있어 유연하게 결정했으면 더 좋았을 것이다.

　포르타 누오바(Porta Nuova)문을 지나면 시청 건물이 나오고 바로 브라(Bra)광장 앞에 있는 아레나가 나온다. 아레나는 사실상 베로나의 랜드마크 역할을 하는 곳이라, 베로나 관광의 시작 장소다. 1세기에 건설되었다

는 돌로 된 스타디움은 규모 면에서는 콜로세움보다는 작지만, 지금까지도 보존 상태가 훌륭하여 옛것이라 믿기 어렵다.

 이곳에 들르기 전에 시청 건물 내에 있는 여행자 정보센터를 방문하여 베로나 1일 카드를 구입했다. 가격은 27유로인데 제법 쓸모가 있을 것 같았다. 이 카드로는 교통 카드 역할도 할 뿐만 아니라 주요 관광 포인트에 입장료를 내지 않아도 된다. 그래서 우리는 최대한 들러 보려고 부지런히 다녔다.
 카드를 구입해 나오다가 마침 이곳 현지인의 결혼식 하는 광경을 보는

행운이 있었다. 제법 나이 든 신랑 신부는 포토존에 서서 싱글벙글한다. 사실 시청 쪽으로 걸어오면서 다수의 잘 차려입은 사람들이 같은 방향을 가는 것을 보고 일요일이라서 성당에 가는 사람들이라 생각했는데, 결혼식 하객들이었다.

방금 구입한 카드를 제시하고 아직은 일요일 이른 시간이라 아레나에 수월하게 입장했다. 한창 공연 준비 중인데 중앙의 바닥에는 붉은색 의자가 줄을 잘 맞추어 빼곡히 놓여 있다. 로마 시대에는 검투장으로 이용했다는데, 약 2만 명을 수용할 수 있다는 것으로 미루어, 건설 당시 이곳 인구가 꽤 많았던 것 같다. 현재에도 공연장으로 활발하게 이용한다니 2천 년 전의 로마인들의 장기적 안목의 인프라 투자의 지혜가 돋보인다. 필자가 스탠드의 좌우 아래위를 다녀보았는데 요즘의 현대식 잠실이나, 상암 경기장과 하나도 다를 바가 없었다.

아레나를 나와 카드를 제시하고 베키오성과 성에 있는 박물관에 들어갔다. 2층과 3층에 있는 박물관을 둘러보고 성벽 위에 올라갔다. 성벽 위에서는 베로나시 전경과 베로나시를 S자로 분리해, 시 중심부를 감싸고 흐르는 아디제(Adige)강과 강이 만들어 내는 아름다운 풍경을 감상할 수 있다. 베키오성의 성벽 투어는 많은 관광객에게 인기가 있는 곳이라 베로나에 오게 되면 입장료 있다고 지나치지 말고 들러 볼 것을 권한다. 박물관에는 옛 물건들과 성화 등이 보관되어 있는데, 처음 보는 형태의 십자가에 달린 예수님 모습이 눈길을 끈다. 정확히 하면 십자도 아니고 예수님 몸이 아래로 처지면서 가로 막대의 가운데를 중심으로 벌어진 V자 모양이고, 세로 막대도 위쪽으로는 가로 막대 교차점까지만 있다. 즉 ╋자 모양이 아니고 Y자 모양이다. 필자의 생각으로는 그 옛날 제작자는 예수님의 고통을 안타깝게 생각하여 고통을 덜어 주려는 의도였다고 생각해 보았다.

2장 북부 지역

베케오 성의 투어를 마치니 거의 점심시간이 되어 가 에르베 광장으로 가서 식사하기로 했다. 광장의 한 켠에는 이미 많은 사람들이 식사를 즐기고 있었다. 우리가 자리 잡고 파스타와 맥주 그리고 커피를 주문하고 있으려니 이곳으로 올 때 조금씩 오던 비가, 천둥번개를 동반한 폭우로 변하였다. 빗발이 굵어지니 걸어 다니기 불편했고, 관광지이다 보니 사람들이 밀집되어 있어 우산을 쓰면 서로 부딪혀 신경이 쓰인다.

몇몇 사람들은 아예 일회용 우비로 대체하며 돌아다닌다. 식사가 끝났는데도 비는 그칠 기미가 안 보이고 광장의 일요 시장도 포장으로 비를

막아 보지만, 여전히 여건이 좋지 않아서 적극적인 호객 행위를 하지 않고, 필자도 시장 구경에 신이 나지 않았다. 잠시 비가 멈춘 사이에 서둘러 줄리엣의 집으로 가서 카드를 제시하고 입장을 했다. 정원까지는 무료지만 2층의 작은 방이 줄리엣의 방으로 가려면 입장료를 지불해야 한다. 정원에는 줄리엣의 동상이 있고 줄리엣 방의 창가에는 셰익스피어의 흉상이 소박하게 놓여 있다. 그런데 사람들은 줄리엣 방에는 관심이 없고, 무료 구간인 정원 내에 줄을 서, 순서를 기다리고 있다. 줄리엣 동상의 젖가슴을 만지면 사랑이 이루어진다는 이야기에 사람들이 한번 쓰다듬어 만지려고 줄을 선 것이다. 2층으로 올라가 방 안으로 들어가니 내부는 한가하고, 대문호 셰익스피어가 우리를 맞이한다.

한 가지 궁금한 것이 있다. 영국의 대문호인 셰익스피어는 이곳 이탈리아 북부 지방에 살아 본 경험이 있는지 혹은 여행이라도 장기간 해 보았는지 궁금했다. 베니스의 상인과 로미오와 줄리엣의 배경이 영국이 아닌 바로 이 지방, 베로나와 베네치아이고, 두 도시는 서로 이웃하는 도시이다. 단순히 여행만으로 이곳을 배경 삼아서 글을 쓰기는 어려웠을 거라 필자는 생각했다. 그러나 놀라운 것은 셰익스피어는 이탈리아 북부 지방에 살았다거나, 여행했다는 기록이 없다 하고, 더욱 그는 오히려 영국을 떠난 적이 없다고 한다. 추측한 바로는 당시 통용되던 지방의 지식과 각 지방에 대한 자료 수집, 그리고 본인의 문학적 영감과 소양으로 작품이 탄생한 것으로 알려져 있다. 이런 것들이 바로 위대한 문호를 만든 것이 아닌가 생각해 보았다.

줄리엣의 집을 나와 람베르트 기념탑에 올랐다. 이 탑은 높이가 98미터인데 비도 오고 몸은 무거워 올라가기 힘들 것 같은데 엘리베이터가 있다는 말에 귀가 번쩍했다. 아내와 나는 안도의 숨을 쉬고 올라가 베로나시 전경을 가슴에 담았다. 이곳 역시 쇠창살이 있고 사진 찍기는 좋지 않으니 혹시나 독자분 중 베로나에 오면 권하고 싶지 않다.

더욱이 오늘은 비가 거의 폭우 수준으로 뇌우를 동반하는지라 앞도 잘 안 보여 전망은 아주 좋지 않았다. 탑에서 내려와 서둘러 계획된 일정보다는 단축하려 했으나. 그래도 베로나시 안쪽에 있는 두오모 성당을 들러 보기로 했다. 성당의 정식 명칭은 성모 승천 대성당(Cattedrale Santa Maria Matricolare)이다. 규모와 짜임새는 여느 성당과는 별 차이가 없으나, 이곳 있는 티치아노의 걸작 성모 승천 제단화가 있다. 세례당에 들어서면 대리석으로 되어 있는 거대한 세례반이 있는데 하나의 통 대리석을 파내고 다듬은 것이라 한다. 외부 부조에는 예수님이 세례받는 모습이 새겨져 있다.

성당 명칭에서 보았듯이 이곳 중앙 제단 천장에는 멋진 성모 승천 프레스코화가 있는데, 제단에 접근할 수 없어 멀리서 찌그러지게 찍을 수밖에 없는 아쉬움이 있다. 성당에는 성모 승천 그림이 2개 있는 셈이다.

결과적으로 오후에 내린 비를 그대로 맞으며 다녔다. 그나마 다행인 것은 숙소에 오기 위해 주차된 곳에 도착하자 굵은 비가 본격적으로 쏟아지기 시작했다. 폭우 속에 숙소로 돌아오는 길은 빗물이 강처럼 흘러 조심하며 운전했다.

2.6

패션과 디자인의 수도 밀라노(Milano)

아침에 일어나 차를 운전하여 진행하면 기분이 상쾌한 것이 일반적인 나의 루틴인데 오늘은 그렇지 못하다. 어제 비를 많이 맞은 탓도 아니고, 많이 걸어서 그런 것도 아니다. 무언가 머릿속이 복잡한 것이 정리되지 않은 것들이 있는데 구체적으로 무엇인지 막연하다. 아마도 밀라노 숙소에서의 주차 문제와 불확실한 예약 상태 때문인 것 같다. 다음 행선지인 밀라노에는 5일간 머무를 예정이고 코모, 토리노를 방문한 후에는 아드리아해의 이탈리아 동해안 루트를 타고 남하할 예정이다.

밀라노로 가야 하지만 여유가 있을 것 같아 베로나와 브레시아(Bresia) 북쪽에 있는 가르다(Garda) 호수 변을 따라 드라이브하기로 했다. 말체시네 성(Castello Scaligelo di Malcesine)을 도착지로 설정하고 출발했다. 처음 가는 곳인지라 정보가 없어 잘못한 선택이 되었다. 출발해서 20분도 채 지나지 않아 교통량이 많아 지체와 풀림, 가다 서기를 반복한다. 동측 호반에서 바라보는 풍경들은 아름다워 호수 변을 따라 한참을 왔지만, 길이 좁고 아침 시간이라 그런지, 차가 너무 많이 밀려 포기하고 유턴하여 밀라노의 숙소로 향했다.

밀라노에 도착해서 첫 느낌은 시내 길이 매우 복잡하고 다른 도시에서 겪어 보지 못한 칙칙함 같은 것이었다. 행선지를 변경하여 시 외곽 경계선에 있는 한인 식품점에 먼저 들러 쇼핑을 한 후 숙소로 향했다. 누구나 처음 오는 도시에서 운전은 조심스럽다. 시 중앙을 구심점으로 하여 원을 그리듯 북쪽으로 진출하면 숙소로 가는 길인데, 시내 길의 특성상 신호등이 많아 불편하긴 해도 자주 정차하니 오히려 지체되는 만큼 여유 시간을 갖은 셈이다. 필자는 이곳 밀라노는 이탈리아 내에서도 소득 수준이 높은 곳이라, 그만큼 도시의 시설들이 선진화되어 있을 것으로 생각했다.

숙소에 도착하니 호스트인 로사 아주머니의 아들이 나와 반갑게 맞이한다. 사실 숙소의 호스트와 어제 가벼운 실랑이 했었다. 주차 안내를 포함하여 체크인 정보를 부탁했는데, 주차는 두 블록 떨어진 곳에 노상 주차를 해야 한다고 해서 필자는 깜짝 놀라 항의했다. 숙소를 예약할 당시에 게시된 내용과 다른 것에 이유를 물었다. 하지만 명쾌한 대답이나 사과를 받지 못하고, 다만 불편하지 않게 하겠다는 내용만 받았다. 예약 당시 건물 내 무료 주차라고 되어 있어서 오래전에 예약한 곳이다. 만약 지금 상황을 먼저 알았다면 예약을 안 했을 것이다. 그런데 집주인이 큰길까지 직접 나와 마중하고 체크인했으며, 짐이 많은 필자를 도와 짐까지 들어 주었다. 그리고 중요한 주차는 머무는 아파트에서 창문으로 볼 수 있는 곳이라 큰 문제는 없었다. 숙소 자체는 깨끗하고 넓으며 여행자에게 필요한 모든 것이 잘 갖추어져서 만족스러웠다. 더욱이 대형 마트가 걸어서 채 5분도 안 걸리는 거리에 있어 저녁 식사 후 가볍게 쇼핑 후 하루를 마무리하였다.

※ ※ ※

여행 기간임에도 세월은 참 빠르게 흘러간다. 길 떠난 것이 얼마 되지

않은 것 같은데도 벌써 한 달이 다 되어 간다. 밀라노에 도착한 것은 어제지만 실질적인 밀라노 투어 전체 5일 중 첫날이다. 보통 큰 도시에 오면 첫날은 도시 탐색하며 본격적인 투어 준비를 하는 것이 일반적인 여행 패턴인데, 일단 밀라노 카드를 발급받기 위해 메트로 1호선과 2호선을 번갈아 타고 밀라노 중앙역 근처에 있는 키오스크에서 서울서 구입한 밀라노 카드를 발급받았다. 필자가 구입한 밀라노 카드는 72시간 동안 이곳 교통 카드와 대성당 그리고 주요 박물관과 미술관, 성당 등에 무료입장이 가능한 카드이다. 여러 경로로 얻은 정보에 의하면 이탈리아 대도시의 관광지 카드 중에서 가장 가성비가 뛰어나다고 소문이 난 카드이다. 시내 교통은 멀지 않은 시 외곽까지 5개의 지하철(Metro) 노선과 버스가 있어 이동 시 매우 편리하다.

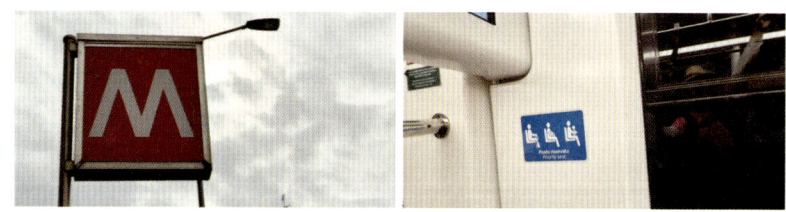

이탈리아 전체 공통인 지하철역은 붉은 바탕에 흰색의 M 자가 커다란 간판이 있어 멀리서도 쉽게 볼 수 있다. 이곳 지하철에도 우리에게 익숙한 노약자 우대석이 있는데 이곳에 젊은이들이 앉아 있는 모습은 눈에 띄지 않는다.

시내에서의 근거리 이동은 트램이 있어 걷는 것이 부담될 때는 이를 이용하면 된다. 이때 대중교통 24/48시간 권은 정해진 시간 내에는 종류와 승차 횟수에 관계없이 이용할 수 있으니 유용하다. 아니면 밀라노 카드를 구입하면 대중교통은 물론 성당이나 박물관 입장도 가능하다. 물론 밀라노 카드로 입장할 수 없는 곳도 있고, 휴대폰의 'Italy Pass' 앱이나 홈페이지에서 사전에 확인할 수 있다.

이탈리아 북부 교통 요지에 위치한 밀라노는 전 세계 패션과 디자인의 도시이자 이탈리아 경제의 중심 도시이다. 이탈리아 내에서 소득 수준이 가장 높은 롬바르디아주의 주도이기도 하며, 세계적인 프로 축구 명문 구단을 둘씩이나 가진 도시이다. 세계에서 가장 큰 고딕 성당 중의 하나인 두오모 성당과 스칼라 극장, 레오나르도 다빈치의 최후의 만찬 등 유네스코 세계문화유산을 보유하고 있어 전 세계인이 찾는 관광의 도시이기도 하다.

키오스크에서 카드를 발급받자마자 인근에 있는 신도시 지역의 가에 아울렌티(Gae Aulenti)에 갔다.

현대 건축의 메카 같은 곳이라 하는데, 역시 건물의 디자인과 구성 면에서 뛰어나다. 경사진 곳의 특징을 잘 살려 광장에 분수와 연못 등과 주변의 건물들이 경치와 잘 조화되도록 하여 이곳에 있으면 왠지 마음이 편안해진다. 거대한 건축물들로 둘러어 있지만 아늑한 느낌도 받았다. 연못의 건너편에는 이탈리아 최대 은행인 초고층의 유니크레딧(Unicredit) 타워가 광장을 감싸듯 서 있지만 건물의 크기와 높이 때문에 느낄 수 있는 위압감이 없다. 건물 높이만 146m이고 전체 높이는 231m로서 이탈리아에서 가장 높은 건물이다. 연못의 찰랑이는 물에 손을 담가 보고 싶은 충동을 느꼈는데 실제로 몇 사람은 발을 담그기도 하고 어린아이들은 물장난도 한다. 그렇지만 마음이 불편하지 않은 고요함을 느낀다. 단 안쪽에는 난간이 없으니 빠지는 것 주의해야 한다. 실제로 사진을 찍다가 많이들 빠진다고 한다.

이처럼 밀라노에는 고시가 위주의 다른 도시에서 느낄 수 없는 금융과 새로운 기술의 역동성을 볼 수 있고, 가에 아울렌티 광장은 주변에 현대식 쇼핑몰, 음식점, 카페 등이 있어 관광객에게 인기가 있으며, 사진 촬영의 명소로도 알려져 있다.

명실상부한 밀라노의 랜드마크인 밀라노 두오모에 갔다. 성당이 가까워시사 고딕 양식 특유의 삐죽삐죽한 첨탑들이 눈에 들어오고, 광장에 도착하니 수많은 비둘기 떼가 먼저 반긴다. 멀리서 보아도 밀라노 두오모는 바티칸의 성베드로 성당, 쾰른 대성당 등과 이 성당들과 함께 최고의 고딕 성당으로 가장 아름답다는 평가가 있다. 광장의 중앙에는 나폴레옹의 기마상이 커다랗게 자리 잡고 있어 관광객들의 카메라 세례를 받고 있다. 필자는 어떻게 사이가 썩 좋지 않은 프랑스의 황제 기마상이 버젓이 이탈리아의 핵심 도시인 밀라노의 두오모 광장 중앙에, 그것도 아주 규모가 큰, 있을 수 있는 것인가? 의문이 들었다.

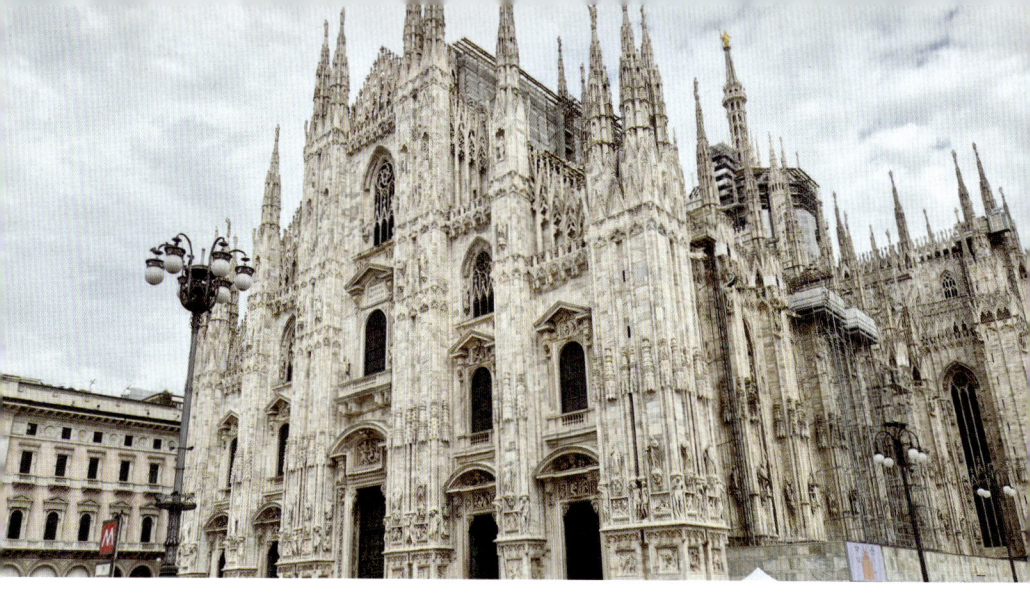

그 의문은 여러가지 사실과 필자 나름의 추측으로 바로 해소되었다. 나폴레옹은 이곳을 합병 후 밀라노 두오모 대성당에서 대관식을 갖고 이탈리아의 왕으로 즉위했으며, 당시 400여 년을 끌어온 두오모의 건설공사에 박차를 가하고 지원한 사실이다. 나폴레옹은 밀라노 입장에서 보면 한때 그들의 실질적 왕이었던 셈이었다. 또 하나는, 이탈리아 지도를 가만히 살펴보면 나폴레옹이 태어난 코르시카섬은 프랑스라고 하기보다는 이탈리아 해안선에서 가깝고 실제로 나폴레옹이 태어나기 1년 전에 베르사유 조약에 의해 프랑스로 빼앗긴 땅이다. 당시 제노바 공화국 관할이었는데 통제권을 잃자 보상을 받고 프랑스에 팔아 버렸다. 생각해 보자, 이런 땅에서 태어난 사람이 있다면 같은 나라 사람이란 인식이 생기지 않겠는가? 두오모 대성당 광장에 말 위에 앉아 오른손에 칼을 빼 들고 전방을 노려보는 나폴레옹의 동상이 어색하겠는가?

사실 대성당을 건설하는 기간이 600년쯤 된다면 그 긴 세월 동안 상상도 하기 힘든 난관이 있었을 것인데, 그것을 이겨 내고 지금까지 유지하고 있다는 것은, 인간으로 따지면 위대함 그 자체이다. 거꾸로 이야기하면 그렇게 600년 동안 한결같지는 않았을 테고, 그리고 보는 시대의 공감대를 얻어 건설에 몰두하기 어려웠을 것이다. 반대 의견이 있고, 목표가 희미하더라도 그 목표를 벗어나지 않는 공동체의 공감대를 만들어 내는 문화를 본받고 싶다.

오늘은 외관만 훑어보고 내부는 모레 예약된 시간에 가기로 했다. 밀라노에서 자유여행으로 좀 더 심도 있는 여행을 원한다면 현지 가이드 투어를 하면 된다. 두오모의 전면 파사드는 고딕 특유의 화려함을 넘어 눈이 어지러울 정도의 현란함의 아름다움이다. 전면 파사드뿐만 아니라, 성당 전체를 둘러 가며 장식한 조각상들은 필자가 쾰른과 스트라스부르 그리고 바티칸의 성 베드로 대성당에서 경험한 고딕 건축의 향연과 감동을 다시 느껴 본다. 수많은 첨탑 위에 올려진 조각상들은 너무 높아 육안으로 보기는 어려운 아쉬움은 있고, 최고 첨탑에 올려진 금빛의 성모 마리아는 오후 햇살에 더욱 반짝이고 있다. 첨탑 위의 조각상들은 옥상 투어 시 가까이서 볼 기회가 있다. 밀라노 대성당은 어떤 의미를 간직하고 있다가 필요한 사람에게 나누어 주는 선물인 것 같다.

점심때가 되어 마땅한 곳을 찾다가 대성당 옆 골목의 KFC에서, 대충 요기를 했는데 이곳에서도 점심때라 그런지 줄을 길게 서야 했다. 여행 다니면서 유명 관광지에서 줄 서는 것은 숙명으로 생각해야 마음이 편하다.

식사 후 브레라 미술관으로 향했다. 가는 도중에 소박한 고딕 양식의 성당 하나가 눈에 띄길래 아내와 함께 들어가 잠시 기도했다. 붉은색 벽돌로 된 고딕 양식의 성당 외관은 단순하고, 장미창은 균형 잡혀 있다.

내부에는 성모 마리아 관련 그림과 조각이 많다. 이 성당은 산타 마리아 델 카르미네 성당으로 원래는 카르멜 수도회 본당으로 지어진 것인데 화재로 손상된 것을 복구한 것이라 한다. 성당 앞에는 폴란드 조각가 이고르 미토라이(Igor Mitoraj)의 작품, 얼굴이 반쯤 잘려 나가고 가슴에 또 하나의 사람 머리가 들어 있는 청동 조각 작품이 있다.

브레라 미술관에는 여느 유럽의 미술관처럼 다양의 미술품들을 소장, 전시하고 있다. 필자 같은 예술에 문외한은 잘 알아보기는 힘들지만 그래도 그런 작품들을 보기를 즐겨 한다. 한참을 보다 보면 비슷한 그림들이 보이고, 다리가 아프면, 약간 지루하기도 하다. 기독교와 신화들을 주제로 한 것들이 많은 만큼 그리스와 로마 신화에 대한 지식과, 기독교에 대한 관심이 있으면 덜 지루할지 모른다. 일반적으로 다루어지는 주제 중 아브라함이 아들 이삭을 신께 제물로 바치려는 순간 묘사와 피에타, 성모 수태고지, 십자가 못 박힌 예수님, 십자가에서 내려진 예수님, 최후의 만찬, 다비드상 같은 주제들은 여러 화가와 여러 시대 예술가의 표현 주제로 사용된 것들이다. 이런 작품들은 도시마다 있는 미술관, 심지어 같은 도시에서도 다른 예술가들에 의해 다루어진 그림들이 많다. 성서나 신화의 내용들을 회화나 조각으로 구체적인 작업을 할 때, 예술가들의 지적 상상력에 구체화하는 기법과 소질이 있어야 머릿속의 것을 조각이나 화폭에 옮길 수 있는 것 아닌가. 그러다 보니 인기 있고 종교적으로 메시지가 강한 소재는 예술가마다 즐겨 다루게 마련이다. 예술에는 문외한인 필자도 이곳저곳 미술관들을 다녀보면서 르네상스 이전 주제의 획일성과 같은 기법의 작품에 냉소했었다.

브레라 미술관에는 라파엘의 성모의 결혼, 카라바조의 엠마오의 저녁식사, 안드레아 만타냐의 죽은 그리스도 등이 유명하다.

유명 작가의 그림보다 눈길을 끈 것은 미술관에 들어서자마자 버티고 있는 나폴레옹의 검은색 벌거벗은 동상과 마치 로마 황제를 패러디한 것처럼 보이는 전시실 내부에 흰색 대리석 동상이다. 실제로 로마 황제를 상징하는, 똑같은 나폴레옹의 동상인데 안토니오 카노바(Antonio Canova)가 카라라의 흰색 대리석으로 제작한 것이고, 검은색은 이것을 청동으로 복제한 것이다. 놀란 것은 무슨 사연이 있길래 프랑스 사람인 나폴레옹에 대한 거부감은커녕 숭배하는 수준인가이다.

우리 같으면 어림없는 일이지만 거기에는 특별한 이유가 있다. 나폴레옹은 이탈리아를 점령한 후 밀라노 대성당에서 왕으로 즉위한 사실은 언

급한 바 있다. 이와 동시에 점령지 전역에서 예술품들을 압수해서 브레라 미술관에 보관하도록 하여 이탈리아를 대표하는 공공의 미술관으로 만들었다. 한마디로 브레라 미술관은 나폴레옹이 아니었으면 평범한 미술관도 안 될 뻔했다.

이렇게 시내에서 걸어 다니면서 관심 장소를 방문하고 투어를 하다 보면, 숙소와 중심가는 대중교통인 메트로를 타고 이동한다 하더라도 약 2만 보 내외 걷게 된다. 브레라 미술관 투어를 마치고 나니 거의 2만 2천 보를 걸었고 더 이상 걸어서 다니기가 불편해 일정을 마무리하고 숙소로 돌아왔다.

숙소에서 한 가지 해프닝이 있었다. 숙소는 5층 건물 아파트의 4층에 있었는데, 이곳 엘리베이터는 문이 2중으로 되어 있고, 손으로 열고 닫고 해야 한다. 그런데 필자가 실수로 안쪽의 문을 열어 놓은 채 내리고 숙소로 들어와 엘리베이터가 4층에서 요지부동이라, 같은 라인의 사람들이 난리가 났다. 한 노파가 우리 숙소 초인종을 눌러 나가 보았는데, 영문을 모르는 필자에게 카랑카랑한 목소리의 이탈리아 말로 고함 지르고 삿대질을 해 댄다. 멍하니 있는 필자가 안타까웠던지 아내가 전화기 번역 앱을 켜고 도와주려고 나왔는데 순간 방문이 꽝 하고 닫히는 것이 아닌가? 난감했다. 열쇠는 안에 있고 둘 다 실내 복장으로 밖에서 어쩔 줄 모르고 있었다. 상황 파악을 한 그 노파는 고소하다는 듯 눈을 부라리더니 서둘러 사라졌다. 다행히 아내가 전화기를 손에 들고 있었고 아내 전화기에 숙소 앱을 공유하고 있었기에 호스트에게 전화해서 해결했지만, 그래도 약 1시간 가량 실내복 차림으로 밖에서 있어야 했다.

* * *

  이젠 아침 기온이 제법 선선하다, 피렌체, 시에나, 볼로냐 루카, 베네치아를 거치면서 더위 때문에 고생한 것이 엊그제 같다. 계절이 가을로 접어들어 선선한 것인지, 아니면 이곳 밀라노는 본래 덜 더운 날씨인지 알 수는 없다. 왜냐하면 그동안 돌로미티 지역을 제외하고 모든 숙소에는 에어컨 설비가 필수였기 때문이다. 밀라노 숙소에는 아예 에어컨 설비가 없다. 이것으로 미루어 보아 별로 덥지 않은가 보다. 사실 인터넷 자료에 의하면 밀라노는 북위 45.5도이며, 9월 평균 최고기온이 26.8도가 된다

  오늘 일정 중 기준이 되는 레오나르도 다 빈치의 '최후의 만찬'이 있는 산타 마리아 델레 그라치에(Chiesa Santa Maria delle Grazie) 성당 앞에서 가이드를 만나는 시각은 오후 3시이다. 따라서 굳이 서두르지 않아도 된다. 나머지 시간을 활용해서 스포르체스코 성(Castello Sporzesco), 라 스칼라좌(La Scala), 빅토리오 엠마누엘2세 갤러리(Galleria V.Emanuele II) 등을 둘러볼 예정이다.

  스포르체스코 성은 스포르차(Sforza) 가문에 의해 건립되었고 본래 군사적 목적의 요새였는데 현재는 박물관과 미술관으로 활용하고 있고 일반인들에게 유료로 공개하고 있다.

 이곳은 5개의 주제를 섹션 별로 3개 층에 거쳐 전시하고 있는데 모두 둘러볼 필요는 없다.
 필자는 회화 지역과 악기 부분 그리고 지상층에 있는 미켈란젤로의 미완성 작품 론다니니의 피에타만 보기로 했다. 스포르체스코 성에 도착하여, 어제 부레라 미술관에서 겪은 것처럼, 박물관 들어가는 입구를 찾는데 시간이 걸렸다.

지상층에 있는 론다니니의 피에타는 서 있는 모습으로 완성되지는 않아서 왼쪽의 팔 하나의 주인공이 보이지 않았다. 돌아가신 예수님을 들고 서 있는 성모님은 무척 힘들어 보여, 나도 모르게 힘을 주어 도와주고 싶은 생각이 들었다. 미켈란젤로는 생애에 3개의 피에타를 제작했는데 2개는 미완성이고 론다니니의 피에타는 그가 죽기 직전까지 만들었다고 한다.

　세 개의 작품 중 완성도 면에서는 가장 뒤떨어지지만 자식을 잃은 안타까움을 표현하려 한 것으로 보인다는 평이다. 이곳에는 레오나르도 다빈치의 미완성인 듯한 천장 프레스코화가 있는데 내부는 막혀 있고 조그만 귀퉁이 공간에서 가까스로 관람할 수 있지만 사진 찍기도 불편하고, 작품도 많이 훼손되어 있는 듯 흐릿한 가운데 중앙 밝은 부분 조금만 그림 같아 보였고, 손상된 부분은 복원 중인 것 같았다. 이 밖에도 2층에는 르네상스 시대의 틴토레토와 만타냐의 회화 작품도 있다.

　1층의 넓은 공간에는 현악기, 관악기 등 유럽의 전통적인 악기 전시실이 있는데, 필자의 지인 중 현악기 부품 사업을 하는 분이 있어, 잘 알지는 못하지만, 기회가 있으면 한 번씩 둘러보곤 한다. 전시품 가운데 마치 뱀처럼 생긴 관악기가 눈길을 끈다.

스포르체스코 성을 떠나 라 스칼라 좌로 향했다. 스칼라 좌와 비토리오 에마누엘 2세 갤러리 사이에 있는 스칼라 광장에는 레오나르도 다빈치의 동상이 있다. 다빈치의 대성당과 스칼라에 기여한 부분을 확인해 보지 못했기 때문에 제자들과 함께 모자를 쓰고 수염을 길게 기른 그의 모습과 동상이 있는 위치는 왠지 잘 어울리는 것 같지 않다.

스칼라 극장 건물 정면은 전체 공사 중이었고 관람하기 위한 입구는 왼쪽으로 나 있다. 역시 유료 입장으로 내부를 감상할 수 있지만 객석이나 무대 쪽으로는 갈 수가 없었다. 굳이 이곳을 유료로 들어와야 하는지 회의가 들었다.

　뒤쪽의 객석 위치에서 전체 극장 내부는 볼 수 있는데 붉은색의 벨벳으로 내부 장식한 것이 특이했고 바닥의 객석을 빼고 여러 층의 객석들은 2

명씩 들어갈 수 있고 서로 격리되어 있다. 객석 관람 이외에 박물관에는 그동안 거쳐 간 수많은 음악가의 사진과 흉상들이 전시되어 있고 공연한 영상 기록들도 보여 주고 있었다. 우리는 행여나 이곳에서 이름을 높였던 조수미의 기록이나 사진이 있나 해서 유심히 살폈으나 안타깝게도 없었다.

아내와 함께 옥상 휴게실에서 휴식 겸 간식으로 점심 식사 후 맞은편에 있는 에마누엘 2세 갤러리로 향했다. 이곳은 명품점들과 종합 아케이드와 백화점이 있고 그대로 직진하면 밀라노 대성당이 나온다. 이곳이 관광객에게 인기 있는 것은 중앙의 돔 아래 바닥에 대리석의 모자이크로 12궁도가 있는데, 그중 황소자리의 성기를 발로 밟고 한 바퀴 돌면 소원이 이루어진다는 설이 있어 사람들이 모여 있다. 근거 없는 미신은 동서양 남녀노소를 가리지 않고 마음속에 자리 잡고 있나 보다. 그동안 광객들이 얼마나 많이 거쳐 갔는지 그 자리는 대리석임에도 움푹 패 있어 처음 가는 사람도 쉽게 찾을 수 있다.

오늘 일정으로는 산타마리아 델레 그라치에 성당으로 가는 일정만 남겨 놓아 우리는 그 성당과 가까운 곳에 있는 산 암브로지오 성당을 들리기로 하고 찾아 갔으나, 무슨 일인지 굳게 닫혀 있었다. 이곳을 특별히 찾은 이유는 산 암브로지오 성인은 이곳 밀라노의 수호 성인으로서 기독교의 정통성을 확립한 인물로, 밀라노 주교로 발탁될 당시 공무원 신분이었던 성인과 관련한 여러 일화가 있다. 당시 그는 주교 문제로 다툼이 있던 회의에 참석하여 뛰어난 언변으로 중재하자, 신자들이 난데없이 그를 주교로 추대하였다. 신앙적으로 준비가 안 되고, 자격도 없다고 여러 번 고사하였으나 강력한 요구에 굴복하여 주교직을 수용했다고 하는데, 급히 세례를 받고 주교로 서품되었다고 한다. 또 하나의 일화는 테오도시우스 황제의 민간인 학살 건에 대해, 주교는 황제의 교회 출입을 금지하고 공개 참회할 것을 요구하였는데 황제가 이에 굴복한 것이다.

덕분에 시간보다 조금 이르게 산타마리아 델레 그라치에 성당에 도착했다. 여전히 더운 날씨에 마땅히 쉴 곳이 없어서 우리는 카페에서 레모네이드로 더위와 갈증을 달래고 나서 시간이 되자, 여러 투어 팀이 각자 자기 팀들을 불러 모아 설명을 열심히 한다. 그때 하필이면 잘 되던 인터넷이 말썽을 부려, 온라인으로 받은 바우처를 볼 수 없는 바람에 팀을 찾을 수 없어 애를 먹고 있었다. 그런데 바우처는 필요하지 않았고, 가이드 투어의 가이드를 찾는 것이 더 중요했다. 가까스로 여기저기 기웃거린 끝에 밀라노 현지에서 활동하는 가이드 다니엘라와 눈이마주치자 '미스터 정?' 한다. 영어로 진행된 가이드 투어인데 설명을 쉽게 해 주어 많은 도움이 되었다.

한 가지 이상한 점은 분명히 오후 3시 가이드 투어인데 가이드가 가지고 있는 목록에 필자의 이름이 있고 오후 3:30 투어였다. 가이드인 다니엘라의 설명이 이어졌고, 성당 식당 벽에 그려진 다빈치의 '최후의 심판'은 전통 프레스코 기법이 아닌 드라이 기법으로 그려졌다고 한다. 그리고 가로 9 미터, 세로 4 미터의 그림은 4년이나 걸렸다는데 이는 레오나르도가 영감이 떠오르면 밥도 안 먹고 몰두해 가며 며칠을 그리다가 영감이 떠오르지 않으면 며칠이라도 그림을 그리지 않았다고 한다. 그리고 그림을 그리는 물감들은 전통 안료가 아닌 달걀, 동물의 피 등 자연 재료를 썼다고 한다. 사실 필자는 처음에 대작을 본다는 기대감은 있었지만 무덤덤했었다.

그리고 2차대전 중인 1943년에 폭격을 맞았으나 이 벽화는 기적적으로 살아남았다고 하는데, 포격을 맞아 폐허가 된 성당의 당시 사진과 비계로 보강한 벽의 사진들도 전시되어 있다.

입장하여 그림을 보는 순간, 다른 사람들처럼 그림 감상은 뒷전이고 사진들부터 찍기 시작했다. 왜냐하면 가이드가 15분간만 정확하게 머물다가 자동으로 퇴장해야 한다는 규칙을 계속 강조하기 때문이다. 그런데 의외로 15분은 긴 시간이다. 사진을 다 찍고 나서 천천히 그림을 감상하기 시작했는데, 그림 자체는 평소에 사진으로 보아 온 최후의 만찬보다 흐릿하게 보였다.

아마도 세월이나, 조명 탓도 있지만 사용한 물감이 긴 세월 탓에 변화된 것 아닌가 하는 생각이 들었다. 잠시 찬찬히 보면서 몰입해 보려 했으나 평소에 사진으로 보던 감정과 다른 느낌의 감동은 일어나지 않았다. 단

지 이곳에 왔다는 뿌듯함이 그림으로부터 오는 감동보다 더 큰 것 같다. 다만 좌로, 우로, 가까이, 멀리 보면서 원근과 표정의 변화 전체적인 구도 등을 보면 선입관 없이 감상하려 노력했다. 물론 평소에 다른 그림을 그렇게 정성스럽게 시간을 내어 보지는 않았다. 그림을 자세히 보니 한 군데 이상한 부분이 눈에 띄었다. 예수님 발치에 문이 그려져 있는데, 이치상으로 맞지 않는다. 그림상의 문이 있을 수 있는 것이 아니라는 것이다. 가이드가 이 부분에 대해 설명한 것 같은데 얼핏 영어를 놓치는 바람에 이해를 못 했다. 당초 이 그림의 가치를 모르던 수도원 관계자들이 그림이 그려진 이 벽을 뚫어 진짜 출입문을 만들었다는 것이다. 그래서 예수님 발치 아랫부분은 영구히 소실되었는데, 이후 복원 과정에서 그 부분에 대해 정확한 정보가 부족하여, 인위적 복원은 원작을 왜곡할 소지가 있어 그대로 문을 그려 넣은 것이라 한다. 설에 의하면 다빈치는 사라진 부분에 많은 공을 들였고 예수님의 발은 십자로 크로스였다고 한다. 이것을 알고 나니 그림에 대한 애착이 한 물결 더 일어났다.

  이 성당의 최후의 만찬을 보기 위해서는 반드시 예약해야 한다. 그러나 개인이 원하는 시간에 예약한다는 것은 불가능에 가깝다. 현지의 투어 전문회사들이 싹 쓸어가기 때문이기도 하고, 성당 측에서도 안전과 질서 유지 등에 그것이 유리하다고 판단하는 것 같다. 그러므로 시간 관리 차원에서 여행지의 가이드 투어를 활용하자. 입장은 15분 간격으로 정확히 20명만 입장시킨다. 다시 말하면 15분만 머물다 바로 퇴장해야 한다는 것인데 많은 인원 무제한으로 입장시키고 퇴장하게 할 수 있음에도 철저하게 관리하는 데는 이유가 있었다. 가이드 다니엘라가 그 이유를 잘 설명해주어 이해가 되었다. 최후의 만찬 가이드 투어를 하면서 그동안 몰랐던 사실들을 알게 되었고, 관람 방식에 대한 오해가 풀림으로써 그림이 새롭게 다가오는 느낌이다.

천장이나 벽에 그리는 프레스코화를 그리는 방법은 크게 프레스코 기법과 건식법 두 가지 방법이 있다고 한다. 일명 습식법이라 부르는 프레스코 기법은 젖은 석회벽에 안료를 바로 바르는 방식으로 진행된다. 석회가 굳기 전에 그 위에 그림을 그려 안료는 벽의 석회와 화학 반응을 일으켜 벽에 깊이 스며들게 하는 방식이다. 그림이 벽의 표면에 있는 것이 아니라, 벽 자체에 안료가 결합하므로 내구성이 뛰어나다.

건식법은 다빈치가 '최후의 만찬'에서 사용한 그가 고안한 기법으로 석회가 마른 후 그 위에 그림을 그리는 방식이다. 이 기법은 다빈치가 4년씩이나 되는 긴 시간 동안 그릴 수 있었던 가장 큰 이유이기도 하다. 또한 건식법은 디테일한 부분까지 세밀하게 표현할 수 있고, 색채 표현이 풍부하여, 그림의 질감이나 효과를 더 자유롭게 구현할 수 있는 장점이 있다. 반면에 벽과 안료가 화학적으로 결합하지 않기 때문에 내구성이 매우 약해 쉽게 손상되고, 색이 변한다. 실제로 현재의 그림 상태도 여러 번의 복원 과정을 거친 것이라 한다. 건물의 습기와 환경적 요인의 영향을 받아 작품 보존에 문제가 되므로, 보존하는 장소와 관람객에 대한 특별한 조치가 필요한 것이다. 그러므로 입장하는 관람객의 수와 시간을 통제하여 그림을 보호하는 것은 어쩔 수 없이 조치였다.

다빈치의 최후의 만찬 맞은편에는 조반니 도나토 다 몬틀라노(Giovanni Donato da Montorfano)의 전통 프레스코화 기법으로 그린 '십자가형' 프레스코화가 있는데 이 그림에 주의를 기울이는 사람은 거의 없다. 다빈치는 비공식적으로 성당의 요청으로 이 그림을 약간 수정했다고 알려져 있다.

최후의 만찬과 아쉬운 작별을 하기 전에 다시 한번 돌아보고 성당 정원에서 잠시 휴식을 취하면서 발칙한 상상을 해 보았다.

원래 다빈치는 생각이 많고 행동이 빠르지 않은 인물로 알려져 있다. 그 근거는 유독 그의 미완성 작품이 많고, 따라서 작품 의뢰인과의 마찰도 꽤 있었다고 한다. 그런 그가 회가 마르기 전에 부지런히 그려야 하는 프레스코화의 전통 기법인 습식법을 따르기 불가능했을 것이다. 설령 그랬다 하더라도 회칠을 해 놓고 그리지 않으니, 자연적으로 건식법으로 전환될 수밖에 없었고, 마른 것 위에 그리니 캔버스에 그리는 것과 다름없어 디테일한 표현이 가능한 것은 당연한 것이 아닌가 생각해 보았다.

최후의 만찬을 뒤로하고 성당 문을 나서니 성당 앞 광장에는 많은 어린이들이 놀이터인 듯 뛰어놀고 있었다.

* * *

밀라노 여행의 하이라이트인 대성당 입장과 옥상투어를 하는 날이다. 한국에서 투어 예약을 하고 왔고, 두오모 측으로부터 이메일을 통해 티켓을 산다거나 긴 줄을 서서 입장을 기다리지 않아도 된다는 메시지를 받았다.

초록색으로 표시된 게이트 3으로 바로 오라는 것과 QR코드 예약 인증도 함께 받았다. 입장 시간 오전 10:30에 맞추어 여유 있게 숙소에서 나왔다. 우리가 밀라노에 5일간 머물고 있는 숙소는 밀라노 북쪽 외곽에 있는 보노라(BONOLA)라는 1호선 메트로 역에서 도보로 5분 거리이고, 숙소에서 두오모까지는 30분이 채 안 걸린다. 어젯밤에 비가 온 탓에 제법 선선하여 더울 때 다녔던 지나온 다른 도시에서처럼 날씨 때문에 불편하지는 않을 것 같았다.

두오모 광장에 도착하여 게이트 3으로 가는 도중 청동으로 된 정문에는 성모 마리아와 암브로조 성인의 일화와 밀라노의 역사가 새겨져 있다고 하는데 성모 마리아는 구별이 가능한데 천주교 역사에 대해 문외한이라 그 밖의 것은 구별하기 힘들었다. 그런데 가만히 보니, 사람들이 정동문에 있는 무언가 돌출 부분들을 만지고 간다. 사람들이 쓰다듬듯 만지고 간 그 부분들은 황금빛으로 반짝거려 쉽게 다른 곳과 구별이 된다. 가만히 보니 한 곳도 아니고 여러 곳이다. 우리도 재미 삼아 한 번씩 쓰다듬고 게이트로 향했다.

게이트에 도착해 바로 입장을 하였으나 입장 도중에 해프닝이 있었다. 커피를 마시기 위해 커피포트와 유리컵을 함께 가지고 다닌다. 그런데 그 유리컵은 반입 금지 품목이라서 조치하고 난 후에 옥상 루프탑으로 갈 수 있었다. 이런 장소를 입장할 때는 소지품을 간소화하는 것이 좋다. 옥상으로 올라갈 때는 엘리베이터를 이용하기 때문에 쉽게 올라갈 수 있었다. 옥상에서는 두오모 광장에서 보았던 수많은 첨탑이 눈앞에 펼쳐져 있어 가까이 볼 수 있고 만질 수도 있다. 정교하게 만들어진 첨탑들과 장식물이 규칙적이고, 조화롭게 배열된 모습에 입이 벌어진다. 그리고 탑 끝에 올려진 이름 모를 수많은 성인의 조각상을 가까이서 볼 수 있었는데, 성인들의 표정과 모습까지 다양하게 표현하여 일종의 첨탑의 숲에 숨겨진 보물 같았다. 성당을 설계하고 건설한 사람들은 처음부터 순례자들이 옥상에 올라올 수 있도록 한 것 같다.

지상에서는 첨탑들과 조각품, 정교한 장식품들을 맨눈으로는 볼 수 없기 때문이다. 그런 생각을 하니 지혜로운 그들의 삶이 어떠했을까 궁금했다. 사람들 모두 감상은 제쳐 두고 서로 혹은 제각기 사진 찍기에 몰두한다. 필자도 좋은 장면을 찍기 위해 이것저것 두서없이 사진을 찍었으나 많은 사람이 같이 이용하는 공간이라서 혼자 찍을 수 있는 멋진 구도는 만들기 힘들었다. 하지만 많은 사람들조차 배경으로 하여 전체를 담아 보려고 애써 보았지만, 워낙 넓은 범위이고 첨탑들의 높이가 있어 욕심처럼 그렇게 화면에 담기는 쉽지 않았다.

1386년부터 건설을 시작했던 밀라노의 대성당은 약 600년의 기간을 거쳐 1965년에 공식적으로 완성된 것으로 그 건설 기간 자체로 경이로움을 자아내기도 한다. 이렇게 규모가 큰 성당을 두오모 광장에서 처음 대하는 순간 그저 입만 벌어질 뿐이다. 이 성당은 바티칸의 베드로 대성당, 쾰른의 대성당보다도 아름다움의 측면에서는 으뜸인 것 같다.

　전체적으로 삼각형으로 된 전면 파사드는 첨탑들로 무거워 보일 것 같은데 일관된 방향으로 올라가 안정된 구조로 되어 있어서 불안감은 적다. 흰색의 대리석으로 조각된 장식과 정교하고 화려한 바로크 공예품들은 135개의 첨탑과 함께 규칙적으로 배열되어 있어 그 아름다움은 마치 예쁜 꽃들이 활짝 핀 꽃밭 같았다. 꽃밭인들 이만큼 아름다울 수 있을까 생각해 보았다. 고딕 양식을 근간으로 하여 가미된 바로크와 르네상스 양식의 화려함과 아름다움은 긴 세월만큼이나 다양하지만 절제되어 있다. 이런 것들을 제대로 전달해 보고 싶지만, 필자의 재주로는 어림도 없다. 20세기에 완성했기는 하지만 계속 보수가 진행되고 있으니, 건설은 진행형으로 보는 것이 맞는 것 같다. 투어하고 있는 순간에도 일부분은 규모가 큰 건설용 비계가 첨탑들과 함께 있으며, 이 비계도 위치를 바꿔 가며 성당의 한 부분으로 받아들여야 할지 모른다는 생각이 들었다. 보수는 한쪽이 끝나면 다른 한쪽으로 이동하여 계속할 것이기 때문이다. 그도 그럴 것이, 필자가 루프 탑 통로의 계단을 보니 긴 세월 동안 얼마나 많은 사람들이 오갔는지 대리석 계단이 움푹 파여 있었다. 머지않은 미래에 계단을 보수하기 위해 일정 기간 루프 탑 투어를 중지할 수 있다는 생각도 해 보았다. 그리고 이곳 투어를 하기 위해 지불한 입장료는 이런 비용을 충당하기 위한 것으로 생각하니 기분이 유쾌해졌다.

　가장 높은 첨탑 꼭대기에는 황금빛의 성모 마리아가 있는데 광장에서는 너무 높아 카메라로도 구별하기 힘들다. 루프탑에 올라간 후에나 비로소 성모님의 모습을 담을 수 있었다. 문득 높은 첨탑들은 낙뢰를 어떻게 피할까 궁금한 생각이 스쳤으나 이것까지 마음에 두지는 않기로 했다가 그래도 궁금하여 알아보니 성모님 자체가 피뢰침이란다.

　옥상 투어를 마치고 성당 내로 들어왔다. 피렌체 대성당에서는 큐폴라 투어를 마치면 성당 밖으로 나오게 되어 있어 성당에 입장하려면 다시 줄을 서서 입장하는 번거로움이 있었는데, 밀라노에서는 그럴 필요가 없다. 성인의 삶이나 성서 내용을 표현했다는 스테인드글라스는 약간 어두운 내부로 인해 더욱 화려하게 보인다. 그 내용은 잘 모르는 것이라 화려한 색채와 디테일한 그림만 감상하였다. 짙은 회색의 무늬가 있는 거대한 대리석 기둥은 성당의 크기만큼이나 우람하여 보는 사람을 압도한다. 특히 기둥을 받치고 있는 받침돌은 정교하게 다듬어 자체로, 예술품으로 손색이 없으며, 큼직한 꽃무늬의 대리석 바닥 모자이크와 잘 어울렸다. 성당 내부를 찬찬히 둘러보던 중 한쪽 기둥 옆에 있는 특이한 조각상이 눈에 들어왔다. 피부가 벗겨진 상태의 정교한 근육 모형을 한 산 바르톨로메오(San Bartolomeo) 성인의 조각상이다. 조각상은 마치 의료용 해부 사진처럼 정교하고 세밀하게 표현한 작품이다.

　12사도 중 한 사람인 성인은 피부를 다 벗겨 내는 고통을 받으며 십자가에 거꾸로 매달려 순교했다고 전해지고, 조각상은 성인이 순교한 방식을 표현한 것이라 한다. 그런데 한 가지 이상한 점은 바르톨로메오 성인은 밀라노와 아무런 연관성이 없어 보이는데 왜 이곳에 성인 조각상이 있는가였다. 성인은 가죽 세공업, 피혁 업자의 수호성인이라고 하는 데 답이 있는 듯하다. 로마의 바티칸 시스티나 성당의 미켈란젤로의 최후의 심판에서 중앙부 자신의 가죽을 들고 있는 이가 바르톨로메오 성인이고, 벗겨진 가죽에 있는 얼굴은 미켈란젤로의 얼굴이다.

　성당 투어를 마치고 나니 벌써 오후 1시가 훌쩍 넘어 비토리오 에마누엘 2세 갤러리 내에 있는 식당에서 스파게티로 점심 식사했다. 늘 같은 것이지만 이런 음식들은 우리 입에는 짜다. 다른 테이블들도 비슷비슷한 음식을 먹는데 이들은 샴페인이나 포도주를 마시는 것이 일상이다. 점심 후 아내와 약속 장소를 정하고 각자 자유롭게 따로 시내 중심가를 둘러보는 시간을 가졌다.

2.7

호숫가의 낙원 코모(Como)와 벨라지오(Bellagio)

밀라노 북쪽에 있는 코모를 다녀오기 위해 아침 일찍 출발했다. 코모는 사람이 걸어가는 형태의 코모호수 남쪽 끝에 있는 도시이다. 도시는 스위스의 국경과 가깝고 아름다운 호반 경치로 이름나 있다. 코모만 둘러보려고 느긋하게 출발하여 서두르지 않았는데, 코모 북쪽에 있는 벨라지오에 가 보자는 아내의 제안에 갑자기 마음이 급해지고 서두르게 되었다. 승용차로 갈 수는 있으나 호숫가를 따라 북서 방향으로 가는 길은 좁고 산세가 험해서 보트 투어를 많이 이용한다. 몇 가지 가능성을 열어 놓고 코모로 향했다. 하지만 머릿속은 복잡했다. 밀라노에서 벨라지오까지는 승용차로 직접 가도 2시간 반 이상 걸린다. 그래서 벨라지오를 포기하고, 코모 투어에 전념할 것인지, 아니면 코모에 주차하고 보트로 갔다 올 것인지 갈등이 생겼다. 벨라지오는 코모 호수의 중심에 해당하는 위치에 있고 세계적인 휴양지로 이름이 높다. 넓고 맑은 호수와 알프스의 경치가 어우러져 많은 사람들이 모여들고 주변에 명사들의 별장이 몰려 있다고 한다. 라스베이거스의 분수 쇼로 유명한 호텔과 이름이 같다.

일단 코모의 유료 공용 주차 건물에 주차하고 두오모 대성당을 거쳐 보트 선착장이 있는 까베오르 광장으로 가서 판단하기로 했다. 한 가지 주차 건물에 주차할 경우에는 들어올 때 뽑았던 티켓을 차에 두지 말고, 나갈 때 소지해야 한다. 만약에 차에 두게 되면 주차장 내 화장실 이용이 안 되고, 다시 들어올 때 문을 열 수 없고, 출차할 때 미리 계산할 수 없는 어려움을 겪게 된다. 여기서 티켓을 두고 오는 바람에 애를 많이 먹었다.

대성당의 파사드는 고딕 양식의 큰 특징이 없었으나, 조각 장식품들이 눈길을 끈다. 내부에 프레스코화로 장식되어 있고 고딕 양식의 높은 천정은 장엄한 분위기를 준다. 광장 앞 식당들이 너무 성당 정문 쪽으로 야외 식탁 의자들을 확장 배치하여, 사진은 물론 떨어져 정면에서 파사드를 조망하기 어렵다. 의자 사이를 지나 적당한 위치를 찾으려면 사실은 식당이 불법으로 의자를 광장으로 염치없이 확장한 것인데도 식당 종업원의 눈치를 보아야 한다. 늘 그렇게 관행은 눈감고 넘어가는 것이 세상인가 보다.

　광장에 도착하여 보니 벌써 많은 사람들이 선착장에서 보트를 타려고 길게 줄을 서 있다. 이것저것 생각한 끝에, 시간이 걸리고 길이 험악하더라도 승용차로 갔다 오기로 하였다. 서두를 필요가 없었으므로, 부르나테 산으로 가는 비그리에테리아 푸니콜라레(Biglietteria Funicolare)를 타고 가 코모 시내와 코모호수를 조망하기로 하였다. 그러나 그것은 시간이 충분한 사람이 푸니콜라레에서 내린 후 정상까지 등산하지 않을 바에야, 잘한 선택은 아니었다. 한참 푸니콜라레를 타고 올라와 아래 코모와 호수를 바라볼 꿈에 부풀었으나 여지없이 무너졌다.

아래를 조망할 수 있는 장소는 마치 도심의 높은 빌딩으로 둘러싸인 골목길 같고, 그나마 트인 곳은 집의 지붕이 가리거나 예외 없이 무성한 나무가 심어져 있어 호수 쪽 전망을 완벽하게 차단했다. 마치 관람을 방해하기 위해 의도적으로 세밀하게 배치했다는 생각이 들 정도이다. 물론 한 시간 정도 정상으로 트래킹하면 호수가 보일 수도 있으나 우리는 그럴 시간적 여유가 있는 일정으로 계획한 것이 아니라 그렇게 할 수 없었다. 결국 전망 입구를 막고 있는 카페 바에서 울며 겨자 먹기 식으로 커피를 주문해 마시면서 아주 조금의 조망을 하고 내려왔다. 다음에 여기에 오는 여행자들은 참고해서 판단해 볼 일이다.

　벨라지오를 승용차로 가기 위해서 주차장으로 차를 가지러 가는 도중 지나가는 신사 한 분이 우리가 관광객이라는 것을 알고 좌측에 있는 이탈리아에서는 독특한 각진 사각형 건물을 가리키며, 코모에서는 유명한 건물이니 사진을 찍어 가라고 알려 준다. 남이야 사진을 찍든 무관심한 우리네와 달리 친절이 몸에 밴 행동이다. 이 건물은 주세페 테라니(Giuseppe Terragni)가 설계해서 지은 건물로 코모 파시스트의 집이다. 무솔리니 통치 시기에 파시스트 지구당 사무실로 쓰였으나, 현재는 코모 재무성이 사용하는 꽤 유명한 건물이다.

　코모 여행에서 잘하지 못한 결정이 두 가지 있다, 벨라지오 가는 보트 투어를 쉽게 포기했다는 것이다. 이유는 코모에서 벨라지오까지가 평범한 길이 아니었기 때문이다. 급커브는 기본인데 차가 간신히 교행할 수 있는 좁은 길이라서, 버스 등 큰 차를 만나면 멈추어 그 차가 지나간 후에 가야 한다. 긴 시간 경치 좋은 곳을 지나왔지만, 경치를 잠시나마 바라볼 수 있는 여유는 조금도 없었다. 그럴 바에는 보트 투어가 나을 수 있었다. 두 번째 잘못은 코모에서 기왕 푸니콜라레를 탔으면 호수 조망이 가능한 곳까지 등산해야 한다.

벨라지오는 코모호수 양안에 멋진 마을들이 펼쳐져 있는 아름다운 곳이기는 하다. 이곳이 호수의 깎아지른 절벽들을 사이에 두고 마을과 도로를 내었으니 그 가치를 쉽게 상상할 수 있다. 심하게 구불거리고 길은 좁아도 이곳 사람들은 씽씽 잘도 달린다. 가능하면 선두에서 가지 않으려고 했다. 이들이 운전할 때 서로 좁은 길을 마치 러시안룰렛 게임을 하는 기분이다. 중앙선이 없는 길에서 사이드미러를 접어야 할 정도의 좁은 길에서 높은 속도로 달려오는 차를 주시하며 운전하면서 사고라도 날까 봐 심장을 누르는 것 같은 느낌이 들었다. 출발할 때 주차 걱정을 하였으나, 곡절 끝에 도착하여, 유료 주차장에 안전하게 주차하였다.

벨라지오의 경치는 새파란 호수와 맞은편 산봉우리들이 어울려 명성에 걸맞게 아름다웠고 선착장 주변은 배를 타고 내리는 사람들로 붐빈다. 빌라 세르벨로니는 호텔인데 일반인들의 출입을 허용하지 않는다. 골목 안쪽으로 더 걸어 들어가면 땅끝 마을처럼 막다른 곳이 나온다. 이곳은 푼타 스파르티벤토(Punta Spartivento)로 지도상에 호숫가 남북으로 서 있는 사람처럼 보일 때 사타구니에 해당하여 양쪽 모두를 조망할 수 있다. 맞은편의 호숫가와 산 중턱에 있는 마을들의 전경은 집과 주변 경관의 구도가 잘 어울려 그림엽서에서 본 듯한 풍경을 연출한다. 좁은 골목 길을 들어서니 아기자기한 선물 가게들과 식당들이 관광객들을 유혹한다. 골목 길을 나와 동쪽 호숫가의 전망할 수 있는 곳으로 향했다. 가는 도중 록펠러(The Rockefeller) 재단 소유 사유지를 지나는데 문은 굳게 닫혀 있다. 지도의 위치상으로 보아 가장 전망 좋은 곳을 차지하고 있다. 언덕의 능선 부근에서는 건물들이 가려 전망이 좋지 않으나 경사진 골목으로 내려가면 호숫가 멋진 경치를 볼 수 있다. 이곳의 벤치에 앉아 커피 한잔을 하면서 잠시 휴식을 취했다. 벨라지오의 선착장에는 여전히 배를 타려는 사람들로 붐비고 있었다.

  이곳에 올 때 스트레스를 많이 받았으므로, 밀라노로 돌아가는 길을 걱정을 많이 했으나, 벨라지오의 동쪽 호숫가의 길을 이용하니, 서쪽 호숫가에 비해 길이도 짧고 덜 험하다는 생각이 들었다. 평소보다 늦은 시간에 숙소에 도착했는데 날씨는 추위를 느낄 정도로 기온이 떨어졌다.

2.8

현재와 과거가 공존하는 토리노(Torino)

　이탈리아 여행 중 북부 지역의 마지막 도시인 토리노로 가는 날이다. 복잡한 시내를 빠져나와 고속도로에 들어서니 운전이 편해진다. 밀라노 숙소에서 토리노 시내 중심까지는 약 2시간 걸렸다. 오는 도중 고속도로에서 보니 누런 벼가 고개를 숙이고 있는 너른 들판이 계속 이어진다. 조금 의아했다. 쌀은 주요 생산국에서 수입하는 것이 훨씬 경제적일 수 있다는 생각 때문이고, 이렇게 대규모로 쌀농사를 짓고 있다는 것도 놀랍고, 여기도 쌀을 많이 소비하는지도 궁금했다. 알고 보니 이탈리아는 유럽 쌀 생산량의 50%를 차지하는 쌀 생산 대국이며 대부분 국내에서 소비하지만, 전 세계로 수출까지도 한다고 한다. 쌀로 하는 리조또 요리에 필요한, 고품질의 쌀을 생산하고 짧고, 둥글며 크리미한 맛을 내는 특징이 있어 우리가 가지고 있던 외국 쌀에 대한 선입관과는 매우 다르다. 볼로냐에서 언급했듯이 쌀을 훈제한 제품을 고속도로 휴게소에서 판매하는 것을 보니, 우리의 밥과 떡 문화보다도 다양한 모색을 하는 것 같다. 그동안 이탈리아를 쌀과 연관시켜 본 적이 없어서 잘 몰랐던 부분이기도 하다. 필자가 알고 있었던 유럽 혹은 이탈리아에 대해 많은 부분 우물 안 개구리 식의 생각을 했던 것을 반성해 본다. 특히 필자가 밀라노에서 토리노로 가는 A4 고속도로 주변은 포강 유역으로 수량이 풍부하고 평야가 넓어 이탈리아 내 최대의 쌀 곡창지대이다. 차창 밖으로 관계 시설과 농기구가 있는 농가 주택도 보이는 등, 우리네와 같아 정겨워 보였다. 그런데 가만히 생각해 보니 추석이 가까운 시기라 여기서도 벼가 황금빛으로 알차게 잘 익어 가고 있는 것이 보인다. 이렇게 누렇게 벼가 익는 황금 들판을 보니 갑자기 한국에서 같이 추석 명절을 지내는 사람들의 정이 새삼스럽게 그리워진다.

세계적인 프로 축구 명문 구단인 유벤투스의 도시인 토리노는 이탈리아 근대 역사에서 가장 중요한 역할을 한 도시이다. 로마제국 멸망 후 흩어진 국력으로 인해 여러 개의 소국으로 전락해 강국들의 침략과 지배를 거듭하면서 굴욕의 중세 시기를 지나왔다. 이후 토리노를 거점으로 한 사보이 왕국의 비토리오 에마누엘레 2세(Vittorio Emmanuele II)가 이탈리아를, 전쟁을 통하여 통일하고 토리노를 수도로 정하였다. 이후 여러 전쟁과 변화를 겪으면서 다른 도시와 전혀 다른 느낌의 도시 모양을 갖추었다. 전쟁으로 파괴된 시를 재건하면서 도시의 면모는 현대의 계획도시 같다. 길은 널찍하고 굴곡 없이 직선으로 곧장 쭉 뻗어 있다. 주요 간선 도로들은 광장과 광장을 잇고 있어서 한참을 걸어도 지루하지 않다. 그리고 오래된 다른 도시와는 다른 현대적이란 이미지로 깨끗하며, 격자형 혹은 방사형 대칭 도로 구조 덕에 방문객이 큰 어려움 없이 도시 탐방이 가능하다. 역사상 전쟁을 하지 않고 통일을 한 예를 필자는 찾을 수 없는데 누구나 전쟁을 싫어하고 반대하지만, 대안으로 우리가 무엇을 해야 할지 역사는 알려 주는 듯하다.

토리노의 유료 주차장에 도착하여 전날 코모의 유료 주차장에서 했던 실수를 반복하지 않으려고 아내와 함께 웃으며 주차권을 챙겨 나왔다. 주차장과 가까운 곳에 토리노 두오모와 왕궁이 인접해 있어서 접근하기 쉽고, 두오모 대성당은 수수한 외모와는 달리 내부는 짜임새 있는 바실리카 형태이다. 이곳에 예수님의 수의를 보관하고 있는 것으로 유명하다. 그 수의의 진품 논의가 아직 진행 중인데, 그것이 변수가 되지는 않겠지만, 성당 측에서는 현대 기술을 접목하여 지속적으로 진품임을 입증하고자 많은 노력을 하고 있다. 이러한 시도가 늘 긍정적인 결과만 나오는 것은 아닌가 보다. 아울러 대외 홍보의 일환으로 성당 내에 홍보 영상으로 진품의 타당성을 논리적으로 보여 주려고 하고 있다. 성당의 세례당 쪽에서 오늘 어린 아기가 세례 후 친지들의 축하를 받으며 기념사진을 찍고 있는 장면이 보였다. 엄마 품에서 잠자고 있는 듯한 아기는 우리나라 신생아 백일 때 두르는 머리띠를 하고 잠들어 있는 것 같았다. 화려하지만 단아한 내부 장식에 마음이 차분해지고, 입구 위에는 레오나르도 다빈치의 최후의 만찬 모사품이 걸려 있는 것이 흥미로웠다.

왕궁 앞 카스텔로(Castello) 광장과 산 카를로(San Carlo) 광장과 두 광장을 잇는 도로는 스포츠카 위주의 자동차 전시회인 '2024 SALONE AUTO TORINO' 축제가 열리고 있어서 많은 사람들이 몰려 들고 있다. 이것이 자동차 전시회 때문인지, 오늘이 토요일이라서 그런지 판단이 서지를 않는다. 특히 스포츠카 중심의 전시회인지라 현대와 기아차는 보이지를 않는다.

산 카를로 광장 정면의 두 성당 중 산타 크리스티나(Santa Cristina) 성당은 보수 공사 중으로 파사드 전체를 가려 놓았다. 나란히 있는 산 카를로 보로메오(San carlo Borromeo) 성당 역시 자동차 전시회 영향인지 굳게 닫혀 있다.

광장에서 다소 거리가 있지만 몰레 안토넬리아나에 걸어갔다. 설계자인 알레산드로 안토넬리의 이름을 그대로 탑 이름으로 사용하고 있는 높이 167.5미터의 이 탑에 오르면 토리노 시내가 한눈에 보인다. 야경이 멋지다고 하는데, 밤에는 모험하지 않기로 했다.

다리도 쉴 겸 카페에 앉아서 아이스 라테와 에스프레소 한 잔을 시켜 놓고 도심 여행의 고단함을 달래는 시간을 갖고, 아내의 제안으로 시내에서 각자 따로 서로의 관심 대상을 탐색하는 시간을 가졌다. 아무래도 아내는 본인이 좋아하는 것을 본인의 리듬으로 살펴보는 시간을 갖고 싶은 눈치라서 그렇게 하기로 했다. 그리고 만나는 시간과 장소를 정하고 헤어졌다.

자동차 전시회 때문에 무심코 지나쳐 온 왕궁으로 발걸음을 향했다. 도착해서 왕궁과 인접한 대성당만 들러 묵상하고 기도했지만, 왕궁은 들리지 못했기 때문이다. 그리고 점심으로 일본식 음식을 먹으려고 식당에 입장했지만, 식당의 서비스가 좋지 않아서 식사를 안 하고 나와서, 가지고 온 간식으로 대신했다.

약속 장소인 대성당 앞에 먼저 와 기다렸지만, 시간이 다 되어도 아내가 나타나지 않았고 대신 전화가 와 약속 장소에 오는 방법을 묻고 은근히 데리러 왔으면 하는 눈치였다. 이 기회를 이용해 구글 내비게이션 활용하는 방법을 확실하게 알려 주었다.

숙소를 찾아가는 도중, 전시된 차량들의 대규모 시험 운행 행렬이, 경찰의 선도하에 시내를 고속으로 질주하는 쇼를 선보였다. 이로 인해 도로는 통제되고, 숙소로 가는 길이 다소 지체되었다. 하지만 날렵한 차들이 굉음을 내면서 고속으로 시내 길을 주행하는 장면은 정말 장관이었다. 오늘 숙소는 고급 주택가에 있는 빌라인데 아내가 마음에 들어해 안심되었다.

3장
아드리아해/남부 지역

3.1

모자이크의 도시 라벤나(Ravenna)

　지금까지 이번 여행 중 가장 먼 거리를 운전하는 날이고, 드디어 방향을 북쪽 지방에서 남쪽으로 향하는 날이기도 하다. 또 다른 의미는 계절이 바뀌어 이제는 선선해지기 시작하는 계절이라 동남쪽으로 방향을 트는 것은 또 다른 여행의 전략적인 모색으로 볼 수 있다.

　라벤나의 숙소를 목적지로 설정하고 아침에 서두르지 않고 늦은 출발을 했다. 혼자 장기간 여행할 때도 있는데 그때는 오전 8시를 넘기는 경우

는 드물지만, 아내와 함께 여행할 경우에는 출발시간이 유연해진다. 그래도 아내는 그런 것을 헤아려 서둘러 주어 고맙기는 하다.

라벤나의 숙소까지는 420km, 다섯 시간 정도 걸리는 것으로 구글이 알려 준다. 그렇지만 실제 운전 상황이 다르기 때문에 거의 두 배에 가까운 여덟 시간 정도 소요될 것으로 추정한다.

고속 도로는 나라별로 특색이 있다. 도로 면이 주변보다 높아서 여행자가 운전할 때 시야 확보가 잘 돼서 기분 좋게 여행할 수 있다. 다른 곳과 비교하면 가면 노면이 주변보다 낮든지, 거대한 수목들이 가로막고 있거나, 도로변 소음방지 벽으로 둘러쳐져 있어서 시야가 막혀 답답하게 운전해야 하는 경우가 종종 있지만 이탈리아는 그런 경우가 드물다. 역시 세계 최초의 고속도로인 로마 가도를 2,000년 전에 발명한 이탈리아답다는 생각을 해 보았다.

토리노에서 라벤나로 가는 길은 우리나라처럼 익숙한 풍경이 보여 마음이 편안하다. 주변에 보이는 나무의 종류가 다르기 때문에 나무에서 오는 시각적 풍미가 다르고, 눈에 들어오는 풍경이 다르기는 하다. 그리고 우리의 전원 풍경은 산악지방을 빼고 들판 지역에는 나무가 없지만, 이곳은 넓은 구릉이나 벌판에도 나무들이 조화롭게 있어서 정겨운 전원 풍경을 만든다. 그 사이의 농가 주택들은 평화롭게 보이고 주변의 색과 하늘의 색이 배경이 된다. 밭과 밭 사이에는 적당한 간격으로 자연스러운 모양의 나무들이 있고, 간혹 조그만 숲이 어우러져 있다. 이 숲과 들판의 나무에는 참새, 비둘기, 멧새, 종다리 등 새들과 야생의 동물들이 보금자리가 될 것이다. 인간의 세상이 어찌 되었든 평범한 사람들은 본능적으로 자연을 가꾸는 것도 하나의 삶이란 것을 알고 있는 것 같아 잠시 부러움을 느꼈다. 문득 이런 느낌을 가지고 있으면 풍경화를 그리고 싶다는 욕망이 생길 것이라는 생각이 들었다. 옛날부터 이탈리아에는 훌륭한 예술가들이 많은 이유가 이런 걸까? 하는 생각도 해 보았다. 단조로운 사막이나, 초원 지대, 대부분의 계절에 눈으로 덮인 지역과는 대비되고, 인간의 예술적 잠재력을 최대한 끌어낼 수 있는 환경이란 생각이 들었다.

라벤나 숙소까지는 몇 번의 휴게소를 거치면서 결국 8시간이 소요되었다. 도착과 함께 한국 통신사에 한 휴대폰의 로밍이 정지되었다. 그 이유는 통신회사의 이상한 규정과 이번 여행 일정이 장기간이기 때문이다. 유럽의 로밍은 여러 방법으로 할 수 있지만 30일 단위로 했기 때문에, 기간이 만료되어 안 되는 것이다. 공교롭게도 숙소의 WIFI가 말썽을 부린다. 규정이란 30일 이상 로밍을 한 번에 할 수 없다는 것이다.

이탈리아 여행에서 특이한 것은 숙소의 냉난방 조절 문제인데, 냉방의 경우 에어컨을 자유롭게 조절할 수 있지만, 난방의 경우는 다르다. 일부 지역(라벤나, 밀라노)에서 갑작스러운 기온 변화에 아내가 감기 증세와 비염 때문에 난방 가능 여부를 문의했더니 시에서 승인이 떨어져야 난방이 가능하다는 답변이다. 라벤나의 경우 10월 1일 이후에나 시에서 승인한다고 하는데 잘 이해가 되지 않지만, 사실이다. 에너지 절약과 환경 보호를 위한 목적으로 대부분의 이탈리아 지역에서는 난방과 관련된 규정이 있다고 한다. 그 규정이란 첫째는 난방 기간을 제한한다. 일반적으로 10월 15일부터 4월 15일까지 난방을 사용할 수 있다. 둘째는 난방 시간을 제한한다. 하루에 난방을 사용할 수 있는 시간도 제한이 있다. 마지막으로 온도를 제한한다. 실내 난방 온도도 규제된다. 우리나라에는 없는 규정이지만, 일반적으로 거주 공간의 최대 허용 온도는 20°C(±2°C)라 하며, 어기면 벌금을 부과할 수 있다고 한다.

이탈리아의 고속도로 통행 방법과 시스템은 우리나라와 매우 유사하여 고속도로에서 운전하다 보면 불편함을 느끼지 못한다. 우선 우리나라처럼 출구에서 통행료를 받는다, 꽤 비싼 편이다. 우리나라에서처럼 진입할 때 티켓을 뽑아 가고 나올 때 티켓을 기계에 넣거나, 징수원에게 제출하면 주행거리별 요금이 나오는데 지불하면 바리케이드가 올라간다. 중요한 것은 진입할 때 반드시 티켓을 뽑아 가야 하고, 나올 때는 녹색등이 켜져 있고, 하이패스가 아닌 출구를 선택하는 것이 중요하다.

토리노에서 라벤나까지의 경로는 구글 내비게이션을 따랐는데 E70 고속도로로 가다가 피아젠차 인근에서 A1으로 변경, E35, E45 고속도로를 순차적으로 바꾸어 접근한다. 다만 아펜니노산맥 넘어가는 것이 아닌 우회 경로인 것은 다행스러운 일이다.

*   *   *

라벤나(Ravenna)는 이탈리아의 중북부 아드리아해에 연해 있으며 베네치아 남부에 있는 유서 깊은 도시이다. 특히 초기 기독교가 무르익을 무렵 비잔틴의 영향을 받아 모자이크 예술로 유명한 도시다. 역사적으로는 5세기 무렵 서고트족을 피하기 위해 제국의 수도를 로마에서 이곳으로 옮겼고, 476년 서로마 제국이 멸망할 때까지 제국의 수도였다가, 멸망 후 동고트 왕국의 수도였다. 그 후 6세기에 비잔틴의 지배를 받아, 비잔틴 문화의 영향하에 있었고, 이 시기에 웅장한 건축물과 비잔틴 양식의 예술적 모자이크 문화유산을 많이 남겼다. 현재 라벤나 시에만 세계문화유산 기념물이 8개가 있다.

라벤나의 숙소를 ZTL 구역에 바싹 붙여서 예약한 덕에 방문 예정 명소들은 모두 1.5km 이내에 있다. 따라서 시간이 많이 걸릴 것 같지 않아서 늦게 숙소 문을 나섰다. ZTL 구역에서 워낙 가까워서 차를 가지고 벗어날 때 혹시 침범하지나 않을까 걱정되어 차로 나가는 경로를 점검하면서 중심가로 향하였다. 시내는 생각보다 깨끗했다. 모든 도시가 그런 것은 아니지만 시의 행정력이 미치지 않는 골목 등은 아무래도 기준치 이하인 경우가 많은데, 이탈리아의 경우 다른 나라와는 달리 뒷골목도 험하게 지저분하지는 않다. 이곳은 공사하는 곳을 제외하고는 여느 유럽의 여느 도시와 마찬가지로, 고풍스럽고 투박해 보이는 길 보도를 비롯하여 골목길의 담장 등은 견고할 뿐 아니라 미적으로도 뛰어나다는 생각이 든다.

걸어가는 경로가 포폴로(Popolo) 광장을 지나게 되는데 광장 정면에는 두 개의 원주 위에 동상 두 개가 눈에 들어온다. 왼쪽이 성 아폴리나레(Sant'Apollinare), 오른쪽이 성 비탈레(San Vitale)이다. 투어 시작을 숙소에서 가장 먼 산 비탈레(San Vitale) 성당과 갈라 프라치디아(Galla Placidia)의 영묘부터 방문하기로 했다.

3장 아드리아해/남부 지역   283

영묘와 성당 입장은 모두 유료이며, 5개의 방문지를 패키지로 하여 인당 12.5유로를 받는다. 먼저 비탈레 성당에 가기 전에 반드시 갈라 프라치디아 영묘부터 입장해야 한다. 거꾸로는 안 된다. 영묘에 들어서는 순간 천장에 장식된 수많은 모자이크 별에 눈이 부신 듯 착각을 일으키고, 정교한 모자이크 예술에 입이 벌어진다. 중앙 돔의 수많은 금색별 중앙에는 역시 금빛 찬란한 십자가가 있고 네 귀퉁이에는 복음 4가 상징물들이 자리하고 있다. 지금으로부터 1600년 전에 어떻게, 왜 정교하고, 화려한 모자이크로 여성의 무덤을 만들었을까? 갈라 프라치디아는 호노리우스 로마 황제의 여동생인데 끔찍이도 여동생을 사랑했고, 동생을 잃은 아쉬움이 어떠했는지 짐작이 된다.

비탈레 성당 역시, 채광창 아래 돔 상부에는 예수님을 사이에 두고 비탈레 성인과 비탈레 성당을 봉헌하는 주교 모습의 모자이크가 있다. 창문 좌우에는 유스티아누스 황제와 황후인 데오도라의 모자이크가 화려하게

장식되어 있어 마치 프레스코화처럼 보이기도 하지만 모자이크다. 보통 프레스코화는 세월의 무게가 느껴지지만, 모자이크는 변화 없이 선명하게 빛난다. 세필로 그린 듯 정교함이 모자이크라니 더욱 놀랍다. 석관과 함께 보이는 바닥의 기하학적 혹은 물결 문양의 모자이크는 이곳이 비잔틴 문화 영향권이었음을 보여 준다.

이곳을 뒤로하고 네오니아노(Neoniano) 세례당으로 갔다. 이곳은 장소가 좁아 15명씩 입장시키므로 미리 시간을 예약해야 한다. 하지만 미리 가도 대기하는 사람들이 별로 없으면 입장시켜 준다. 세례당 천장의 모자이크 역시 일품인데, 세례자 요한으로부터 세례받는 예수님이 보인다. 네오니아노 세례당도 천장 모자이크는 아름답기 그지없고 아리아나(Ariani)와 마찬가지로 세례자 요한으로부터 세례받는 예수님이 보인다. 이 모든 모자이크는 색채와 문양들이 화려하고, 1,500년 전에 만들어졌다는 것이 믿기지 않는다. 세례당임에도 모두 세례반보다는 천장의 모자이크만 주목한다. 그만큼 천장 모자이크는 미적으로 뛰어나다.

라벤나에는 단테의 무덤이 있다. 원래 피렌체 출신으로 그곳에서 통령의 지위까지 오른 정치가이기도 했다. 하지만 권력을 잃은 후 반대파에 의해 추방되어 피렌체로 돌아가지 못하고 이곳에 묻혔다.

그 후 단테는 피렌체로 돌아갈 기회가 있었으나, 피렌체는 사면의 조건으로 죄를 인정하고, 공개 참회하라는 것이었다. 단테는 이를 거절하고 "나는 고향으로 돌아가기 위해 비굴한 행위를 하지 않겠다"라고 명확히 의사를 밝힘으로써 자신의 명예를 지켰다. 이후 단테의 업적은 높이 평가되고, 피렌체는 지난 역사적 과오를 인정하고 후회했다. 지금도 피렌체에서는 단테의 무덤을 돌려달라고 꾸준히 요구하지만, 라벤나는 응하지 않고, 피렌체는 매년 무덤 유지비를 라벤나에 지급하고 있다고 한다.

점심때가 되어 다리도 쉬고 식사도 할 겸 시청사 앞의 식당에 자리를 잡았다. 해산물 샐러드와 스테이크를 맥주와 함께 주문했는데 스테이크는 시장했는지, 아내와 나는 만족도 최고였다. 식사 후 필자와 아내는 서로 한 시간 정도 자유시간을 보냈다. 아내와 헤어져 성당 주변을 둘러보려는데 갑자기 쿵 하는 소리에 놀라 바라보니 키가 크고 덩치가 있는 할아버지 한 분이 자전거와 부딪혀 넘어지는 소리였다. 자전거 주인은 여고생으로 보이는 학생이었는데 순간 당황했지만, 그 노인은 일어서서 괜찮다고 손짓한다. 이곳에서는 자전거를 흔히들 이용하니 보행자가 오히려 주의를 기울여야 할 판이다. 할아버지의 머리는 다행히 괜찮은 것 같은데, 다리에 통증이 있는지 절룩거린다. 조심할 일이다. 남의 일 같지 않았고, 해외여행 중 다치거나 병으로 힘들 때를 대비하여 여행자 보험 가입을 권한다. 그리고 경미한 경우라도 약방에 가서 응급약을 구해 적극적으로 대처하는 것이 좋다. 약국이나 병원에 가면 의사소통은 거의 걱정 안 해도 된다. 필자의 경험에 의하면 아픈 곳은 손으로 만지거나 가리키면 그들도 다 안다. 즉 언어는 문제의 핵심이 아니라는 것이다.

 마지막으로 숙소에서 안뜰이 보이고 같은 담을 쓰는 산타아폴리나레 누오보(Sant'Apollinare Nuovo) 성당을 들렀다. 다른 성당과 달리 천장은 평평했으며 황금색의 4각형의 격자무늬 속에 기하학적 문양으로 장식되

어 있고, 양쪽 벽에는 구약성서의 내용들이 모자이크로 장식되어 있다. 벽 양쪽의 많은 창문을 통해 빛이 들어오고, 바닥마저 밝은 대리석이라서 다른 성당과 달리 내부는 매우 밝은 분위기다. 투어를 마치고 나오려는데 아내가 성물 방에 들러 기념품을 사고 싶은 눈치라서 밖에서 기다리니 조그만 것을 사 들고 나왔다.

3.2

영원한 공화국 산마리노(San Marino)

　산마리노(San Marino) 공화국을 거쳐 페스카라로 가는 날인데 날씨가 아침부터 꾸물거린다. 그저께 토리노에서 라벤나로 올 때 일기예보를 보고 예상한 것이지만, 오늘부터 며칠간은 아드리아해 즉 이탈리아 동해안을 따라 남쪽으로 내려가는 여정인데 신경이 쓰인다. 사실 필자는 이탈리아 동부의 항구 도시에 대한 궁금증이 있다. 로마가 융성하던 시절 지금의, 그리스와 발칸반도, 소아시아와 이집트를 비롯한 북아프리카 지역으로 원정을 나갈 때 아드리아해에 연해 있는 이탈리아 동해안 항구 도시에서 출정하거나 육로로 갈 때는 이탈리아 북부를 거쳐 지금의 발칸반도로 진격했기 때문이다. 아드리아해의 도시 페스카라, 바리와 브린디시는, 티브르티나와 아피아 등 로마 가도의 종점 도시이기도 하다. 아피아 가도를 비롯한 로마 가도는 로마 군단이 지역 패권을 장악하는 주요 군사 진격로이자 통상의 도로였고 로마로부터 각 지역까지 연결한 동맥 줄이다. 그런데 산마리노 공화국을 향해 출발하자마자 공교롭게도 비가 쏟아지니 조금 서운한 생각이 든다

　산 마리노 공화국은 아드리아해의 작은 도시 리미니에서 서쪽으로 25km 떨어진 해발 750m 높이 내외의 티타노산 정상에 있다. 면적은 서울 면적의 1/10이며 인구는 3만4천 명 정도 된다고 한다. 그곳에 가려면 로

마에서 승용차로 450km 정도 되고, 대중교통으로 가기는 불편하나, 기차로 가려면 볼로냐를 거쳐 리미니에 도착해, 버스나 다른 교통수단을 이용해야 한다. 승용차로 갈 경우 산 정상 부근이라 도로가 구불거려 운전에 조심하고, 도착해서는 케이블카를 이용하는 편이 안전하고 편리하다. 케이블카 앞의 주차장은 1~2분 거리에 있다. 아니면 위까지 올라갈 수는 있고 그곳에도 ZTL 구역 밖에 주차장 설비는 있지만 권하지 않는다.

산 마리노 공화국은 4세기경 달마티아 지역 지금의 크로아티아 지역의 마리누스라는 사람이 종교적 박해를 피해 이곳으로 와 공동체를 형성하고 독립을 선언했다고 한다. 이후 오랜 세월 동안 전통을 이어 오고 있다. 현재 UN에 가입된 독립 국가로서 EU의 회원국은 아니나 유로를 사용하고 있고, 통상과 기타 국제 관계에 있어 EU와 긴밀한 협력을 유지하고 있다. 어제 머물렀던 라벤나에서는 승용차로 1시간 30분 정도 걸린다. 산 마리노 관련 흥미로운 것은 나폴레옹 시절 좀 더 넓은 영토를 제안했으나 거절했다고 하고, 서기 301년 건국한 이래 공화정을 유지한 세계에서 가장 오래된 공화국이라 한다.

　어렵게 도착했지만, 간간히 비가 내리고 산 정상에 구름과 안개가 오락가락하여 투명하게 볼 수는 없었다. 필자에겐 일정이 있기에 날이 활짝 개어 맑은 전경을 볼 수 있을 때까지 기다릴 수 없어서 안타까웠지만, 필자에게 주어진 것은 여기까지라고 생각하고, 감사한 마음으로 산 마리노 투어를 진행했다.

　산 마리노 관광의 핵심은 중세의 구시가 골목길들을 둘러보는 것이다. 아기자기한 가게들로 즐비하고 볼거리가 많다. 구시가는 유네스코 세계문화유산으로 등재되어 있다. 다음으로는 산마리노 대성당(Basilica di San Marino)과 세 개의 탑(Tre Torri)이다.

　케이블카에서 내리니 구름이 자욱하고 시야는 좋지 않았지만, 산마리노 대성당에 입장하여, 소박한 내부 장식과 아름다운 하얀색에 특이한 기하학적인 무늬가 있는 천장을 감상했다. 비가 오는 탓인지 내부에는 우리 부부밖에 없어 조용한 가운데 잠시 기도하고 휴식을 취했다.

3장 아드리아해/남부 지역

　세 개의 탑 중 2개 탑 프리마 토레와 세콘다 토레에 입장하여 둘러보았으나, 사실 탑에서는 티타노산과 높은 데서 내려다보는 파노라마 전망이 압권인데 비와 구름에 막혀 보이지 않고 가끔 언뜻 보이기는 하지만 먼 곳의 전망은 보기 어려웠다. 카메라를 준비하고 있다가 시야가 트이면 간간이 사진을 찍는 것으로 만족했다. 탑들을 차례로 둘러본 후, 구시가 골목길 기념품 가게와 카페 등을 기웃거리며 구경하고 여유 있게 케이블카를 타고 다시 주차장으로 내려왔다.

　산마리노 공화국을 뒤로하고 300km 떨어진 페스카라로 가는 길에, 간간히 폭우로 시야가 좋지 않아 안전을 고려하여 천천히 운전하였다. 비는 오지만 라벤나로부터 아드리아해변을 따라 남하하는 해변 길은 마치 발도르차의 구릉 지역같이 완만하고 부드러운 느낌의 지형이 간간히 나오고 터널이 자주 있는 것으로 보아 우리의 동해안 같은 느낌이다. 다만 아쉬운 것은 비가 내리는 것이고, 고속도로에서는 바다가 잘 보이지 않는다는 것이다. 욕심 같아서는 일반도로를 이용하고 싶으나 결국 고속도로로 들어왔다, 나갔다 하는 것을 반복해야 하는데 하이패스를 사용할 수 없으니 불편하여 포기했다.

예정보다 늦게 도착한 페스카라는 이렇다 할 내세울 것이 마땅치 않은 아드리아해의 바닷가 도시이다. 이탈리아의 시인 다눈치오가 태어난 도시이고, 넓고 긴 백사장을 가지고 있는 휴양도시로 유명하다. 실제로 이곳에 도착해서 승용차로 해변도로를 이용하여 드라이브했는데 끝도 없이 이어지는 해변은 마치 호주의 골드코스트를 연상하게 한다. 저녁 식사하고 아직 어두워지기 전이라 해변 백사장의 경치가 궁금하여 빗줄기가 가늘어진 틈을 타 해변으로 나가 산책하였다. 해변 길을 따라 시로 진입할 때, 백사장에 줄지어 설치되어 있는 고정식 파라솔 같은 것이 보였는데, 산책하면서 확인해 보기로 했다. 평소에 흔히 볼 수 있는 모양이 아니고 옛날 어렸을 적에 원두막 같은 형태라서 궁금했다. 막상 백사장에 나와보니 셀 수 없을 정도로 많은 고정식 파라솔이 일정 간격으로 설치되어 있는데, 마치 우리네 볏짚으로 된 지붕처럼 보인다. 가까이 가서 확인해 보니 플라스틱 제품이다. 아마 햇볕이 강하다 보니 그늘막을 만드는 것만으로는 부족한 것 같다. 긴 모래 해변을 비가 오는 가운데 천천히 걷다가 숙소로 돌아갔다.

3.3

아드리아해의 관문 바리(Bari)

페스카라(Pescara)에서 바리(Bari)까지 구글 내비게이션 검색하여 아드리아해 동해안 고속도로 E55를 따라 약 320km 6시간 정도 걸려 도착했다. 아드리아해를 따라 이탈리아의 동해안을 따라 천천히 드라이브하는 것은 필자 개인의 취향에 따른 것이다. 동부 해안 지역은 로마제국 시절 지금의 발칸반도 지역, 그리스, 소아시아, 이집트, 조지아, 아르메니아, 심지어 페르시아 지역으로의 대규모 군사 원정의 시발점이 되는 항구들이 들어서 있다. 주로 군사 목적이기는 하지만 교역과 상호 문화 전달의 통로 역할도 했다. 특히 그렇게 고대 로마제국 시절 군단이 로마 가도를 걸어서 먼 소아시아, 중동지방의 원정을 떠나기 위해 도착한 곳이 이곳 로마 동부 해안 항구들이었다. 특히 바리는 중세 시대 십자군의 원정 시발점이었던 항구다. 이들은 전쟁을 치르면서 거의 승리를 해 왔지만, 늘 그런 것만은 아니다. 원정군은 이곳 동부 해안에서 전열을 가다듬고 승리를 기원하며 군선을 기다리다 전쟁 길에 올랐을 것이다. 세월이 많이 흐르고, 모든 것이 변하여 잊혀 가지만, 역사란 흔적을 남기고, 망각이란 세상 속에 던져지는 것만은 아니다.

풀리아(Puglia) 지방에 속한 바리(Bari)는 동해안 항구도시 중 규모가 큰 도시로서 인근의 유명 관광지인 마테라(Matera), 트라니(Trani), 알베로벨로(Alberobello), 라마 모나칠레(Lama Monachile) 등에 접근하기 위한 거점 도시 역할로도 유명하다. 이곳에서 한국인 여행자를 만나는 경우는 드물고, 따라서 이 지방을 승용차로 여행한다는 것은 특별한 의미를 지니고 있다. 멋진 장면과 오래된 전통을 머금고 있는 지역 고유의 유산들을 글로 표현한다는 것에 걱정이 되기 시작했다. 이유는 아무리 표현을 잘한들 멋진 풍경을 제대로 하기는 어렵다는 것과 글이 과장되거나 감정 이입이 지나치면 허풍과 호들갑으로 보일 것이 염려되어서다.

바리(Bari)는 이탈리아반도를 사람의 발로 따진다면, 새 신을 샀을 때 뒤꿈치가 까지는 그 위치, 아킬레스건 바로 밑 부분에 해당한다. 바로 옆 바실리카타 지방의 마테라와 함께 요즘 텔레비전 여행 프로그램에 가끔 보이기는 한다. 하지만 우리나라 패키지 관광객은 많이 보이지 않고, 가끔 자유 여행자들만 보인다. 특별한 의미란 이곳에 오는 사람들은 적어도 호기심이 많은 사람임을 의미할 수 있다. 이곳에 승용차로 로마에서 500km로 꼬박 5시간을 쉬지 않고 운전해야 한다. 보통은 철도나 항공을 이용하고, 바리에서 대중교통을 이용하거나, 불편하면 렌터카를 이용하면 된다.

페스카라를 떠나 남쪽으로 향하는 고속도로에 올라 차창을 여니 어제 내린 비 덕분에 상큼한 바람이 바다 내음과 함께 몰려들어왔다. 왼쪽은

바다 방향이고, 오른쪽은 육지 방향인데 우리나라 동해안 해안 도로를 달리는 것과는 조금 다르다. 간간히 바다가 보이기는 하지만 터널과 현대식 공법의 다리를 많이 거쳤다. 그리고 도시 지역이 아닌 시골이라 할 수 있는 지역에는 비탈길, 구릉 지역이 보이고 포도밭과 올리브 나무숲들이 이어진다. 간간히 높은 언덕에는 옹기종기 크고 작은 마을들과 그사이에 보이는 성당의 종탑들이 한가롭게 보인다.

마치 토스카나 지방의 발도르차를 연상시키는 사이프러스 나무가 있는 구릉 지역과 목장 지대도 보인다. 고속도로 휴게소는 간선 고속도로 임에

도 지금까지 들렀었던 휴게소에 비해 규모가 작다. 아마도 차량 통행이 많지 않은 듯하다. 지금까지 달려오면서 도로에는 차량이 거의 보이지 않았다.

바리에 도착하여 바리항 근처에 주차하고 구도심에 있는 산 니콜라 바실리카에 갔다. 산 니콜라 성인의 유해가 있는 곳이고, 니콜라 성인은 크

리스마스 산타와 같은 인물이라 해서 전 세계 순례객이 끊이지 않는다고 한다. 로마네스크 양식의 전면 파사드는 팔을 벌려 여행객을 환영하는 듯하다. 아내는 그동안 수많은 성당을 지나면서 도시마다 들르게 되는 성당에서 기도하고 묵상하던 기운이 지쳤는지 사진만 찍고 가자며 시큰둥했지만 잠시 성당에 들어가 묵상하며 휴식을 취한 후 원기를 회복했다. 열주 형식의 내부 구조는 4방향의 아치가 하나의 기둥이 지지하여 상부의 무게를 지탱하고 있다.

아기자기한 골목길을 두루 거쳐 산사비노 대성당에 도착해서 입장료를 지불하고 입장했다. 실제로 이 성당이 바리의 두오모 성당으로 로마네스크양식의 고풍스러운 파사드와 특징이 없지만 성당 내부의 천장은 열주 형식의 바실리카이면서, 목재로 보이는 보로 지지되어 있는 특이한 형태이다. 산 니콜라 바실리카와 비슷하여 쌍둥이처럼 보이는데, 정문의 모양과 내부 기둥들이 종방향의 아치로 되어 있는 점이 다르다.

 사람들이 많이 가는 곳을 따라, 골목을 북쪽으로 더 올라가니 노르만노 스베보 성이 나타났다. 입장을 하려 했으나, 문이 굳게 닫혀 발걸음을 돌

렸다.

　이곳 바리에서 볼만한 것은 역사 지구인 구시가이다. 중세풍의 골목길이 거미줄처럼 이어지고 건물과 건물 사이를 아치로 연결하는가 하면 건너편 집과 빨랫줄을 연결하여 빨래를 너는 풍경이 이채롭다. 골목마다 개성 있는 장식이 달린 식당들과, 선물 가게, 작은 카페들이 줄지어 있다. 특이한 것은 이 지역 전통 요리인 오레키에테(Orecchiette)를 길거리에서 손으로 만들고 있다. 파스타의 일종인데, 색색의 밀가루 반죽을 마치 작은 조개껍질 모양으로 조물조물하여 만든다. 그런데 의외로 이것을 사 가는 사람이 많은 것을 보고 놀랐다.

　오늘의 일정을 마무리하고 이틀 동안 머무를 숙소를 찾아왔다. 숙소는 바리의 교외 지역에 있고 호스트는 젊은 여자이고 어머니와 같이 살면서 가족을 돌보고 있다. 농가가 딸려 있고, 가축들도 있으며, 우유 짜기, 치즈 만들기, 도자기 굽기 등 이벤트도 한다고 한다.

이곳에 머무는 동안 호스트 어머니와 언어적 소통은 못 했지만, 느닷없이 우리 방문을 두드려, 무화과 열매를 건네주며 먹는 방법을 시범해 보여 주었다. 아침에는 레몬과 신선한 달걀을 주신다. 숙소 내부는 수많은 장식품이 걸려 있어 재미있기도 하지만 산만해 보인다. 소품과 장식품의 대부분은 오래된 물건에 아이디어를 가미해 재활용한 것들이다.

3.4

돌 속에 시간을 감춘 마테라(Matera)

　원래 계획했던 일정을 바꾸어 과거에 동굴 주거지로 유명한 마테라를 가기로 했다. 마테라는 이탈리아 남쪽 내륙 바실리카타(Basilicata)주 그라비나(Gravina) 협곡의 석회암 지역에 구석기 시대부터 인류가 동굴을 파서 수천 년 동안 주거지로 사용하였던 곳이다. 초기에 거주자가 늘어나자, 주변의 동굴이 늘어났고 15세기경에 현재의 모습이 완성되었다고 한다, 1950년대경 극심한 빈곤과 열악한 환경으로 인해 이탈리아의 수치라는 오명을 얻어, 정부의 명으로 신도시를 조성하여 이곳 사람들을 이주시켰지만, 1980년대에 복원 사업이 이루어졌다. 이들의 옛 주거 지역을 사시(SASSI) 지구라고 하고, 이 지역은 1993년에 유네스코 세계문화유산으로 지정되었다. 이후 도시는 재평가되고 급기야 2019년에 유럽의 문화 수도로 선정되면서 관광객들이 방문하기 시작했다. 이탈리아 여행은 바리, 마테라, 알베로벨로 등을 둘러보아야 완성된다는 것이 개인적인 견해다. 그만큼 이곳에서 받은 인상은 강력하다. 물론 문화유산들이 넘쳐나는 피렌체, 베네치아, 밀라노, 로마를 비롯한 도시 지역과는 사뭇 다른 느낌의 감동이 몰려와 신선하다.

　또한 마테라는 영화 패션 오브 크라이스트(The Passion Of The Christ) 촬영지로 알려지며, 더 많은 관광객이 이곳을 찾는다고 하는데, 과연 오전

10:30쯤 도착했을 때는 이미 많은 관광객이 보인다. 영화 벤허도 이곳에서 촬영되었다고 하는데 어느 장면인지 기억나지 않는다.

바리 숙소에서 약 1시간가량 고속도로를 거쳐 도착했다. 출발할 때 ZTL 구역 밖의 유료 주차장을 목적지로 내비게이션을 설정하고 도착했는데 바로 학교 앞 무료 주차 공간에 이곳 현지 아주머니 한 분이 자리를 잡아 줘 하루 종일 무료 주차하는 행운을 느닷없이 누렸다. 주차장 이름이 Utcai parolas이다. 이렇게 행운이 있는 날도 있고, 우리 인생처럼 좋지 않은 일을 겪는 날도 있다. 이곳 마테라에 오려면 필자처럼 승용차로 오거나 바리에서 사철 혹은 버스를 이용한다. 사철은 일요일에 운영하지 않는다고 한다. 필자도 주차 문제 때문에 사철을 이용하려 생각도 해 보았다. 이탈리아 내에서 특히 관광지에서의 주차 문제는 언급한 대로 크게 걱정을 안 해도 된다. 왜냐하면 엄격한 대신 요소요소에 공용 주차시설이 풍부하고 주차비 또한 1~2유로로 저렴하다. 걸어서 ZTL 구역으로 들어가는데 길을 찾는다고 잠시 망설이고 있자니, 현지의 주민인 듯한 할아버지 한 분이 좁은 골목을 가리키며 사시(SASSI)! 사시! 하며 그곳으로 들어가

죽 가라고 손으로 가리키며 친절하게 안내해 준다. 이곳 주민들은 이렇게 외지인들을 따듯하게 대하는 것 같아 기분이 좋아졌다. 좁은 골목길이 끝나자, 이곳 지형 치고는 제법 넓은 광장이 나오고 사람들로 붐빈다. 이제야 할아버지가 사시 하면서 골목길로 들어가라는 이유를 이해했다.

  광장 한 켠에는 마치 성당처럼 보이는 팔라조 란프란치(Palazzo Lanfranchi) 미술관이 보이는데 건물 좌측에 검은색 물방울처럼 생긴 조형 작품이 하나 있다. 왜 이런 곳에 어울리지 않는 생뚱맞은 작품이 있을까 생각했다. 알고 보니 얼마 전에 일본인 삭가 아즈마 겐지의 아즈마의 물방울이라는 작품을 설치한 것이다. 이것은 물 한 방울이 땅에 떨어져 다시 중발했다가 다시 돌아오는 생명의 순환을 나타내며, 마테라의 역사와 맞물리는 의미를 상징한다고 한다. 어떤 것에 스토리를 입히는 재주는 여전히 부럽다. 잠시 전망대로 가려고 주변을 살피다가 눈에 띄는 것이 있다. 이상하리만치 아래쪽에 있는 태극기에 시선이 꽂힌다. 2021년에 G20 외교/개발 장관들이 모여 회의하고 합의된 4개의 사항을 이곳 마테라에서 '마테라 선언'이란 이름으로 전 세계에 공표한 것을 기념하는 것이다. 기념 표지는 도자기로 만들어 모든 사람이 잘 볼 수 있는 벽에 설치하였다. 자원이라고는 사람밖에 없는 극동의 작은 나라의 위상을 생각하니 뭉클해졌다.

　사시 지구는 3구역 사소 바리사노, 사소 카베오소, 사소 치비타로 나뉘는데 그중 가장 오래된 구역이 치비타이다. 일단 두오모를 거쳐 파스콜리 광장으로 가서 마테라의 모습들을 카메라에 담았다. 우리는 자유 여행자라서 이런 미로 같은 골목들을 구글 지도를 보며 찾아다니기가 불편하다. 필자는 늘 구글을 신뢰하기 때문에 휴대폰의 내비게이션에 의존도가 높은 편이다. 그런데 이곳에는 패키지 투어로 온 많은 수의 관광객이 가이드를 따라다니고 있다. 그런 팀들은 깃발을 들고 10명~15명 내외로 가이드가 인솔하는데 휴대폰 들여다보지 말고 따라가자는 아내의 제안은 그야말로 필자 같은 사람에게 적절한 충고였다. 실제로 휴대폰을 보며 다니는 것보다 몇 배 효율적이다. 앞으로의 일정에도 참고해 볼 예정이다. 그렇다! 혼자 전화기 화면에 시선을 두는 것보다, 다른 관광객이 가는 곳을 졸졸 따라다니는 것이 정답이다.

골목길들은 여러 개의 미로처럼 되어 있어, 여러 갈래의 구불구불한 골목들을 지나서 성 베드로 성당 앞까지 갔다. 사진 찍고 몰두하다 보면, 목적지도 잊고, 골목마다 기념품 가게를 만나고, 전망 좋은 곳에서는 돌을 깎아 가며 정교한 기념품을 만드는 젊은이들도 만난다. 돌을 깎아 내는 젊은이의 손길은 마치 시간을 돌 속에 박제하는 작업처럼 느껴졌다. 성베드로 성당 오른쪽 십자가가 있는 곳도 요금을 내면 올라갈 수 있다.

그곳에 가는 도중 예쁜 보라색 야생화가 척박하고 물기가 없는 곳에서 피어 있는 것이 신기하다. 오래된 건물 사이를 걷다 보면 석회암에 구멍을 내어 거주한 동굴들이 보이고, 문득 사시 지구를 조망할 수 있는 전망대도 나온다. 전망대에서 바라보는 풍경은 황갈색의 오래된 지붕과 베이지색 톤의 벽에 검은 창 모양은 상상에서 보는 중세의 도시 가운데 있는 느낌이다. 공상 과학의 시간 여행을 현실에서 경험하다니 사람들이 많이 찾는 이유는 굳이 설명이 필요 없다. 골목들이 내려다 보이는 전망대에서 바라본 관광객 군상은 고대에, 도시의 침입자 같은 착각이 든다.

성 베드로 성당에 입장하여 잠시 기도하면서, 피곤한 다리에 휴식을 주었다. 건너편의 전망대로 가려 하였으나, 그곳을 걸어서 가기에는 눈으로 보이는 거리가 위압적이다. 많은 버전의 풍경을 담은 것에 위로하고 점심으로 이것저것 고르다 결국 피자로 낙찰되어 실망하며 점심을 대신했다. 이탈리아를 여행하면서 점심은 현지식을 즐겼는데 그중 피자는 만족도가 썩 높지는 않았다. 마테라는 석양 무렵의 풍경도 멋진 곳이라고 하지만 이곳에서 숙박하지 않고 바리로 돌아가야 하며, 늦은 시간 활동을 자제하기에 포기했다.

3.5

아드리아해의 숨겨진 보석 폴리냐뇨 아 마레(Polignano a Mare)

바리로 돌아가는 길에 점심 후 나른한 기분 때문에 잠시 쉬었다가, 얼마 전 TV의 패키지 투어로 여행 프로그램에 소개되었던 폴리냐뇨 아 마레(Polignano a Mare)에 있는 라마 모나칠레(Lama Monachile)로 가기로 했다. 시간 여유도 있고 해서 간선도로로 가지 않고 시간이 더 걸리지만 일명 시골길을 택해서 가기로 했다. 시골길은 편도 1차선인데 운전하기는 조금 불편했다. 차가 드문 것이 다행이기는 하나, 일부 구간은 노면이 울퉁불퉁할 뿐만 아니라 좁기도 했다. 길은 전원 풍경으로 한가롭고 포도밭과 올리브 농장은 많이 보이지 않고, 수확을 끝낸 빈 밭을 내년 봄 작물을 위해 갈아 놓았거나, 새로운 작물들의 싹이 보이는 밭으로 이어져 있다.

 더욱 특이한 것은 이곳의 밭들은 제주처럼 돌담으로 구획이 되어 있는데, 제주의 그것과 너무 닮았다. 다른 것은 규모가 크다는 것과 제주의 담장들은 다공성의 검은 현무암인 데 비해 이곳의 돌담들은 베이지색의 석회암이다. 워낙 돌이 많은 땅을 밭으로 일구다 치운 돌들을 활용하는 방법으로는 제주와 같은 목적인 것으로 보인다.

 폴리냐뇨 아 마레까지 생각보다 시간이 더 걸린 것은 맑았던 하늘이 갑자기 어두워지면서 폭우가 내리다가 엄지손가락만 한 우박이 쏟아져 차를 보호하려고 한동안 쉬었고, 개고 나서도 서행하였다. 비가 갠 후 햇볕이 나더니 차 앞에 커다랗고 선명한 무지개가 나타났다. 왠지 기분이 좋았지만, 길에는 배수가 원활하지 않아 물이 사방으로 튀긴다.

 폴리냐뇨에 있는 라마 모나칠레에 도착하니 역시 관광 인파로 가득하다. 주차장 시설이나 이곳 지형을 몰라서 지도상의 목적지를 주차장으로 설정하고 왔는데 한쪽 차선에 바리케이드가 설치되어 있고 경고문이 있어 후진해 빠져나와 주차선은 없지만 먼저 온 차들과 같이 주차했다. 가까운 거리라 걸어서 가기에는 아주 좋은 위치이다. 이런 경우는 행운이지만 여행하면서 늘 행운만 있는 것은 아니다. 다리 위에서 보는 풍경이 구글에 있는 모습 그대로 포토존이다.

　다리 위에서 내려다보니 계곡 아래 갈라진 절벽 아래에는 해안선이 안쪽으로 쑥 들어왔고 인공 수영장처럼 생긴 곳에는 폭우가 쏟아진 뒤라 그런지 사진에서처럼 사람들이 별로 없다. 하지만 지중해에 연한 아드리아 바다색과 어울려 한 폭의 그림 같다. 우리는 좀 더 안쪽의 피아자 비토리오 엠마누엘레 2세 길을 따라 골목길을 걸었다. 골목 안쪽에는 여러 갈래로 바다의 전망과 포토존들이 연결되어 있고 예쁜 기념품 가게와 카페들이 알알이 박혀 있다. 구시가와는 다른 아기자기한 모습으로 멋지고 예쁘게 사진 찍을 수 있는 골목들이 즐비하다. 구불구불 미로 같은 골목길 끝에는 건너편을 바라볼 수 있거나, 절벽이 연달아 있는 절벽 위의 흰색 건물과, 바닷물이 어울려 멋진 풍경을 보여 준다.

필자는 여행하면서 여행지에서 기념이 될 만한 기념품을 잘 사지 않는다. 그뿐 아니라 귀국할 때 가족이나 지인의 선물조차도 잘 사지 않는다. 이유는 여행의 본질을 벗어난다고 생각하기 때문이다. 지금도 그 생각에는 변함이 없다. 그래서 같이 여행을 다니는 아내는 이를 불편해한다. 사실 생각하기 나름인데 쇼핑도 여행의 일부라고 생각하는 사람과 그렇지 않다고 생각하는 사람의 차이이다. 패키지 여행에서 쇼핑의 일정을 불편해하기는 마찬가지이다. 요즈음은 필자도 기회가 있으면 여행의 기억을 도와줄 수 있는 기념품 하나 정도는 괜찮다는 생각이다.

숙소로 돌아오는 길에도 많은 비가 내렸다. 며칠 전 동해안에 진입한 이래, 매일 같은 패턴이 반복된다. 우리로 하면 가을을 재촉하는 비다. 숙소에 도착하여 호스트에게 물어보았더니 이 지역에 3개월 동안 비다운 비가 안 왔다고 한다. 어쩐지 비가 많이 내렸음에도 밭에는 물이 고이지 않는 것을 이상하다고 생각했었다. 그동안 가물었던 것이다.

*　*　*

알베로벨로는 바리에서 1시간이 채 안 걸리는 거리에 있다. 알베로벨로로 가는 날이지만 가까운 거리라서 바리의 명소라고 알려진 룽고마레 나자리오 사우리(Lungomare Nazario Sauri) 해변 산책로를 가보고, 어제 들렀던 폴리냐노의 라마 모나칠레를 다시 가 보기로 했다. 나자리노 사우리 해변 산책로는 기대치에 미치지 못했다. 해변의 무미건조한 풍경에다 주변의 녹지가 없는 딱딱한 길뿐이었다. 아니면 필자의 기대치가 높았는지도 모른다. 숙소에서 가는 길도 바리 외곽의 신시가 중앙을 관통하는데 비슷한 건물들이 밀집해 있어 답답해 보이고, 길은 넓으나 양쪽 가에는 주차가 빼곡히 되어 있어 차가 많은 것도 아닌데 차량정체가 심하다. 그동안 좋았던 바리의 이미지가 아니라고 부정하며 빠져나왔다. 그랬던 만큼 해변 산책로에 대한 기대는 컸다.

해변 산책로를 뒤로하고, 폴리뇨냐를 다시 찾았다. 어제 보아 둔 무료 공간에 기분 좋게 주차하고 카페와 기념품점을 기웃거리고 예쁘게 단장한 골목길에서 기념이 될 사진들을 찍었다.

3장 아드리아해/남부 지역   323

　오늘이 금요일인데 이곳 성당 앞 마당에서 이곳 주민의 결혼식을 볼 수 있는 행운을 얻었다. 처음에는 관광객이 아침부터 많이 왔구나 하고 생각했었는데, 알고 보니 결혼식의 하객들이었다.

　이윽고 신부를 태운 차가 도착하자 하객뿐만 아니라 필자 같은 여행객들도 합세하여 축하해 주었다. 성당 앞 카페와 음식점들은 일반인에게 오픈하지 않은 것으로 미루어 보아 결혼식의 하객들을 위해 준비해 둔 것 같다. 신부를 태운 차가 도착하자 하객은 물론이고 관광객들도 신부가 내리는 장면을 찍으려고 휴대폰을 꺼내 들고 준비하고 있다. 신부가 내리고 화동 셋이 앞서자, 신부의 오빠인지 젊어 보이는 남자의 인도하에, 성당에 들어샀다. 섬은 양복에 수염을 멋지게 기른 남자가 신랑이었는데, 새로 태어난 부부는 마냥 행복한지 주변 사람들과 포옹하고 키스를 주고받는다. 이곳 사람들은 남성끼리도 가벼운 볼 맞춤을 한다. 그것이 이곳에서 친근감을 표현하는 것인데, 거리두기와 비접촉이 강제되었던 코로나 시절에는 어찌 지냈는지 궁금하다. 이탈리아는 코로나 초기에 고통을 많이 받은 나라이다.

이상한 것은 결혼식 장면은 동서고금을 막론하고 신선하고 향기가 있으며, 우울한 기분도 치료해 준다. 더 나아가 결혼식 장면 사진은 잘 못 찍어도 잘 찍은 풍경 사진보다 나으며, 언제 보아도 가슴을 설레게 한다.

어제 다녔던 골목길들을 둘러보고 카페에 앉아 쉬기도 했다. 절벽 아래 물가에는 좋은 날씨 덕인지, 어제와 달리 많은 사람들이 즐기고 있다.

3.6

동화의 마을 알베로벨로(Alberobello)

폴리냐뇨에서 몇 가지 기념품을 구경만 하고 알베로벨로로 출발했다. 약 30분 정도 걸리는 거리인데, 차는 고속도로가 아닌 일반 시골길로 접어들었다. 사실 지금까지 이탈리아 여행에서 동해안인 아드리아 해변의 도로로 접어들기까지는 거의 고속도로를 이용했기 때문에 이곳 시골 풍경이 궁금하기도 했었다. 토스카나 지방의 발도르차에 갔을 때 몇 군데와, 돌로미티에서의 길들은 시골길이었지만. 시골길을 지나면서 농장을 많이 지나치는데 이곳은 유난히 올리브 농장이 많았다. 올리브 나무는 수명이 긴 것 같다. 아름드리 둥치에서 새순이 나오는 올리브 나무가 많았는데 어림잡아도 몇 백 년은 된 것 같다. 보통 과일나무도 수명이 있어 늙은 나무는 열매가 부실한 것이 일반인데 올리브는 그렇지 않은가 보다. 그러다 보니 올리브 고목들은 마치 분재처럼 보인다. 특이한 것은 차를 운전하면서 지나가는 넓은 농장들의 밭둑에 어제처럼 돌담으로 모든 구역이 구획되어 있고, 그렇게 쌓은 돌담은 아무렇게나 쌓은 것이 아니라 건물 쌓듯 반듯하게 해 놓았다. 제주의 돌담처럼 세월의 흔적도 보인다. 아마 이곳 초기에 경작지 조성 때 밭에 흩어진 것들을 주워 활용한 것으로 보인다. 알베로벨로는 독특한 형태의 돌집인 트룰로(Trullo)로 유명한 도시이다. 일부 사람들은 스머프 애니메이션에 나오는 집과 비슷하다

하여 스머프 집이라고 부르기도 한다. 이 같은 돌집의 유래는 소작인들이 세금을 피할 목적으로 징수원이 왔을 때 간단히 해체하여 감면받거나, 줄이려는 목적이었다고 한다. 알베로벨로에 가까워지자 간간이 돌로 된 고깔 모양의 트룰로가 보이기 시작한다.

이 트룰로는 특정 지역에만 허용하여 경계를 지어 건축한 것은 아닌가 보다. 알베로벨로와 떨어진 인근 지역에서도 밀집된 군락은 아니지만 가끔 눈에 띈다. 도착하여 공용 주차장에 주차하고, 트룰로가 밀집해 있는 곳으로 갔다.

리오네 몬티(Rione Monti)라는 비스듬한 언덕 위에 많은 트룰로들이 엉켜 있는데, 특이하게도 비슷한 개념은 없다. 크기도 다르고 모양도 다를 뿐 아니라 지붕 위에 그려진 기호나 문양도 제각각이다. 길가의 트룰로는 식당도 있고, 선물가게, 옷 가게 등 다양하여 내부를 볼 수도 있다. 관광객이 많이 몰려들어 오는 계절이라 인기 있는 트룰로 앞에서는 사진 찍기도 힘들어 사람들을 배경인 양하고 촬영하는 수밖에 없다. 돌집을 찬찬히 보았지만 이해가 안 되는 부분이 있었다. 어째서 큰 돌 뚜껑도 아니고 작은 돌조각으로 지붕을 덮었는데 이것들이 가운데로 함몰되지 않을까 하는 생각이 계속 맴돌았다. 생각으로는 접착제로 붙이지 않는 한 아래로 무너져야 한다. 그런데 의외로 간단한 것이었다. 2차원인 아치의 원리를 생각하면 작은 돌이라도 가루처럼 아래로 우수수 무너지지 않고 튼튼하게 견디는 원리다.

신기한 모습을 카메라에 담고, 카페에서 잠시 휴식을 취하면서 숙소와 메시지를 주고받았다. 그리고 숙소로 출발하려는데 일부 관광객들이 트룰로 지역 광장 건너편의 산타 루치아(Santa Lucia) 천주교 성당 앞에 모여 있는 것이 눈에 보였다. 우리도 그곳으로 올라가 보았다. 아내는 아마도 건너편의 리오네 몬티 지역에 있는 트룰로 지역 전체를 조망할 수 있는 것 같다고 했는데 사실이었다. 하마터면 여기까지 와서 멋진 풍경을 놓칠 뻔하였다. 구글 지도상에도 트룰리 파노라믹 뷰(Trulli Panoramic View)라고 안내되어 있다.

　주차장에서 숙소에 가려고 내비게이션을 설정했는데, 바로 코앞의 장소를 ZTL 구역을 통과하도록 안내하는데, 혹시나 우려하여 설정된 길이 아닌 금지구역을 피해 숙소로 왔다. 숙소는 역시 트룰로 숙소였는데 옆방이었고 우리는 일반 돌집으로 배정된 아쉬움이 있다. 하지만 트룰로에서 하루를 지낸 것과 다름은 없어서 신기한 체험이었다. 아내와 함께 저녁 식사 후 가볍게 숙소 근방을 둘러보았는데 트룰로 가옥들과 일반 돌집들이 있고 조용하고 깨끗한 주변이 마음에 들었다.

　대체적으로 평가하자면 이곳 이탈리아 남부 바리의 폴리냐뇨, 마테라 바위 거주지 사시지구와 알베로벨로의 트룰로 중, 알베로벨로에 점수를 더 주고 싶다. 이곳 알베로벨로에 오려면 마테라와 마찬가지로 필자처럼 렌터카를 이용하면 별문제 없지만 일반 자유 여행자라면 일단 바리 도착 후, 중앙역에서 사철을 이용하거나 버스를 이용해야 한다.

3.7

반도의 든든한 받침대 브린디시(Brindisi)/오트란토(Otranto)/산타마리아 디 레우카(santa Maria di Leuca)/타란토(Taranto)/빌라 산 지오바니(Villa San Giovanni)

이탈리아 지도는 흔히들 장화처럼 생겼다고 한다. 그런데 남부 반도 끝을 자세히 보면 장화라기보다는 여성들의 하이힐처럼 생겼다. 오늘은 브린디시(Brindisi), 레체(Lecce), 오트란토(Otranto), 산타 마리아 디 레우카(Santa Maria di Leuca)를 거쳐 타란토(Talanto)로 가는 말하자면 여성들 하이힐의 아래 굽을 어루만지며 지나가는 여정이다.

이른 아침에 출발하여 브린디시의 알폰시노 성을 눈앞에 둔 카페에서 상쾌한 아침의 커피를 즐기며, 아드리아해의 끝자락을 경유하고 있다. 요즘 날씨 패턴은 아침을 포함한 오전은 쨍하고 쾌청한 날이지만 오후 4시 이후에는 비가 오는 이상한 열대지방 기후 패턴을 보인다. 아침이라서 햇살을 굳이 피하지 않아도 되는 그런 날씨라 야외 자리에서 아침 햇살과 함께 마시는 커피 향은 잊기 힘든 기억이 될 것 같다. 그리고 보니 우리가 입으로 음미하는 모든 것은 여러 요인 중 분위기도 그 맛의 질을 좌우하는 하나의 요소가 된다는 것을 실감한다. 즉 눈도 혀 못지않게 맛을 알아차린다.

카페에서 커피를 마시고 알폰시노 성(Castello Alfonsino)으로 가려 했으나, 막 일어서려는데 갑자기 어두워지더니 비가 억수같이 내리기 시작했다. 차를 몰아 성으로 가려고 다리 위로 진입하여, 성을 바라보니 빗속에 희미한 실루엣만 보인다. 그래도 미련이 남아 다리 위에 세워 놓고 차 안에서 개이기를 기다렸다. 얼마가 지났지만 개일 기미가 보이지를 않아 아쉽지만, 성에 들어가는 것은 포기하고, 오늘 일정을 고려하여 다음 목적지인 레체와 오트란토로 향했다.

오트란토에는 푼타 팔라스치아(Punta Palascia) 등대가 있는데 군부대

의 언덕 아래쪽에 있다. 이곳도 많지는 않지만, 토요일인 오늘 자진기를 타는 사람들과 산책하는 지역민이 보인다. 이곳에 작은 이동식 카페가 입구에 있는 것으로 보아 사람들이 제법 오는 모양이다. 절벽 아래쪽에 있는 등대를 가기 위해 S자로 난 경사로를 내려갔다. 다른 곳의 등대는 보통 언덕 위에 세워서 멀리에서도 볼 수 있도록 하는데, 이곳 등대는 절벽 아래에 있어 이해가 안 되었지만, 필자가 모르는 그럴 만한 이유가 있었겠다고 생각했다. 등대에서 절벽 위로 되돌아 나와 이동식 카페 인근의 벤치에서 점심 식사하고, 다음 목적지인 지도상에서 하이힐의 뾰족한 부분인 푼타 멜리소(Punta Meliso)와 푼타 리스토라(Punta Ristola)를 향했다.

푼타 멜리소의 지오바니 23세 광장에는 성모 마리아상이 산타마리아 디 레우카 등대 높이만큼의 원주 기둥 위에 세워져 있다. 푼타 멜리소 광장 한쪽에는 성모 수태고지 성당이 있어 들어가 묵상하고 휴식을 취했다. 이런 오지 같은 외지 이탈리아 남부 지역의 하이라이트 지역인 마테라, 알베로벨로, 폴리냐뇨아 마레와는 다르게 단체 관광객이나 인파가 몰려드는 지역이 아닌 모양이다. 가끔 지역 주민으로 보이는 사람들과 동호인인 듯한 자전거 탄 사람의 무리만 눈에 띈다. 얼핏 보아도 외지에서 온 듯한 사람은 필자 부부뿐이다. 이제부터는 반도의 동해안을 90도 돌아 남쪽으로 열려 있는 바다로 나왔으니, 아드리아해가 아니고 앞 바다는 이오니아해가 된다.

 오늘은 이곳을 거쳐, 이오니아해의 쑥 들어간 만 내부의 타란토까지 가서 숙박한다. 타란토는 고대 그리스인 중 스파르타가 세운 도시로서 근대에는 이탈리아 해군 기지로 유명한 도시이다. 그러나 이번 여정에서는 하룻밤 묵어만 가는 도시이다.

✳ ✳ ✳

 타란토를 출발하여 시칠리아로 가기 위해 메시나 해협이 있는 빌라 산 지오바니로 출발했다. 이곳은 이탈리아반도에서 배로 메시나 해협을 건너 시칠리아로 가는 항구 도시인데 빌라 산 지오바니란 지명은 특이하다. 우리말로 하면 성 요한의 마을이다.

고속도로로 4시간 넘게 운전해야 하는 긴 거리인데 실제로는 오전 9시에 출발하여, 오후 5시에 도착하였으니 거의 두 배 걸린 셈이다. 고속도로 주변의 풍광은 우리네 평범한 농촌 풍경과 닮아서 친근감이 있다. 다만 타란토 주변은 비가 적은 지역처럼 보인다. 제주도에서 보았던 백년초를 달고 있는 손바닥선인장들이 자주 눈에 보이고, 종려나무 등 마치 남쪽 지방 같은 나무들이 보인다. 이곳의 위도는 서울보다 북쪽인 북위 40도 위치인데도 지중해의 영향인 듯하다. 며칠 전부터 오전 쾌청, 오후에 폭우가 내린다.

　9월 중하순에 접어들면서 이곳도 가을을 재촉하는 강우인가 보다. 낮에는 기온이 높고 습도가 낮아 걸어서 다닐 때는 반드시 모자, 선크림, 선글라스가 필수이다. 하지만 밤이 되면 기온이 뚝 떨어져 여행자들은 이에 대비해야 한다. 이탈리아 북부 지방을 다닐 때는 모든 고속도로가 유료였는데, 타란토에서 산 지오바니로 가는 길은 무료인 것이 이상하다. 고속도로 휴게소들도 규모가 중북부 고속도로 규모보다 훨씬 작다. 이곳에서도 단체 관광객들이 전세 버스에서 내려 휴식을 취하는 모습이 아주 드물게 보인다. 참고로 고속도로 주유소의 기름값은 일반 주유소 가격에 비해 5~10% 비싼 듯하다. 이곳 이탈리아의 기름 가격은 한국보다 높다. 현재 한국에서 휘발유 기준 리터당 1620원이고, 이곳 E5 휘발유 기준 가격이 2680원(리터당 1.8유로, 환율 1490원 기준)으로 약 1.7배 비싸다.

　빌라 산 지오바니는 시칠리아로 가는 페리 항이 있는 곳으로 메시나 해협을 건너면 메시나에 도착한다. 그런데 페리를 타기 위한 티켓은 마치 시내버스 티켓처럼 타고 내리는 항구 구분 없고, 승선 시간이라는 것도 아예 없다.

3.8

지중해의 보석 나폴리(Napoli)/포시타노(Positano)/아말피(Amalfi)/소렌토(Sorrento)

　이탈리아 여행을 계획하면서 하고 싶은 것 중에, 배로 나폴리(Napoli) 항을 새벽에 입항하는 것이었다. 잘 알려진 이야기지만 미항 선정 기준은 선원들이 항구에 들어올 때 기준이라 하니, 육지에서 보는 아름다움의 기준이 아니라는 것인 점을 고려한 것이다. 그래서 시칠리아의 팔레르모에서 어제 오후 8시 출항하여 오늘 새벽 6:30에 도착하는 페리에 승선했다. 설레는 마음으로 잠든 사이에 입항해 하선을 시작할까 봐, 새벽부터 깨여 뱃머리 좌석에서 컴컴한 전방을 살펴보았다. 새벽 5:30에 선내 방송으로 1시간가량 늦어져 오전 7:30에 도착한다고 알려 준다. 오전 6:00가 되자 멀리 항구의 불빛이 보이는 가운데, 동쪽 산 정상은 회색의 구름 모자를 쓰고, 산자락은 후광처럼 점차 진홍색으로 물들기 시작한다. 사진을 찍어

보지만 유리창 너머로 찍히는 광경은 실내 등불 빛이 반사되어 썩 만족스럽지 못했다. 소문대로 항구는 아름다웠지만 카메라에 잘 담아내지 못한 아쉬움은 남았다. 모든 것이 다 만족스러울 수는 없다고 스스로 위로하며 하선 준비를 했다.

그런데 1시간 늦게 도착한다는 방송은 당황스러운 내용이다. 여행 계획을 마치고 한국에서 출발할 때 나폴리, 소렌토(Sorrento), 포지타노(Positano), 아말피(Amalfi) 등 1일 현지 패키지 관광을 예약하고 왔다. 나폴리와 소렌토에서 유명한 폼페이 유적과 베수비오 화산은 패키지 투어에 포함하지 않았다. 지난 몇 년 동안 몇 번의 패키지 투어 경험을 했기 때문이다.

나폴리항 여객 터미널에서 가이드를 만나는 시각은 오전 8:00인데 공교롭게도 가이드로부터 10분 당겨 오전 7:50까지 도착하라는 일방적인 이메일을 받은 상태이다. 사실 페리만 연착하지 않고 제시간에 도착했다면 10분쯤 당겨져도 큰 문제는 없다. 그런데 지금 상황은 녹록지 않다. 오전 7:30에 도착하여 차를 가지고 하선하려면 오전 8:00를 훌쩍 넘길 것은 뻔하고, 또 가져온 차를 주차하고 만남의 장소까지 가려면 뛰어도 10분 이상 걸리는 상황이다. 그렇게 해서 도착한다면 오전 8:30은 넘어야 한다. 구글 지도상에서 배에서 내려 주차장까지 내비게이션 경로를 확인해 보니, 구불구불 안내한다. 어쩔 수 없는 상황이라 운에 맡기기로 하고 체념했다. 배에서 차를 몰고 구불거리는 선착장을 빠져나오다 약속 장소인 여객터미널 방향을 바라보니 직선으로 뚫린 좁은 차도가 보이길래 워낙 급한 상황이라 차를 몰아갔다. 바로 집합 장소에 걸어 3분 거리의 흰색으로 구획된 무료 주차장이 나와, 급히 주차 후 모임 장소에 도착해 가이드를 만나고 가까스로 투어 버스를 탔다. 등에서 식은땀은 났으나 해피 엔딩이니 안도의 숨을 쉬었다.

일행은 17명으로 20인승 소형 버스로 인상이 좋아 보이는 기사와 동행한다. 버스는 나폴리에서 출발하여 소렌토로 가는 길로 접어들었는데 월요일 아침이라 그런지 무척 밀렸다. 투어 차량에 탑승하면서 앞으로 길이 험하므로 우리 차가 돌아올 때까지 무사하기만 바랐다. 소렌토에서 포지타노, 아말피로 이어지는 도로는 그동안 숱한 이탈리아의 헤어핀 도로보다는 정도가 심하지는 않았지만, 한쪽이 바다 쪽 절벽 낭떠러지이니, 더 위협적일 수 있다.

　세상에 모든 것들은 변하기 마련인데, 그중 사람의 마음이 으뜸인 것 같다. 상황은 예전보다 나아졌지만, 기대치가 높으면 만족도가 떨어지는 것에 그치지 않고 실망하게 된다. 소렌토에 와서 첫 느낌이 몇 년 전에 왔을 때보다 못하다는 생각이 든다. 사람과 차가 많아진 것은 그렇다 하더라도 빛이 사라진 느낌이다. 당시의 짙푸른 바다와 반짝이던 물결, 가파른 언덕에 어울려 색깔 있는 집들은 햇살에 반짝였다. 생각을 고쳐먹고 코로나로 인한 어려웠던 지난 몇 년간을 생각해 보니, 마음이 푸근해지고 컬러풀한 언덕이 다시금 아름다워 보인다. 소렌토의 주차장에서 내려 가이드는 종류가 다양한 선물 가게들이 밀집한 골목으로 우리를 안내하였다. 가이드인 나디아는 연신 리몬첼로, 리몬샤베를 말하는데, 이 고장의 자랑거리가 레몬 제품이기 때문이다. 아울러 모차렐라 치즈와 피자 등이라고 몇 번을 반복하면서, 물건을 사려면 소렌토에서 살 것을 충고한다. 아말피와 포지타노는 비싸다는 것이다.

골목에는 관광객으로 붐벼 가이드를 좇아 따라다니기가 벅차다. 선물가게에 있는 레몬 술인 리몬첼로, 초콜릿, 스카프, 모자, 가죽제품, 앙증맞게 생긴 소품과 도자기 제품들이 저마다 주인을 기다리고 있다. 선물 가게들 틈을 지나, 빌라 꼬무날레에(Villa Comunale) 도착해 아침에 늦은 바람에 부실했던 아침 식사를 간단히 보충하였다. 많은 사람들 틈 속에서 사진 찍을 대상을 찾아보았으나 딱히 대상을 찾지 못해 절벽 아래의 파라솔만 찍었다.

3장 아드리아해/남부 지역

포지타노의 관광 포인트는 알록달록 산비탈에 있는 집들을 바라보는 일 일 것이다. 사람들이 많이 가는 곳보다는 찻길로 올라가다 보면 입장료를 받는 조그만 공간이 있는데 입장료 내지 말고 잠깐 사진 찍거나, 좌측으로 조금씩 이동해 가면서 사진을 찍으면 만족할 만한 것을 만들 수 있다.

　사진을 찍다 보면 햇빛의 상황에 따라 다를 수 있고, 계절별, 또한 각 집의 페인트칠한 시간의 경과에 따라 달라지는 것 같다. 확실한 것은 내가 찍은 사진과 이곳 사람들이 관광객을 대상으로 상품을 만들어 파는 사진과는 색의 차이가 많이 난다. 세월이 갔어도 포지타노 아말피의 반짝이는 지중해 물결이 변하지는 않았겠지만, 사람의 느낌이 다른 것은 무엇인가 바뀐 것이다.

　가이드의 인솔하에 단체로 먹는 점심 식당은 언덕의 경사면에 경치가 좋은 곳인데, 보통 보아 온 패키지여행 전문 식당이다. 일행이 한꺼번에 왔다가 비슷한 메뉴로 먹고 나간다. 그런데 식당의 위치가 좋아 주변 경치가 음식 가치보다 훨씬 높은 것 같다.

　아말피의 중앙 광장은 금싸라기 땅이다, 조그만 광장이 사람들의 만남의 장소도 하고, 차량이 대기하고 하차하는 장소이고 공용 버스의 정류장이고 피곤한 여행자가 한 켠 그늘에서 쉬어 가는 장소이다. 다목적에 드물게 보는 작은 규모의 광장이라서 사람의 밀집도가 굉장하다.

조그만 광장에서 안쪽으로 들어가면 마치 도자기를 구워서 만든 큐폴라가 이채로운 아말피 대성당이 나온다. 로마네스크와 바로크, 비잔틴 양식이 혼재된 전면은 갈색과 짙은 회색을 교대로 무늬를 만든 것이 아름답다.

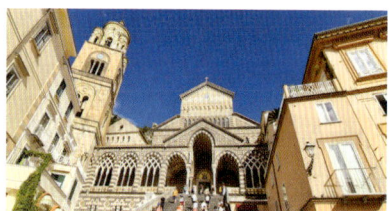 

　본당으로 들어가려면 좌우의 소성당 기도실을 통해야 하는데 천장의 구조가 목재로 된 트러스 구조인 것이 다른 곳과 구별된다. 소성당 천장의 프레스코화는 화려하고, 중앙 회랑 쪽은 좌우는 흰색으로 기하학무늬만 있다. 역시 비잔틴의 영향이 남아 있다. 본당 내부의 중앙 회랑은 널찍하고 돔이 있는 부분을 프레스코화로 채워져 있지만, 그 이후 입구까지는 평평하다. 다른 성당이 돔 구조거나 반구형인데, 이곳은 회랑 기둥들이 지지하는 천장이 평평하여 특이하다. 보이지는 않지만, 열주 사이의 중앙 회랑의 폭이 넓지 않은 것으로 미루어 보아, 세로로 늘어선 열주의 기둥 사이를, 보를 이용하여 가로지른 구조로 추측된다.

　투어 출발 지점인 나폴리로 돌아가는 길 역시 베수비오산자락을 끼고 가는 경로로 가기에 멋진 풍경을 더 맛보았다. 피곤했지만 어쩔 수 없이 차를 픽업하러 나폴리로 가서 소렌토의 숙소로 돌아와야 한다.

3.9

여행자의 사랑 카프리(Capri)

　카프리(Capri) 섬 역시 이 지역의 전문 패키지 투어를 통해서 둘러보는 것으로 했다. 몇 년 전 패키지로 왔을 때 옵션이었는데 당시는 맘에 들지 않아 선택하지 않았었다. 당시 아내가 섭섭해하던 눈빛을 지금도 잊지 않고 있다. 아마도 다시 이곳에 올 것을 기약하고 좀 더 자유시간을 즐기고 싶어서 그랬던 것으로 기억한다.

미팅 시간이 오전 7:40이라서 평소보다 더 서둘렀는데 아내는 잠이 아쉬운지 불평을 조금 한다. 숙소에서 20분 정도 걸어서 언덕길을 내려가 파로 호텔 앞 소렌토 부두에 도착했다. 투어 관계자가 티켓을 나누어 주면서, 주의 사항과 오늘 일정을 대략 브리핑하고 승선한 후 출발하여, 카프리 섬까지는 약 25분 걸렸다.

　사실 필자가 특별하게 카프리섬에 관심을 갖는 것은 흥미로운 역사적 사실 때문이다. 로마는 공화정을 폐하고 초대 황제 아우구스투스(옥타비아누스)로부터 시작된 제정 이후 로마의 융성기가 시작된다. 티베리우스는 초대 황제의 양아들로서 황제직을 물려받았으나 말년에 이곳 카프리 섬에 머물며, 이곳에서 중요한 결정만 하고 나머지는 실무 담당자에게 권한을 위임하여 행하도록 했다. 현명한 조치였지만 독재적이고 잔혹한 정치를 했다고 알려져 있다. 로마에서 멀리 떨어진 이곳 카프리섬으로 와 물리적인 거리를 두었지만, 현명한 정치를 했다고 보기는 어렵다. 짐작건대, 당시 문서를 전달하던 전령들이 매일 교대로 드나들었을 것이다. 티베리우스 황제가 머물던 궁터는 섬의 북동쪽 절벽에 가까운 빌라 요비스(Villa Jovis)로 이곳에 가려면 적어도 4~5시간의 여유가 필요하다. 카프리 시에서 걸어서 1시간 걸리니 왕복으로 하고 우리 걸음으로는 2배 걸리는 점을 고려해야 한다.

　카프리에 도착해 역시 이곳의 교통수단인 미니버스에 탑승하여 제일 먼저 아나카프리를 거쳐 블루 그로토를 갔다. 필자가 예상했던 블루 그로토는 넓고 깊은 동굴이 안쪽에 넓은 공간으로 된 바다 동굴로 생각했었다. 상상과 잘못된 인식의 결과인데 실제는 뚜껑으로 덮인 프라이팬 같은 공간인데 그곳을 드나드는 출입구는 폭이 1.5미터 내외 높이 1미터 내외의 공간이 있어 그 구멍으로 드나드는데 안으로 들어가면 자연히 암흑이다. 사진도 안 나온다. 그런데 입구 쪽을 바라보면 오묘한 푸른 빛이 보인다. 블루다! 이것이 블루 그로토인데 아무도 그걸 이야기 안 해 준다. 왜냐하면 알게 되면 안 갈 수도 있겠다 싶어서다. 하지만 여행은 과장보다는 사실이 중요하다.

　블루 그로토를 나와 다시 아나카프리(Anacapri)로 왔다. 일정상 여기를 먼저 들르는 것이 순서였다. 아나카프리에서 다음 일정은 몬테 솔라로(Monte Solaro)에 올라가는 것인데, 관광객들이 줄을 길게 서 있다. 우리 가이드 용기백배하고 친구 동원 능력이 있는지, 몬테 솔라로에 올라가는 체어리프트를 줄 안 서고 새치기하려는 듯했으나 원점으로 돌아가, 남들처럼 줄 서서 기다렸다가 올라갔다.

  리프트를 타고 산 정상으로 올라가는 거리는 생각보다 길었다. 이런 시설을 하게 되면 환경에 대해 우리보다 민감한 이들이 어떻게 버젓이 이런 설비를 했는지 경이롭다. 국내의 몇몇 산의 케이블카도 곧 설치되어 많은 사람들에게 편의를 제공하기를 기대해 본다. 편안히 앉아서 바라보는 카프리의 풍경은 이제껏 생각해 왔던 푸른 지중해와 파란 대문, 하얀 건물 등 상상의 세계가 현실에서 펼쳐진다.

  올라가 처음 만난 사람은 한국에서 온 모녀 자유 여행자인데, 보기 좋았다. 우리는 몬테 솔라로 정상에서 커피와 맥주 그리고 간단한 점심 식사했다. 점심은 산 아래 아나카프리에서 하려 했는데, 아내가 블루 그로토의 배에서 내릴 때 발을 완전히 적시어, 산 정상의 식당에서 차분히 운동화 양말 등을 정리했다. 결과적으로는 아내가 음식과 뒤처리 시간을 가진 것에 만족해했다. 같은 여정을 가다 보면 관심사가 서로 다르고, 느낌이 다르기 때문에 나의 것과 다를 때는, 많은 사람이 그렇겠지만, 의욕이 저하되곤 한다. 그런 일이 있을 때마다 다름을 인정하기로 굳게 다짐했건만 잘 안 될 때도 있다.

 몬테 솔라로는 해발 589미터로 섬의 제일 높은 곳이라, 겨울철 스키도 탈 수 있다고 한다. 정상은 소렌토 지역과 폼페이, 그리고 아말피 지역까지 볼 수 있는 장소이고, 여유로운 시간이 있다면 분주하게 다니지 않고 음미하는 시간을 갖기에 좋은 장소이니, 즐겨보자. 아마도 그 옛날 티베리우스 황제도 그런 생각을 하지 않았을까? 그의 사후에 폼페이시와 주변의 로마 귀족들의 주거를 순식간에 삼켜버린 베수비오스 화산의 구름 모자를 보면서 그런 생각을 하지 않았을까?

체어리프트를 타고 내려오면서 정면으로 보이는 아나 카프리 시내의 하얀색 주택과 푸른 지중해가 어울려 연출하는 풍경화를 카메라에 담고 내려왔다. 몬테 솔라로는 정상에서 보는 경치도 일품이지만 체어리프트를 타고 올라가고 내려올 때 보이는 풍경도 압권이다. 지중해의 푸른 빛과 파란 하늘, 녹색의 초목, 하얀 건물들이 촘촘히 박힌 가운데 성당의 돔은 전형적인 아름다운 지중해 풍경이다. 산 중턱에는 우리네 풍경처럼 가을 햇빛에 밤송이가 빛난다. 미니버스는 제한된 공간만 허용하는 좁은 카프리섬에서 어디서 나타났는지 우리를 싣고 아나카프리에서 카프리 시내로 좁은 길을 잘도 다닌다. 카프리 시는 골목마다 아름답고 화려한 호텔들이 즐비하고, 부띠크 그리고 명품 가게들이 옥수수 알맹이처럼 촘촘히 들어 있어, 할 수 있는 공간을 억지로 낸 느낌이 있다.

3장 아드리아해/남부 지역　　**359**

　중간에 카페가 자리 잡고 있어 그나마 명품 거리의 숨구멍 역할을 한다. 길은 이어져 바다가 보이는 오솔길을 걷다 보니 산책 나온 반려견들이 물을 마실 수 있도록 강아지 바(Dog Bar)도 누군가 설치해 놓았다. 가이드 말에 의하면 이곳 카프리의 물가는 비싼 편이라 한다. 더욱이 아말피, 포지타노, 소렌토 중 그래도 물가가 저렴한 곳은 소렌토라고 알려 준다. 가이드의 인솔로 몇 군데 둘러보고 자유시간 후, 소렌토행 페리에 탑승하고 숙소로 돌아왔다.

　숙소로 오는 도중 사람도 걸어가기 힘든 위험한 도로에서 주인이 없는 듯한 옅은 갈색의 커다란 개를 만났다. 마치 양반걸음으로 차를 피해 사람처럼 인도로 간주하는 좁은 길가 쪽으로 느긋하게 천천히 걸어가는데, 사실 아침에 우리가 페리를 타러 갈 때도 우리와 같은 방향으로 숙소에서부터 내려왔었다. 우리는 걱정이 되어 개를 데려가서 주인에게 넘겨주고 싶었다. 왜냐하면, 개가 기본적으로 인도 구분이 없는 차가 빈번히 다니는 찻길을 사람처럼 걸어가니 언제 사고가 날지 모르는 위험한 상황이었기 때문이다. 그런데 그건 기우였다. 숙소에 도착하여 사진을 보여 주었더니 개의 주인은 언덕 위 식당이라 하고, 매일 그렇게 개 혼자서 위험한 찻길을 산책한다고 한다.

3.10

평화로운 휴양지 소렌토(Sorrento)

　이제는 소렌토의 여행 마무리할 시간이라 소렌토에서 특별한 목적지 없이 시내 골목을 어슬렁거릴 계획이다. 소렌토는 나폴리 남쪽의 지형이 툭 튀어나온 곳에 있는 도시라서 경사지고 좁은 땅 위에 옹기종기 모여 산다. 소렌토 자체는 유네스코 세계문화유산은 아니지만 인근의 아말피 해변은 해안을 따라 절벽 위에 조성된 도시가 유네스코 세계문화유산으로 지정된 곳이다. 따라서 아름답기로 유명한 아말피, 포지타노 지역 중심도시 역할과 지역 여행의 기착지면서 베이스캠프 역할을 한다고 볼 수 있다.

　상주인구는 16,000명으로 다른 두 도시의 합보다 많으며, 카프리섬을 가기 위한 기착지이다. 워낙 좁은 곳에 있다 보니, 인도가 없는 도로가 태반이고 혹 있더라도 흰 페인트로 차도와 구분해 놓았지만 익숙하지 않은 외지인들은 큰 위협을 느낀다. 이곳에서 외지인 관광객이 많이 찾는 곳은 코르소 이탈리아 거리와 연결된 상가 골목인 체사레오(Cesareo) 거리이다. 거의 모든 이탈리아 상가가 특징적으로 비슷하지만, 이 거리에는 좁은 매장 입구에 비해 매장 안에 들어가면 널찍하다. 이 거리에서는 특징적인 상품이 리몬첼로인데 레몬 술로 30도 정도의 달콤한, 호불호가 있는 술이니 조심해야 한다. 우리로 따지면 과실주에 해당하는데 우리 전통 과실주보다는 알코올 도수가 높다. 시음만 하고 사지 않아도 되니까

'Testing?' 하고 끝을 살짝 올리면 '씨(Si)'라고 할 것이다. 맛을 보고 구매할 것을 권한다. 그 외 소렌토 지역의 주 특산물인 레몬을 테마로 한 상품들이 많다. 캔디, 앞치마 테이블보, 의류, 그릇, 도자기 등 온통 노란색의 레몬을 주제로 한 제품들 일색이다. 가죽 제품과 초콜릿 상품들도 골목 안에 있는데 특히 초콜릿은 시식할 수 있다. 당이 부족한 사람들은 들려서 사지 않고, 시식만 해도 된다. 가게 이름은 니노 앤 프렌즈(Nino & friends)이다.

골목길을 두루 다니며 이곳 골목 풍경이 독특하다. 다른 곳의 골목들은 조금 지저분하다는 느낌을 주는 곳이 있었지만, 소렌토는 그런 느낌이 덜하다. 아마도 바닷가이고 암반 위에 세워진 도시라서 그런 것 같다. 그리고 이곳의 특징 중의 하나는 조그만 빈 땅만 있으면 모두 레몬 나무로 채워져 있다. 이탈리아의 대부분 지역에서, 빈 땅에는 거의 올리브와 포도나무가 심겨 있는 것과 대조된다. 기후나 기타 토양 조건이 맞는 것 같다. 이곳의 토양은 아마도 베수비오 화산 덕에 석회석이 많이 포함되지 않았나 추정하지만 필자는 이 분야 전문가가 아니라 짐작만 할 뿐이다.

필자가 소렌토에 온 것은 처음은 아니다. 몇 년 전 아내와 함께 여행이라는 단어가 생소할 때 단체 관광으로 왔었다. 그래서 그 당시 기억을 더듬어 커피를 마셨던 카페를 찾으려고 했지만 거의 9년 가까이 된 일이라 기억이 가물거려 찾지 못했다. 이곳저곳 다녀보았지만, 여행 중에는 찾지 못했고, 돌아와 당시 사진을 찾아보니 빌라 코무날레로 밝혀졌다. 당시에는 아마 이곳이 변했을 가능성도 있다고 생각했었다. 섭섭한 마음을 뒤로하고 식사 후 다시 골목길과 코르소 이탈리아 가(Via Corso Italia) 주변과 빌라 꼬뮤날레(Villa Comunale) 지역을 둘러보았다. 빌라 꼬뮤날레는 이곳 패키지투어 오는 사람들의 필수 코스인 듯 모두 이곳을 경유한다. 이곳 입구에서 한국말이 들리기에 돌아보았더니 한국인 가이드를 따라 한국인들이 졸졸 따라간다. 이곳을 들리는 이유가 몇 가지 있는 것 같다. 이곳에서 절벽 아래 바다를 조망할 수 있고. 절벽 경사가 많은 소렌토에서는 비교적 널찍하다. 타소(Tasso) 광장을 중심으로 한 코르소 이탈리아 가는 소렌토에서 가장 사람이 많이 모이는 장소이고 주변에 식당과 선물가게 골목 입구가 있어 늘 사람들로 붐빈다. 이탈리아에 여행을 다닐 때 소매치기 같은 경범 사고가 예전에는 더러 있었는데, 필자의 이번 여행에서는 베네치아에서 한 번의 사고가 있었을 뿐, 안전에 큰 문제는 없었다. 아마도 정부의 단속이나, 강력한 처벌 등으로 범죄율이 낮아진 것이 아닌가 추측된다. 로마에서는 어떨지 궁금하다.

4장
로마, 영원의 시간 속으로

이번 여행의 이탈리아의 첫 기착지이자 마지막 여행지인 로마로 가는 날이다. 3,000년의 세월 속에 서양 역사와 문화를 주도해 온 거인 같은 도시를 앞두고 생각이 깊어진다. 100일 이상을 머물러 심도 있는 여행을 할 수 있었다는 내용을 어느 책에서 본 것이 기억나고, 고작 일주일을 머무르며 일정을 소화할 자신이 없어 한국에서 예약한 바티칸 투어와 옴니아 카드, 현지 가이드 투어 등도 있지만 여전히 거인 앞에 움츠러들기는 마찬가지다.

로마도 예외 없이 여행지에 관한 정보는 항상 모자람을 느낀다. 모자라는 정도가 아니라 인터넷이나 책자에서 얻은 것이 고작이고, 그것도 다 보지 못한다. 세계 어느 여행지나 다 마찬가지겠지만 특히 로마는 고대 역사와 이에 따른 문화, 유물들이 많기 때문에 여행자 스스로 감당하기에는 벅차 해결책이 필요하다. 로마는 바티칸 시국과 로마의 역사 지구를 포함하여 거의 시 전체가 유네스코 세계문화유산으로 지정된 셈이다. 우리 식으로 생각하면, 종묘와 창덕궁, 조선왕릉 등 단품 지정의 이런 차원이 아닌 서울시 전체이기 때문에 이에 대한 이해를 먼저 해야 한다. 로마시에만 성당의 개수가 900~1,000곳 된다고 하니, 그 규모는 짐작하기 힘들다. 성당을 비롯하여, 대중에게 잘 알려진 명소 이외에 어느 곳을 선택할지, 내부를 관람해야 할지 등은 시간 제약과 이동 거리를 고려하여 입체적으로 생각해 놓지 않으면 우왕좌왕하게 마련이다. 패키지투어를 하면 편하고 설명까지 자세히 들을 수 있으나, 나만의 시간을 갖기 어렵고, 듬성듬성이라 한두 번의 여행 후 부족함을 느끼는 순간이 존재한다. 그러므로 적당히 섞어 모자라는 부분을 보완하는 방법도 시도해 볼 만하다.

소렌토에서 로마로 가는 길은 20년 전에도 같은 길을 승용차로 가 본 경험은 있지만 기억나는 것이 하나도 없다. 고속도로를 달릴 때, 오른쪽은 아펜니노산맥을 이루는 산으로 추정되는 산들이 연달아 보이고, 왼쪽은 지중해의 티레니아해 방향이다. A1과 E45 고속도로를 이용했는데, 고속도로는 대체로 도로 면이 주변보다 약간 낮아 승용차를 탄 여행자가 넓은 시야로 풍경을 즐기기는 어렵다. 로마제국 시절 로마를 기점으로 가도의 여왕이라 불리던 아피아 가도와 비슷한 방향으로 뚫려 있지만, 고대의 가도 루트와 정확하게 일치하지는 않는다.

오늘 로마에 도착하면 숙소 체크인하고 차를 반납할 예정이다. 이탈리아 로마공항에서 픽업하여 60여 일간 차량으로 이동하며, 이탈리아 여행

지들을 두루 돌아다녔지만, 이탈리아를 전체를 돌아보았다고 말할 수는 없다. 여행 기간이 60일이 넘지만, 우리나라의 3배 정도 크니까 상상해 보면 이해가 될 것이다. 우리가 서울서 수원, 천안, 대전, 전주, 광주, 목포, 제주, 부산, 울산, 대구, 경주, 울릉도, 강릉, 속초, 판문점 등 주요 도시들을 둘러보았다 하더라도 대한민국을 다 보았다고 말하기 어려운 것과 같은 개념이다. 이번 이탈리아 여행에서 렌터카로 이동한 총거리는 약 8,000km 된다. 실제로는 거리보다, 고속도로를 벗어난 지방도로와 산악 마을을 달리거나 절벽 지역을 운전할 때의 어려움이 기억된다. 끝없이 이어지는 좁고 구불거리는 헤어핀 도로와 아말피 도로, 좁은 길로 교행하는 소렌토의 아슬아슬한 길, 돌로미티의 길들은 두고두고 생각 날 것이다. 이러한 길을 고속으로 질주하는 이탈리아 현지 운전자의 스쿠터, 자전거, 오토바이 등 다양한 것이 도로 이곳저곳에서 얼굴을 내밀어 당황한 적이 여러 번 있었다. 진땀 나게 하는 역주행을 할 뻔한 적도 있었고, 주차 벌금을 내는 과정을 몰라 경찰서를 방문하고 도움을 받은 적도 있다. 이런 일들이 단순하게 필자가 이탈리아 말을 몰라 벌어지는 일이라고 생각지 않는다. 문화 차이와 익숙하지 않은 환경에 빠져 있는 상황에서 누구나 있을 수 있는 일이고, 이것이 여행의 본질이고, 벌써 추억거리가 되었다. 그리고 그런 일이 벌어지는 뒷면에는 서두름이란 양념이 가미되어 있다. 서두름은 여러 가지 나쁜 일들의 시발점이 되지만, 빡빡한 일정보다는 개인 성격 탓이다. 그러나 이것으로 인하여 기가 꺾여 여행에 관한 부정적 이미지 들어올 여지는 없다. 이런 것들은 여행 중 맛을 내는 양념이다.

숙소에 체크인하기 전에 차가 없으면 이동이 불편하고, 체크인 후 렌터카를 반납해야 하므로, 성베드로 성당 앞쪽에 있는 ORP(Opera Romana Pellegrinaggi-Omnia Collection Point) 사무실에 먼저 들러, 옴니아 카드를 수령했다. 그곳 직원인 중년 부인이 카드 사용법, 바티칸 박물관 시스티나 성당 입장, 성 베드로 입장 등 설명을 친절히 해 주었다. 로마의 옴니아 카드는 대중교통, 주요 관광지 입장, 투어버스를 일정 기간 이용할 수 있는 선불카드인데, 웹사이트를 통해서 한국에서 구매했다. 이곳으로 숙소에 체크인하기 전에 차를 과감하게 몰고 들어왔는데 어쩔 수 없는 선택이었다. 성 베드로 대성당 광장과 인접한 이곳으로 차를 가지고 오지 않는 편이 좋은데 다행히 빈 공간이 있어 아내에게 잠시 맡기고, 일을 볼 수 있었다. 사무실로 걸어가는 도중 대성당의 돔이 얼핏 보이고 수많은 인파가 새어 나오고 있는 광경이 보였다.

숙소 체크인은 늘 긴장되지만, 렌터카를 반납하기 위해 모든 짐들을 숙소에 내려놓고 공항의 렌터카 반납 장소를 정확하게 찾아가야 한다. 숙소에 여행 보따리를 옮기는데 많은 양의 짐들이 쏟아져 나와 놀랐다. 필자가 여행을 다니면서 보통 물건을 사지 않는다. 그날그날의 소비하는 물건 외에 아주 가볍거나, 부피가 작은 기념품 정도 사는 것이 고작이다. 이를 운반해야 하는 문제가 있기 때문이다. 이런 점에서 아내와 의견이 달라 가끔 충돌한다. 여행의 본질에 대한 이해하는 각도가 다르기 때문인데, 아내는 물건을 사는 것도 여행이라 이해하고 있다.

기름을 가득 채우고 렌터카 반납 과정은 순조로웠으나, 공항에서 반납할 장소를 찾는 데 문제가 생겨, 시간이 지체되었다. 공항 맞은편 편의시설 건물들은 여러 동이 있는데, 그중 B동이란 것은 알았지만 입구를 찾지 못해 애를 먹었다. 오늘 저녁 별도의 일정으로 로마에 여행 온, 연세가 70 후반의 누님과 조카를 숙소에서 만나 식사하기로 약속했기에 시간에 맞추어 반납해야만 했다. 여유가 별로 없어, 서둘러 택시를 타고 숙소로 돌아왔다.

한국에 있을 때 만나기가 좀처럼 쉽지 않은데, 이곳에서 쉽게 만날 수 있는 것이 신기했다. 숙소에서 한국식 메뉴를 조촐하게 차려, 며칠 안 된 이탈리아 여행에서 한식이 벌써 그리운 누님 식구와 여행 중 있었던 이야기를 나누며 시간을 보냈다.

* * *

평소와 다른 일이 생길 때, 비슷한 종류가 연속으로 일어나는 경우도 종종 있다. 오늘 바티칸 시티 투어를 하는 날이다. 필자는 한국에서 옴니아

카드를 구매해서 왔고, 어제 패스(투어버스와, 교통카드 72시간 유효) 실물 카드를 수령했다. 그리고 시스티나 성당과 박물관 한 패키지, 성베드로 성당 오디오가이드(한국어 기능) 총 4개의 영역을 포함하여 구매했다. 하지만 어떻게 작동하고 어떻게 해야 하는지는 몰랐다. 어제 실물 카드 수령 시 이메일을 잘 보존하고, 체크하라는 당부를 했는데, 입구에서 그 이유를 알았다. 한국에서 옴니아 카드를 구매하면, 반드시 여러 개의 이메일이 오는데, 그중의 하나라도 지우면 안 된다. 필자는 이메일 정리 과정에서 입장에 필요한 바코드가 있는 이메일을 관리하지 못한 것 같다. 하지만 다행히 대금 지급한 내용으로 온 이메일을 인쇄해서 가져온 덕에 무난히 제시간에 입장할 수 있었다.

　박물관에 본격적으로 입장하기 전에 거의 모든 사람이 정원을 들린다. 솔방울 가든이라 하는 곳과 두 군데의 정원이 있는데, 시스티나성당의 그림 최후의 심판과 천지창조 관련된 사진 입간판 3개가 한 조합으로, 많은 수의 이런 입간판이 빙 둘러 가며 정원 내부에 여기저기 설치되어 있다. 이것의 용도는, 가이드 투어지만, 실제로 성당 안에 들어가 관람할 때 시간을 절약하고, 사람이 많아 복잡하여 일일이 설명하기에는 한계가 있어, 사전에 그룹을 모아놓고 설명하는 장소로 활용하고 있다. 내부에 있는 실제 그림 앞에 가서 깨달은 것인데, 일부 구역은 사진 촬영이 금지되어 있다. 또한 관계자들이 원활한 흐름을 위해 빨리 자리를 뜨도록 유도하기 때문에 힘없는 사람은 제대로 그림을 못 보고 나올 수도 있겠다는 생각이 들었다. 입간판은 이런 경우를 위해 배려했거나, 밀려오는 관람객을 수용하기 위한 목적일 수 있다. 따라서 모든 가이드 투어 그룹은 먼저 입간판에 빙 둘러서 가이드의 설명을 먼저 듣고 입장한다. 아마도 성당 관계자들이 밀려오는 전 세계 인파들을 효율적으로 관리하고 관람객과 가이드들에게 제공하는 서비스로 생각하는 것이 마음이 편하다.

정원에 있는 솔방울은 본래 판테온에 있던 것을 옮겨 온 것이라 한다. 판테온은 로마를 지탱해 온 다신교의 상징인 만신전이다. 그 상징물을 이곳으로 옮겨 와 다신교의 세계관과 유일신인 기독교가 재해석하고 타협하는 과정의 상징물일 수 있다. 기독교에서는 그런 행위를 재해석과 타협이라 표현하지만, 나 이외에 다른 신을 부정하는 종교적 독재가 아닐까 생각해 보았다. 정원 중앙 쪽에는 금속의 깨어진 지구본 속에 톱니 같은 기계장치 안에 비슷한 모양의 구가 들어 있는 상징물이 설치되어 있는데 이는 구 속의 구라는 작품으로 세계의 이중성을 표현한 것이라 한다.

이곳에 들어와 놀란 것 중 하나는 한국인들이 상당히 많다는 것인데, 여기서도 저기서도, 한국인들이 그룹으로 모여 가이드들이 설명하고 있다. 완전 자유여행인 필자와 아내는 낙동강 오리알처럼 벤치에 앉아 오가는 사람을 바라보고 있었지만. 목소리를 자랑스럽게 크게 하는 가이드의 한

국어 설명을 귀동냥으로 들을 수 있었다. 아내는 아예 마음에 드는 그룹에 가까이 접근하여 듣고 있지만 필자는 선뜻 그러지 못하고 벤치에 앉아 아내를 기다렸다. 가이드들이 달가워하지 않거니와 그룹에 있는 한국인들도 노골적으로 싫어하는 눈치다. 오디오 가이드를 렌트 하려 했으나, 필자는 사전에 시뮬레이션을 통해 어느 정도 사전지식이 있었기에 그냥 관람에 집중하기로 하고 렌트 하지 않았다. 그런데 기왕 자세한 내용을 들으려면 렌트 하거나, 가이드 투어를 권한다.

본격적으로 관람을 하기 위해 모두 박물관 안으로 몰려들어 가자 모든 그룹이 같이 움직인다. 필자는 이상하게 생각했다. 기왕이면 나누어 입장하면 좋을 것을, 발이 밟힐 정도로 인파가 한꺼번에 박물관으로 들어간다. 가이드들은 인파를 헤치고 자기 그룹의 고유 주파수의 수신기를 나누어 주고, 마이크로 소곤소곤 이야기하듯 설명하고 전진하기를 반복한다.

이곳에서 공교롭게 누님과 조카를 우연히 또 만났다. 물론 약속한 것은 아니다. 그리고 이번 여행에 동행한 것도 아니다. 단지 여행지가 같고 숙소도 알고 보니 가까워 같이 저녁 식사도 했다. 일정도 서로 오래전에 예약한 것처럼 같았고, 입장 시간은 서로 달랐지만 거의 동시에 동선이 같아서 우연히 만나게 된 것이다. 이렇게 한국인 방문객이 로마 여기저기, 이곳 바티칸의 박물관 시스티나 성당 성베드로 성당에 넘쳐나는 것이 궁금했다. 과장을 조금 보태면 '한국인 입장객이 전체의 30% 정도 되지 않을까?'라고 생각해 보았다. 언제부터 한국인들이 열정적으로 라파엘로, 미켈란젤로, 베르니니 등의 예술품에 관심이 많은지 궁금했다. 늘 이렇게 한국인들이 해외여행을 많이 다니는 것일까? 그렇다면 비단 로마뿐 아닐 것이고, 이탈리아 전역은 물론이고, 전 세계 유명 관광지에는 한국인을 보는 것은 어렵지 않을 것이다. 몇 년 전 산티아고 순례길을 다녀왔는데, 당시 한국인 방문자 수가 전 세계 4위였고, 당시 모든 관광지에는 중국인들이 넘쳐 났지만, 순례길에서는 단 한 명도 만날 수 없었다. 신기하게 이곳에서도 비슷하다. 사실 올해 우리나라에 징검다리 식의 긴 연휴가 있어 직장인들이 휴가 며칠만 내면 연속으로 휴가를 즐길 수 있어서 그 기회를 활용하는 것이 아닐지 생각해 보았다. 잠시 비판적 생각으로 발전할 것 같아 접어 두고, 흐르는 물에 맡겨 번뇌를 쫓아내고 평화를 찾았다.

박물관에는 고대의 유물들이 많고, 거의 돌로 된 조각상들이다.

4장 로마, 영원의 시간 속으로 381

쉽게 훼손되거나 오래 보관하기 어려운 것들은 그 많은 세월과 전쟁 통에 사라져 갔으리라! 우리의 문화유산들도 나라가 힘이 없을 때 합법을 빙자한 조직적인 약탈과 전쟁으로 소실되어 내세울 것이 별로 없는 것을 평소 안타까워했었다.

시스티나 성당의 최후의 심판 자리는 더 말할 필요가 없고, 전에 있는 라파엘로의 방에서도 역시 사진 찍기도 어려울 정도로 인파가 몰려 있어 그저 놀라기만 할 뿐이다.

이탈리아는 이렇게 선조들이 물려준 유산으로 돈을 벌고 있다. 우리가 그 많은 난관을 극복하고 수출해서 번 돈을 이들은 자진해서 가져오는 돈을 받는다. 사실 입장료뿐만 아니라. 호텔, 음식. 기념품, 수많은 가이드, 택시 등 관련 산업은 번성하고 있다. 수요가 많다 보니, 공급자는 고자세이고 품질이 나빠도 항의조차 신경 쓰지 않는다.

우리는 기왕에 성 베드로의 성당에 와서 보니 안타까운 생각이 들었다.

대성당뿐 아니라 시스티나 성당에서 관련 시설들을 온전하게 볼 수 있는 것들이 많지 않다. 무언가 보수하기 위해 건설용 비계를 설치하고 장막으로 가려 놓을 곳이 많았다. 대성당도 오른쪽 왼쪽 할 것 없이 공사가 진행 중이다. 대성당 입장을 하려면 일찍 가길 권한다. 필자가 박물관과 시스티나성당을 나온 시점이 오후 1시경인데 그때의 입장을 원하는 줄의 끝이 보이지를 않았다. 자의 반 타의 반으로 떠밀려 성 베드로 성당을 줄 서지 않고 입장하였는데 왜 쉽게 입장했는지는 아직도 모르겠다. 원래 입장 시간 예약은 11시에 오디오 가이드 픽업 시각으로 예약한 바는 있다. 그런데 아무도 그런 사항을 확인하지 않는다.

대성당은 원래 성 베드로 무덤 위치에 기독교를 최초로 공인한 콘스탄티누스 황제의 명으로 세워진 교회를 교황 율리우스의 명으로 새로 건축을 시작하여 약 120년 지난 교황 우르바노 8세에 의해 공식 축성되었다. 120년간 다수의 건축가들이 참여하여 저마다 기여하였지만, 잔 로렌초 베르니니(Gian Lorenzo Bernini)를 반드시 기억해야 할 필요가 있다. 사실 로마 여행에서 중요한 두 사람을 기억해야 한다면 바로크 예술의 두 거장 베르니니와 프란체스코 보로미니(Francesco Borromini)라고 할 수 있다.

건축과 조각의 천재였던 베르니니는 교황 우르바노 8세가 즉위하자마자 25살 약관의 나이로 대성당 건축 책임자 겸 주조소 책임자, 로마 수도국 책임자로 임명된다. 필자의 생각으로는 천재인 베르니니보다 천재를 알아본 우르바노 8세 교황이 대단한 사람이다. 대성당으로 가려면, 284개의 열주 회랑과 140개의 성인상, 중앙부의 오벨리스크와 분수로 이루어진 커다란 타원형의 광장으로 우선 들어서게 된다. 이 모든 것은 오롯이 베르니니의 설계로 만들어진 것이다. 위에서 보면 가상의 천국의 열쇠 모양이라고 하지만, 필자의 경험으로는 광장에 들어서면 어서 오라는 듯 양팔을 벌려 안으려 하는 느낌을 받는다.

워낙 넓은 대성당 내부 투어는 세밀한 사전 지식이나 가이드 없이는 아무 의미가 없다. 사전에 공부하고 왔더라도 안에서는 3차원의 공간에서 제한된 시간에 성당 투어를 제대로 하기는 어렵다. 그저 도장 찍기 과정이 될 가능성이 높다. 그리고 가이드 투어를 하더라도, 가이드들은 일반적으로 성당 내부까지는 들어와 설명해 주지 않는다. 들어온다 하더라도 몇 개만 대충 해 주는 식이다. 이 문제를 해결하는 방법이 있다. 흔치 않은 일이지만 한국어가 가능한 오디오 가이드를 대여하는 방법인데, 거기에는 다음과 같은 사연이 있다.

바티칸의 성 베드로 대성당에서 한국어 오디오 가이드가 제공되기 시작한 것은 한국 가톨릭 교회와 바티칸 간의 관계가 발전하고, 한국 가톨릭 신자의 수가 증가하는 등의 여러 요인이 결합한 결과라고 하는데, 구체적으로 어떤 계기들이 있었는지 자세히 살펴보면 다음과 같다.

바티칸 성 베드로 대성당에서 한국어 오디오 가이드가 제공되기 시작한 결정에는 얼마전 작고한 모 그룹 회장의 기여가 중요한 역할을 했다고 한다. 2007년에 성 베드로 대성당의 보수 및 복원 작업을 위해 상당한 금액을 기부한 것으로 알려져 있고, 이 기부는 대성당 내부의 중요한 문화유산을 보존하는 데 크게 기여했으며 바티칸은 이에 대한 감사의 표시로, 한국어 오디오 가이드를 도입하는 데 동의했다고 한다. 이 이면에는 한국 가톨릭의 빠른 성장, 프란치스코 교황의 2014년에 한국방문과 순교자 124위 시복식에 참석하는 등 한국과의 관계를 꼽을 수 있다. 또한 한국인 순례자와 관광객의 폭발적 증가 등의 배경도 이와 맞물려 이런 조치가 가능했다고 본다. 어찌 되었든 성 베드로 대성당에서 한국어 오디오 가이드가 제공되기 시작한 데는 삼성그룹의 이건희 회장의 기부가 직접적인 계기가 됐다는 것이다.

　우리는 시간 쫓김이 없기 때문에 성당 내부를 오디오 가이드 없이 1차로 둘러보았다. 입장하자마자 성당의 오른쪽에 미켈란젤로의 피에타가 보이고, 안쪽으로 들어가자, 중앙 제단 쪽은 완전히 가려졌고, 필자가 작심하고 보러 온 발다키노가 건설용 비계에 싸여 접근할 수는 없었다. 다만 비계 틈 사이로 엿볼 수는 있었다. 이탈리아에 거주하지 않는, 어렵게 온 여행자에게는 매우 실망스러운 상황이지만 그나마 다행이다. 발다키노는 중앙 제대와 성 베드로의 무덤 위에 설치되어 있어 누구나 쉽게 찾을 수 있다. 발다키노 역시 베르니니의 작품으로 대성당을 대표하는 첫 번째 예술품으로, 청동으로 주조한 바로크의 걸작품이다. 비틀려 올라간 4개의 기둥과 그 위에 십자가가 올려진 황금색 공 모형 등, 높이가 28m가

넘고, 무게는 63톤이나 된다. 청동이면서 역동적이고, 화려한 문양은 온전히 볼 수 있는 상황이 아닌데도 감탄스럽다. 천국의 열쇠는 보지 못했지만, 기둥의 나뭇잎 문양 사이에 있는 벌 문양이 보인다. 이 벌 문양은 우르바노 8세의 가문인 바르베리니, 가문의 문장으로 바르베리니 광장에 있는 트리톤 분수에서도 볼 수 있다. 여기서 발다키노를 주조할 청동이 모자라 당시에도 문화재로 취급했을 판테온을 훼손하고 뜯어다 보탰다. 사실 이것은 로마의 입장에서 보면 대단한 사건으로 당시에도, 지금까지도 의견이 분분하다고 한다. 로마는 숱한 이민족의 수탈을 겪었다. 그중 가장 악랄했던 반달족도 건드리지 않았던 판테온이었다. 콜로세움마저 파괴해 성당 건축자재로 사용했다.

한국에서 옴니아 카드와 함께 예약한 오디오 가이드를 인수해 다시 2차로 성당 내부를 찬찬히 둘러보았다. 인수할 때 일행 중 한 사람만 신분증이 필요한데 여권은 받지 않으니, 운전면허증을 준비해야 한다. 자유 여행자라면 한국에서 예약하기를 권한다. 안쪽으로 들어가니, 입구 쪽의 성 모마리아 예배당은 피에타만 보이고 전체를 가려 놓았고, 성 베드로 예배당은 귀도 레니(Guido Reni)의 성 베드로의 순교 장면 그림이 있다. 베드로의 순교 장면은, 본인은 예수님처럼 십자가에 매달릴 자격도 없다고 하고 스스로 거꾸로 십자가에 매달려 순교하는 장면이다. 과연 주님이 천국의 열쇠를 맡길 만한 인물이라고 생각했다.

　카를로 마라타(Carlo Maratta)가 그린 요한에게 세례를 받는 예수님, 부활한 예수님의 상처를 들여다보는 도마 등의 그림들을 차례로 감상하였다. 유화는 성당 내부 환경과 맞지 않는다는 이유로, 그림들은 유화가 아니고 모자이크라 하는데 필자의 눈으로는 구별할 수 없었다. 성당 내부를 둘러보면서 성 베드로의 동상을 찾아야 한다고 아내가 재촉하여 벽 쪽에 있는 흰색 동상에 가 보았으나 그 동상은 예수님이 못 박혔을 때 곁에 있었던 롱기누스(Longinus)의 조각이다. 그는 로마 병사 중 한 명으로 예수님이 돌아가신 후 옆구리를 찔러 피가 나오게 했다 하고, 예수님의 죽음을 곁에서 목격하고 개종하여 "참으로 이분은 하나님의 아들이셨다'라고 고백했다 한다. 이후 기독교를 전파하다 박해를 받고 끝내 순교해 성인으로 시성 되었다. 창을 들고 있는 모습 역시 베르니니의 작품으로 들고 있던 창을 롱기누스의 창이라 부르고 성 베드로 성당에 보관되어 있다. 이 사건은 비신자가 신자로 되는 모습을 신앙적 측면에서 부각시킨 것이라 생각한다.

  안쪽의 기둥 옆에서 검은색의 성 베드로의 동상을 찾았다. 수많은 사람들이 성인의 발을 만져 청동이 다 닳아 발가락의 형체가 사라졌다. 특히 오른발이 더 심했다. 안쓰러워 살짝 대는 듯 마는 듯 발등을 만졌다.

　이 외에도 한참 만에 찾은 노아의 방주, 최후의 심판 모자이크와, 청동문에 새겨진 갖가지 순교 장면 등이 있다. 특히 초대 교회로서 상징적 이미지와 베드로의 순교 장면 부조는 필자의 눈길을 끌었다. 마지막으로 2023년에 동양인 최초로 성베드로 성당에 설치된 김대건 신부의 성상을 보지 못하고 나온 아쉬움이 있다. 광장에서 성당을 바라보고 맨 오른쪽 문으로 들어가 기념품점을 지나 성당 외벽에 설치되어 있다고 한다. 사진으로 보았을 때 갓을 쓰고 한복 두루마리를 입고 있는 단아한 모습이니 기회가 있으면 가 볼 것을 권한다.

　오디오 가이드를 반납하고 성당 문을 나서니 오후 3시가 가까운 시각이라 지치고 배가 고파 아내와 성당 왼편 계단에 앉아 가져온 커피와 음식으로 요기하고 기운을 차렸다.

　성당 광장은 오후의 햇살이 따가움에도 인파로 가득하고 오벨리스크 꼭대기의 십자가는 햇빛에 반짝인다. 광장 중앙 좌우에는 바리케이드가 길게 놓여 있고 회랑이 한눈에 들어온다. 광장에 처음 온 것은 아니라서 마치 꿈꾸듯 기억이 조금씩 살아난다.

　　　　　　　　　＊ ＊ ＊

　오늘은 한국인 가이드와 함께하는 날인데 모이는 장소가 테르미니역이다. 가이드는 만나자마자 소지품 주의할 것을 당부했다. 일행은 11명으로 시내의 주요 관광 포인트를 도보로 이동하면서 안내한다. 이런 배경에는 로마가 아무리 넓더라도 우리가 갈 만한 장소들은 모두 걸어서 가능하다는 것이다.

　가이드는 장소별 역사적 배경과 에피소드 등을 소개하면서 진행하는데 첫 번째 들른 곳이 콜로세움 인근의 빈콜리(Vincoli) 성당이다. 이 성당에는 성 베드로를 묶었던 쇠사슬을 보관하고 있으며, 미켈란젤로의 모세상이 있는 곳이라, 관광객에게는 인기 관광 포인트이다. 내부를 자세히 보니 아주 작아서 주의를 끄는 것은 아니지만, 성 베드로의 쇠사슬 외에 쇠사슬이 하나 더 있어서 호기심이 생겼다. 베드로의 쇠사슬을 가운데 두고, 좌측에 천국의 열쇠를 들고 있는 베드로 석상이, 우측에 또 다른 쇠사슬을 들고 있는 여인의 대리석 석상인데, 이분이 성녀 모니카로서, 성 아우구스티누스 어머니이시다. 성녀 모니카가 들고 있는 쇠사슬의 의미는 방황하던 아들인 성 아우구스티누스를 기독교 신앙으로 이끌기 위해 끊임없이 기도와 헌신으로 아들의 죄를 묶어 회개로 이끈 상징이라 한다. 베드로와 성녀 모니카는 석상이 작기도 하거니와 모두 환하게 조명이 들어온 베드로의 쇠사슬에 시선을 둘 뿐 알아보는 이가 드물다. 필자도 예외가 아니라 쇠사슬을 의심하며 자세히 보던 중 우연히 발견했는데 궁금했지만, 묻지 못했다. 성당 내부는 이른 시간이라 그런지 관람객은 많지 않았지만, 관심사는 모두 쇠사슬과 뿔이 있는 모세상이다. 모세상에 뿔이 있는 것은 미켈란젤로가 성경을 바탕으로 모세를 조각했기 때문인데, 이 성경을 라틴어로 번역 과정에서 '빛나다'를 '뿔이 있다'로 잘못 번역한 것에 원인이 있다고 한다.

　인근의 콜로세움은 더 이상 설명이 필요 없는 로마 관광의 랜드마크이다. 우리 일행이 도착했을 때 이미 인파로 가득했고, 입장을 하려고 표를 사려는 줄이 수십 미터는 돼 보였다. 우리는 입장하지 않기 때문에 가이드는 우리를 콜로세움을 가장 잘 조망할 수 있는 장소로 안내하고 각자 돌아가며 인증샷을 해 주었다. 콜로세움의 건설 관련 에피소드와 이곳에서 검투사 경기와, 희귀한 동물들과 대결, 그리고 '나우마키아'라는 모의 해전 등을 했었다고 소개해 준다. 이곳에서 모의 해전을 했다는 것은 이야기를 듣고 놀라움 금할 길 없었다. 콜로세움의 주변을 살펴보니 온통 보수용 비계와 장막이 설치되어 있고, 우측에 보이는 콘스탄티누스 개선문도 보수 중인지 장막으로 가려 놓았다.

콜로세움에서 캄피돌리오 언덕으로 가기 위해 황제의 길(Via dei Fori Imperiali-황제의 포럼으로 가는 길)로 걸어가다 보면 로마제국 시절 위대한 인물 조각상이 있다. 초대 황제 아우구스투스, 트라야누스 황제, 율리우스의 조각상인데 모두 로마제국의 정치 무대였던 포로 로마노와 원로원을 바라보고 있다. 이상하게 보이는 것은 조각상은 하나 같이 전쟁터로 막 출정하려는 모습의 갑옷을 입은 군인 복장이다. 그들은 모두 정치가 혹은 황제인 점을 고려한다면 국력이라는 것이 무엇인가 암시하는 대목이다.

4장 로마, 영원의 시간 속으로

 길 좌측으로는 폐허가 되어 발굴과 복원이 진행 중인 광대한 포로 로마 노가 보인다. 멀리 팔라티노 언덕도 보이는데 많은 관광객이 언덕 아래의

포로 로마노를 내려다보고 있다. 포로 로마노와 팔라디노 언덕을 가려면 입장료를 내야 한다. 이곳은 안내서상에 예약이 필요하다 하는데, 실제로는 예약이 필요하지 않았다. 우리의 가이드 투어에는 포로 로마노에 입장하는 것은 포함되지 않았다. 가이드는 캄피돌리오 언덕 뒤쪽의 몬테 타르페오(Monte tarpeo) 길모퉁이로 일행을 데려가더니 득의양양하며, 여기서 보는 포로 로마노가 제일이고, 팔라티노 언덕도 제대로 볼 수 있는 곳이라 소개하고, 이곳을 아는 가이드는 몇 안 된다고 자랑한다. 가이드 말대로 포로 로마노를 한눈에 볼 수 있는 곳은 이곳과 팔라티노 언덕이다. 그리고 이곳에서 팔라티노 언덕의 전망대도 잘 볼 수 있으며, 포로 로마노 좌측 성당 앞에 있는 온전한 상태의 셉티미우스 개선문이 보인다.

　카피톨리니 박물관을 지나면 마르쿠스 아우렐리우스 기마상이 있는 광장에 도착한다. 이 기마상은 로마에 남아 있는 유일한 로마 황제의 기마상이다. 사실 광장의 것은 복제품이고 진본은 옆 건물의 박물관에 보관되어 있다. 원래 여러 황제의 기마상이 있었다고 하는데 마르쿠스 아우렐리우스 황제의 기마상이 남아 있는 이유는 로마 황제들의 기마상들은 로마가 다신교 시절 이교도들의 유물이라 하여 파괴하였다. 그런데 마르쿠스 아우렐리우스 황제를, 기독교를 최초로 공인한 콘스탄티누스 황제로 오인하여 용케 살아남은 것이라는 에피소드가 있다. 아이러니한 것은 5현제의 맨 마지막인 마르쿠스 아우렐리우스는 명상록을 지은 철학자였는데

5형제 중 유일하게 친자에게 황세직을 물려주었고, 이후 융성히던 로미는 급격하게 내리막길을 걷게 된다. 후임 황제는 네로 황제보다 더 폭군으로 알려진 그 유명한 코모두스인데 영화 그레디에이터를 보면 두 사람을 만날 수 있다.

 우리 일행은 가이드를 따라 계단을 내려가 조국의 제단 앞을 지나 한창 공사 중인 베네치아 광장 앞으로 갔다. 광장은 공사 중이라 들어갈 수 없고, 마침, 점심시간이라 판테온 인근의 아칠레 알 판테온 하바나(Achille Al Pantheon Habana)란 다소 이름이 긴 식당으로 갔다. 식당으로 가면서 가이드는 식당에 대한 자랑이 대단했다. 값이 저렴하고, 한국인의 입맛에 맞는 음식하며, 압권은 무료 식전주로 리몬칠레를 준다는 것이었다. 과연 명불허전이었고 많은 사람들로 붐볐는데, 유독 한국인 단체 관광객들이 많은 것으로 미루어 한국인 가이드들이 공동으로 이용하는 것 같았다.

 이탈리아 음식점이지만 추천 메뉴는 소꼬리찜과 양고기이다. 하지만 고기보다는 해물을 좋아하는 우리 부부는 파스타와 해물을 주문하여 적당히 나눠 먹었다. 식사 후 가이드 말에 따르면 장사가 현재 같지 않았던 식당이었는데, 한국인 단체 관광객들이 이용하면서 대박 난 식당이라고 한다. 특히 한국인 개별 손님이 오더라도 같은 서비스를 준다고 한다. 그래서 예약하여 이틀 후 이곳에서 누님과 조카와 함께 점심 식사를 하기로 했다.

 식사 후 판테온으로 바로 갔으나 이곳 역시 공사 중이라 전체를 카메라에 담을 수 있는 거리가 안 되어 삐딱하게 정면만을 사진으로 남겼다. 내부 입장은 줄을 많이 섰으나 가이드가 입장권을 미리 사 둔 덕에 줄 서지 않고 바로 입장할 수 있었다. 판테온은 만신전으로 초대 황제 아우구스투스의 친구이자 장인이었던 아그리파의 이름으로 건축된 것이고, 르네상스 시대의 위대한 화가 라파엘로의 무덤이 있는 곳이다.

내부에 들어가면 제일 먼저 눈에 띄는 것이 돔 중앙의 배구공 크기로 뚫린 구멍인데 이것이 건물을 구조적으로 안정되게 하는 역할을 하며 채광 목적도 있다고 하는데 실제 오큘루스(Oculus)라고 부르는 구멍의 지름이 9m나 된다는 이야기를 듣고 놀랐다. 지름이 43.3m의 반구를 엎어 놓은 구조인데 라파엘로 이외에 왕실 무덤 역할도 하였다. 그 외 벽면의 니체(Niche)라 부르는 아치 공간에는 예수님과 성모 마리아, 기독교 성인들의 제단과 조각상들이 있다. 아쉽게도 만신전이었던 판테온은 7세기에 교황 보나파시오 4세에 의해 가톨릭 성당으로 바꾸고 기존 로마 신이 아닌 순교자와 성인들로 재헌당되어 공식 명칭이 산타 마리아 아데 마르티레스(Santa Maria ad Martyres) 성당으로 바뀌었다. 라파엘로의 무덤에는 '그는 살아 있을 때 자연을 두려워했고, 죽은 후에는 자연이 슬퍼했다'라는 묘비명이 있다.

발길을 옮겨 트레비 분수에 갔으나 그곳 역시 보수 공사가 진행 중이라 아예 접근조차 하기 힘들었고, 사진은커녕 분수가 보이지도 않게 건설용 지지대와 장막으로 가려 놓았다. 가이드는 '어제만 해도 이 정도는 아니었는데'라며 미안해했다. 그래도 장막 틈 사이로 기념될 만한 사진을 찍고자 했으나 공사 현장의 사진으로 밖에는 별다른 감흥이 없다.

가이드는 미안했던지 평소 코스가 아닌 인근의 산티냐시오 디 로욜라 (Sant'Ignazio di Loyola) 성당 내부로 들어갔다. 특이한 것은 많은 사람들이 줄 서 있는데, 거침없이 내부로 우리를 들어가게 한다. 나중에 설명해 주었지만, 사람들이 성당 입장하려고 줄을 선 것이 아니라고 한다. 이 성당에는 몇 가지 특징이 있다.

 첫째 천장의 프레스코화는 안드레아 포초가 눈속임 기법으로 그려 천장이 무한 확장하는 공간처럼 보이게 했고, 평면인 천장에 원근법을 실제로 돔은 없지만 마치 돔이 있는 것처럼 보이게 그렸다. 두 번째는 천장에 묘사된 네 여인은 4개 대륙인 유럽, 아시아, 아프리카, 아메리카를 상징하도록 했다. 마지막으로 무료입장인 성당의 내부 기구에 동전을 넣으면 조명이 2~3분간 비추어 천장의 그림이 더 잘 보이도록 도와준다. 조금 전에 본 사람들의 줄은 동전 넣는 차례를 기다리는 줄이었다.

 스페인 광장을 끝으로 로마 가이드 투어를 마무리했다. 오후 시간이 꽤 지난 탓인지 피곤하여 지하철을 타려고 스파냐 역에서 메트로 구내로 들어와 메트로를 탔다. 그런데 문제가 생겼다. 순식간에 벌어진 일이기는 하지만 자세히 과정별로 살펴보면 다음과 같다.

 우선 필자는 메트로를 탈 당시 피곤했다. 즉 먹잇감을 노리는 세렝게티의 포식동물들이 늙었거나 어린 것들을 잡아먹고 배를 채우는 것과 유사하다. 왠지 피곤해 집중력이 떨어진 것 같은 동양인을 표적으로 했을 가능성이 많다. 두 번째는 이곳에 와서 안 일이지만 도둑들은 약자로 위장한다는 것이다. 가장 흔한 스타일이 임신부로 위장하는 것이다. 배에 무얼 넣어 불룩하게 하고, 항상 손에는 숄이나 좋은 윗옷 등으로 나쁜 손동작을 가리기 좋게 팔짱을 끼고 있다. 그리고 최소 2~4명인 점을 명심하자. 각자의 역할도 있어서 훔치는 여자가 잘 할 수 있도록 환경을 만들어 주는 최소 2명, 훔친 물건을 바로 처리하는 사람, 신속한 퇴로를 확보하는 역할 등이다. 그리고 그 자리를 벗어나는 방법도 교묘하다. 서로 아는 사람 만난 듯 범죄현장에서 끌고 간다. 그러니 일반인들 특히 외지의 문화가 다른 곳에서 온 관광객들은 속수무책이다. 그들이 노리면 피하기는 어렵다. 이런 곳에서 호구가 안 되려면, 몸에 딱 붙는 것과, 가방을 앞으로 멜 것이며, 배낭의 경우 중요한 것들은 바닥에 넣고, 허리 색의 경우 맨 안쪽에 중요한 것을 넣는 등, 도둑에게 대비한 일상의 행동이 중요하다. 그리고 중요한 것을 가지고 있는 사람이 늘 앞에서 걷는다. 필자의 경우, 이 외에도 낚싯줄로 전화기를 연결하여, 개인 실수뿐 아니라 좀도둑도 예방한다.

다행히 도둑은 필자의 허리 가방 지퍼를 열어 뒤졌지만, 아무것도 가져가지 못했다. 사실 휴대폰은 필자도 가끔 찾기 어려울 때가 있을 만큼 안쪽 깊숙한 곳에 있었다. 숙소에 도착하여 아내는 그 일이 있던 지하철 안에서, 도둑이 행동할 때 곁으로 오라고 했는데 왜 우물쭈물하고 빨리 안 왔느냐고 따진다. 사실 3~4인조로 행동하는 그들이기에 필자의 아내에게 가는 경로를 도둑들은 교묘히 지하철 좁은 공간에서 쉽게 차단한 것이다. 다시 한번 말하지만, 얕은 곳에 현금이나 여권을 절대 두지 말 것. 보통 여행을 다니면 여권과 현금은 늘 몸에 지니라고 교육받는다. 맞는 말이기는 한데 필자의 경험으로는 빈번하게 내밀 여권이 아니거나 현금이 늘 필요한 경우가 아니라면 몸에 붙는 깊숙한 곳이 제일 안전하다. 현금은 아주 소액만 쉽게 꺼낼 수 있는 곳에 소지한다. 하지만 그건 선택이다. 두 번째로 조심해야 할 것은 호텔 방에 비치된 금고이다. 물론 다 그런 것은 아니란 점을 밝혀 둔다. 그곳에 귀중품을 두는 것은 위험하다.

친구의 경험과 조합하면, 예를 들어 2,000불을 시계, 반지와 함께 보관했다고 하면, 시계와 반지는 무사할 수도 있고, 현금은 일부만 무사하다. 금고는 그들이 고객보다 더 능숙하게 열 수 있고, 현금의 일부인 300불 정도는 주인이 세어 보지 않는 점을 알고 훔쳐 가는데, 나중에야 인지하므로 가져가면 되찾기 힘들다.

저녁은 조카의 초대로 시내의 레스토랑에서 오랜만에 외식을 했다. 이탈리아의 로마에서, 가까우면서도 한국에서는 멀리서 사는 것도 아닌데 자주 만나기 어려운 누님, 조카와 만나서 식사하니 기분이 맑은 가을 하늘 같다. 같은 일행으로 온 것도 아니고 약속하고 온 것도 아닌 우연히 여행지와 일정이 겹치게 된 것이라서 여행 중에 있는 기분 좋은 에피소드 중 하나가 되었다.

* * *

아침 일찍 일어나는 버릇이 있건만, 어젯밤 늦게까지 이것저것 정리하고 늦게 자고 자연히 늦게 일어났다. 오늘은 HOP-ON-HOP-OFF 투어 버스를 탈 예정인데, 트레비 분수를 탑승 지점으로 정하고, 그곳까지 지하철을 타기로 했다. 서둘러 지하철에 승차했지만 20분 정도를 기다려도 지하철이 움직일 생각을 않는다. 철도 노조 파업 이야기를 들었지만, 지하철은 아니라는 이야기를 들어 무시했지만, 관련이 있는 것 같다. 동조 파업이나 태업의 형태가 아닐까? 할 수 없이 버스를 타려고 지하에서 나와 정류장에서 버스를 기다렸으나 버스마저 올 기미가 보이지 않는다. 일요일이라서 그런 것인가 생각하다가, 다시 지하철 탑승장으로 가 보니 운행은 정상으로 하고 있어 가까스로 트레비 분수 인근의 시내 버스투어 탑승장에 도착했다.

늦은 출발, 지하철 운행 차질 등으로 이미 오전 시간은 이미 다 지나가고 있을 즈음 투어버스에 탑승했다. 시내의 주요 관광 포인트를 순환하는 버스는 한국에서 구입한 옴니아 카드로 3일간 정류장과 관계없이 자유롭게 타고 내릴 수 있어 로마 여행자라면 이용해 볼만하다. 이곳에 처음 와서 길이 낯설고 관광지를 잘 모를 때 활용해 보는 것도 방법이다. 버스는 총 11개의 탑승 지점이 있고, 번호가 부여되어 있는데 1번이 테르미니역이고, 9번이 산탄젤로성 마지막 11번이 트레비 분수이다. 버스를 타면 이어폰을 나누어 주는데 각자 편한 언어를 사용해 버스가 지나갈 때마다 설명을 들을 수 있다. 단 필자가 탄 노란 버스에는 아쉽게도 한국어 설명은 없었지만, 한국어 설명이 있는 것처럼 태극기가 그려져 있는 버스가 있어서 매우 놀랐다.

늦은 점심 식사하고 그동안 여행하면서 지친 심신을 달래기 위해 순환하는 투어 버스에서 내리지 않고 차 안에서 로마 시내를 두 바퀴 돌다, 바르베리니 광장에서 하차하여 간단히 차를 마시고 광장 주변을 산책하였다.

광장의 중앙에는 바로크 시대 건축가이자 조각가인 잔 로렌초 베르니니(Gian Lorenzo Bernini)가 교황 우르반(Urban) 8세의 주문에 의해 제작 건설한 트리톤 분수가 있다. 트리톤은 네 마리의 돌고래가 받치고 있는 조개껍데기에 무릎 꿇고 앉아 커다란 소라 껍데기를 불고 있는 모습이다. 물은 소라 껍데기에서 나오며 분수를 바라보고 있으면 금방이라도 소라를 부는 고동 소리가 들릴 것만 같은 착각에 빠질 만큼 역동성이 느껴진다. 분수에는 꿀벌 조각도 있는데 우르반 8세의 가문인 바르베리니 가문 상징이다. 트리톤은 바다의 신 포세이돈의 아들로 반인 반어의 모습을 하고 있다.

　나보나 광장에 가기 위해 다소 먼 길이라 다시 투어 버스를 타고 가장 가까운 산탄젤로 정류장에 내려 골목길을 천천히 둘러보았다. 광장은 육상 트랙처럼 생긴 것이 특이하다. 길쭉한 타원 형태로 고대 로마제국 시절 운동 경기장이었다고 하니 수긍이 간다. 전면에는 산타그네세 인 아고네(Sant'agnese in Agone) 성당이 광장과 잘 어울려 균형감 있게 자리 잡고 있다.

4장 로마, 영원의 시간 속으로　**409**

이 성당은 당대 베르니니와 함께 바로크 건축의 천재였던 보로미니의 설계로 지어진 성당으로, 순교한 아그네스 성녀를 기리기 위해 지어졌다 한다. 당시 성녀의 나이가 12살이었다 하는데 가슴이 뭉클하다. 도대체 12살의 꿈 많던 소녀가 신념의 문제로 순교의 제물이 되었다는 것은 수긍하기 어렵다. 광장에는 3개의 분수가 있는데 가운데 오벨리스크를 받치고 있는 것이 4대강 분수(Fontana dei Quatro)로서 베르니니의 작품이다. 성당을 바라보고 왼쪽이 무어인(Fontana dei Moro)의 분수, 오른쪽이 넵투노의 분수(Fontana di Neptuno)이다. 그런데 세 분수 모두 공사 중이라서 제대로 감상하기 어려웠고 사진도 부실하다. 공사로 모두 가려 놓으니 실망스러웠다. 한국인은 쉽게 올 수 있는 곳이 아니라서 더 아쉽다. 4대강은 갠지스강, 나일강, 플라타강, 다뉴브강인데, 베르니니는 보로미니가 설계한 성당의 전면 파사드의 모양이 마음에 안 들어 두 강은 성당을 외면한 모습을 하도록 설계했다는 이야기가 있다. 아마 후세인들이 우스개로

두 건축 천재에 관한 이야기를 만들어 낸 것 같다. 왜냐하면 필자같이 조각에 대해 모르는 사람도 네 개의 강이 모두 한 방향을 시선이 향하게 하지는 않았을 것 같다.

저녁때가 가까워지고 몸은 피곤했지만, 천천히 걸어서 집으로 향하였다. 성천사성 방향으로 테베레강을 반쯤 건넜을 때 다리 위에서 건너편 다리와 주변의 나무와 어울리는 단정한 모습의 대성당 돔이 보인다. 성천사성 주변에는 길거리 상인들이 관광객들을 호객한다.

이 상인들은 요즘 유럽에서 논의되고 있는 제3국 불법 이민자로 보인다. 이들이 문제를 일으키지 않고 살아가기란 어려워 보인다.

우리의 숙소는 바티칸과 가까운 오타비아노 메트로 역과 가까운 곳에 있다. 걸어서 숙소에 가는 길 이름이 실라(Via Silla)(신라 길?)였는데, 길 따라 죽 서 있는 가로수가 무궁화나무이고 간간히 꽃도 피어 있어 눈을 의심했다. 우리나라에서도 조경용으로 활용한 예는 많으나, 무궁화를 가로수로 이용한 경우는 보지 못했는데, 이런 곳에서 무궁화를 보니 반가웠고 가로수를 무궁화로 택한 사람이 누군지 궁금하고 신기했다.

숙소에 돌아와서 또 한 번 이상한 일이 벌어졌다. 아내가 혹시 나의 손지갑을 아내의 가방에 넣었냐고 묻길래, 그런 일 없다고 하자 아내가 화들짝 놀란다. 아내 가방에 아내 것이 아닌 지갑이 있다는 것이다. 확인해 보니 전혀 모르는 사람의 지갑인데 현금은 없고 잘 모르는 언어로 쓰인 카드만 잔뜩 들어 있었다. 당황스러운 일이지만 추정해 보니 도둑들이 지갑을 훔친 후 필요한 것 빼고 버리기를 아내의 어깨에 메는 큰 가방에 어렵지 않게 쏙 넣은 것으로 추정된다. 도대체 종일 투어 버스를 타고 다녔는데 언제 그랬는지 전혀 감도 없는데, 아내는 아침에 시내에 가기 위해 지하철 탑승할 때 느낌이 이상했던 순간이 있었다고 한다.

＊　＊　＊

투어버스를 타기 위해, 지하철을 이용해 테르미니역 출발지 정류장으로 갔다. 월요일이고 이른 시간이라 그런지 관광객이 많지 않았고, 자리 여유가 많았다. 테르미니역은 모든 투어 버스의 시발점인데 회사별로 종류는 많지만, 다니는 코스는 같은 것으로 보인다. 투어버스 간의 경쟁이 심한지 서로 경쟁적으로 호객하는 것이 보이고, 역 수변이라 그런지 주변에는 잡상인들이 관광객을 상대로 물건을 팔려고 하는데, 현지인 같지가 않았다. 카메라를 들이대자, 손을 저으며 다른 곳으로 간다. 투어버스 별로 자세히 보면 좀 더 배차 간격이 짧은 것도 있고 전 세계 다국적 상표인 붉은색의 빅버스도 있다. 그중 투어버스를 선택할 때 배차 간격이 짧은 것이 편리한데 그린라인이 짧아 보인다. 3일 동안 언제든 탈 수 있기 때문에 아직 걸어 보지 못한 구간인 콜로세움, 대 전차경기장인 키르쿠스 막시무스(Circus Maximus) 언덕 위쪽, 진실의 입, 산타마리아 소프라 미네르바(Sopra Minerva) 성당 등을 거쳐 판테온 인근의 식당까지 걷기로 했다.

투어버스가 테르미니역에서 출발하면 산타마리아 마조레 대성당(Basilica Papale di Santa Maria Maggiore)을 한 바퀴 돌고 첫 정류장인 콜로세움으로 간다. 이 성당은 로마의 4대 바실리카의 하나로 내부의 금장식과 천국의 문, 발다키노가 유명하다. 성당 중앙 광장에는 로마의 주요한 성당마다 있는, 이집트에서 가져온 오벨리스크가 눈에 잘 띄는데, 그 꼭대기를 주목해 볼 필요가 있다. 꼭대기는 별 혹은 둥근 구체가 있는데 그 위에 십자가 있다. 우선 성당 광장에 이집트에서 가져온 오벨리스크가 있는 것은 로마교회가 이교도에 대한 승리 혹은 정복을 의미하고, 구 혹은 별 위에 십자가가 있는 것은 '기독교 신앙이 우주와 세계 위에 군림한다'를 상징한다고 한다.

언덕 위에 있는 대전차 경기장에서 하차하여 천천히 걸으며 주변을 둘러보았다. 대전차 경기장은 기다란 타원형으로 잡초가 자라고 있었고 도로변을 따라 펜스가 설치되어 있다. 건너편의 팔라티노의 유적지들은 거대하여 바로 눈앞에 있는 것 같다. 이 길은 완만하고 널찍하여 자전거를 타고 오는 사람들도 많다. 한쪽 끝 철망 너머로 바라본 대전차 경기장은 꽤 길어 보인다. 이곳에서 옛 로마인이 말을 타고 달리는 모습을 상상해 보니 영화의 한 장면이 떠오른다.

하차했던 정류장에서 다시 승차하여 구시가 내를 투어버스로 두루 둘러보았다. 베네치아 광장 부근도 온통 공사 중이라 접근하기 어렵고, 돔 모양이 아름다운, 쌍둥이처럼 생긴 산타 마리아 디 로레토(Santa Maria di Loreto) 성당과 산티시모 노메 디 마리아(Santissimo Nome di Maria) 성당도 건설용 비계로 싸여 있다.

어제 오후에 탑승했던 바르베리니 역에 도착하니 많은 사람들이 기다리고 있고, 매표원들은 바쁘게 움직인다. 널찍한 공간의 근대식 건물이 둘러싼 리퍼브리카 광장에 도착하니 중앙의 분수가 눈길을 끈다. 20세기 초에 건설된 물의 요정이란 이름의 나이아디(Naiadis) 분수는 4개의 요정 즉 호수, 강, 바다, 지하수가 각각

의 상징물과 같이 설치되어 있는데 설치 당시 요정을 나체로 표현한 것이 문제가 되었다고 한다. 우리가 아는 서양과는 매우 다른 이야기다.

투어버스로 한 바퀴 돌아 다시 대전차 경기장에서 하차하여 경로를 달리하여 판테온 인근의 식당으로 가기로 했다. 가는 길에 진실의 입을 거쳐 천천히 내려갔다. 점심 약속 시간이 1시이기에 속도 조절을 해 가며 걸어갔는데, 새로운 길을 걸어가니 주변이 생소하다.

　식사를 마치고 인근의 백화점에 들러 여러 상품을 구경했는데 그중 한국인들이 많이 사 간다는 과자 비스코티는 다른 곳보다 가격이 비싸다. 상술은 결국 상식에 기반한다. 비싸도 사는 한국 여행객이 있으니 당연히 비싸게 파는 것이다. 필자는 사지 않았지만, 눈치가 보이고, 이런 곳에서는 오히려 비정상처럼 보인다. 여행은 결국 내 뜻이 아닌 합의로 지속되는 정치와 같은 것처럼 느껴진다.

　로마는 일반 관광객이라면 3일 정도면 원만한 곳은 다 둘러볼 수 있다. 이때 나름대로 숙소를 기준으로 구역을 나누면 효과적으로 여행을 즐길 수 있다. 여행은 그저 '보았다, 가 보았다'로 표현된다면 조금은 아쉽다.

필자의 숙소는 메트로 A선의 바티칸시국 인근의 OTTAVIANO 역에서 걸어서 5분 거리의 비교적 한적한 곳에 있었지만, 일주일 머무는 동안 걸어서 시내를 간 경우는 없었다. 주로 메트로 A선을 이용해 다녔고 시내에서는 걸어 다녔다. 걸어 다닐 때 언덕은 있었지만, 체력에 부담될 정도는 아니었고, 그보다는 걸어 다닐 때 너무 많은 인파 때문에 힘든 적은 있었다.

점심 식사 후 도둑들이 출몰하는 스페인 광장으로 갔다. 이곳이 스페인 광장이 된 것은 광장 주변에 스페인 대사관이 있었기 때문이라는데 오른쪽 위쪽에는 성당과 핀초 언덕으로 올라가는 계단이 있다. 이것을 또한 스페인 계단이라 부르는데 여기에는 재미있는 에피소드가 있다. 원래 계단이 없었던 위쪽에 프랑스의 지원으로 지어진 트리니티 데이 몬티 성당이 있는데 그곳에 가려면 미끄럽고 비가 오면 불편하여 프랑스의 자금으로 계단을 건설하였다. 그런데 그 계단을 계속 스페인 계단이라 부르자, 프랑스에서 항의하였으나, 이미 대중화된 계단의 호명을 바꾸는 것은 역부족이었다고 한다. 또 하나 영화 로마의 휴일에서 오드리 헵번이, 이 계단에 앉아서 젤라토를 먹는 장면이 나오는데 예쁘고 사랑스러운 오드리 헵번을 흉내 내어 이곳에 앉아 젤라토 먹는 사람들이 많아지자, 요즘은 단속한다. 일단 앉지 못하게 하니 참고하기를 바란다.

계단을 거쳐 핀초 광장으로 갔다. 그런데 가는 길이 계단으로 되어 있지만, 스파냐 메트로 역 안쪽으로 걸어가면 언덕 위로 데려다주는 엘리베이터가 있다. 핀초 언덕은 로마의 유명한 선셋 뷰 포인트로, 우리는 수평선만 생각해 왔는데, 로마 시내의 구시가로 지는 태양을 보는 느낌이 색다를 것이다. 특히 로마 시내의 수많은 성당의 큐폴라가 태양을 마주 보고 나오는 실루엣은 기대된다. 여기서도 삼각대를 설치해서 자리 잡고 사진을 찍으려는 몇몇 사람들이 보인다.

* * *

여행을 마무리할 시점이 다가온 오늘은, 그동안 미뤄 두었던 성천사성과 팔라티노 언덕, 포로로마노 탐방을 하기로 했다. 예정된 일정을 여유 있게 보내고 지내지만, 숙소에서 가까운 곳에 있는 성천사성을 지나가다

보기만 했지 들어가 보지 않았다. 이곳은 영화에서도 자주 등장하는 유명한 장소로, 최근에 본 '다빈치 코드'에서도 상당 부분 이곳 장면이 나온다. 팔라티노 언덕과 포로 로마노 역시 마찬가지이다.

숙소에서 15분 정도 걸어서 도착한 성천사성의 안으로 들어가자 흠칫 놀랐다. 내부에는 말을 타고 다닐 수 있는 나선형 경사로 때문이다. 심지어 마차도 충분히 다닐 수 있을 정도다. 요즘으로 보면 휠체어 길처럼 나선형으로 크게 돌려져 위로 오르고, 천장은 열려 있어서 충분히 말을 타고 오를 수도 있다. 몇 천 년 전에 돌로 된 성을 말이나 마차를 타고 오르내릴 발상을 하고, 설계와 기술이 존재했다니 놀랍기만 하다. 중간층까지 올라가면 박물관이 있다. 특이한 것은 성천사성의 미니어처가 방마다 유리 케이스에 넣어져 전시되고 있다는 것인데, 특별하게 유리 케이스로 격리한 것은 관람객이 만져서 훼손되는 것을 방지하기 위한 장치로 보인다.

박물관 주변과 성의 여러 군데에 매미의 부조가 눈에 띄는데, 이것에 대한 해석이 분분하다. 하나는 하드리아누스 영묘 건설 때 매미의 탈바꿈이 영생을 상징하는 것으로 만들었다는 것과, 우르바노 8세 때 개보수하면서 바르베리니 가문의 꿀벌 문장을 추가로 장식했다는 설이다.

　하드리아누 황제와 안토니누스 피우스 황제의 대리석 조각상이 전시되어 있고, 하드리아누스 황제의 두상 조각이 여기저기 보이는 것은, 애초에 성천사성은 하드리아누스의 영묘를 건설한 것으로 후임의 안토니누스 피우스 황제가 완성한 것이라서 그렇다. 하드리아누스 황제의 두상은 곱슬머리에 구레나룻부터 턱까지 곱슬곱슬한 수염으로 뒤덮여 있어 쉽게 구별할 수 있다. 그러나 6세기 로마에 역병이 돌 때 그레고리오 1세는 성 위에 천사가 나타나 역병이 끝났다고 한 이후 성천사성(산탄젤로, Sant'Angelo)로 불리기 시작했다고 한다. 현재는 국립 박물관이지만, 성의 용도는 여러 번 바뀌었고 한때 교황의 피난처 역할도 했는데, 이때 바티칸과 성을 연결하는 비밀 통로가 건설되었다고 한다.

　성천사성 성곽에 오르면 성이 한때 방어 목적으로 사용된 흔적이 분명하게 보인다. 테베레강이 성 남측 방향에 해자 역할을 했고, 나머지 방향은 돌 폭탄 투척기로 방어했을 것이다. 당시의 장비들이 전시되어 있는데 둥글게 깎은 돌덩어리를 성 밖으로 던지는 투척기가 이채롭고, 돌덩어리도 크기 별로 있다는 것이 흥미롭다. 아마도 거리별로 크기가 다르지 않았나 생각해 보았다.

　이른 시간인데도 많은 관람객들이 올라와 로마 시내 풍경을 감상하고 사진 찍기에 다들 분주하다. 포토존은 한참을 기다려야 차례가 온다. 로마시의 전경은 역시 여기저기 흩어져 있는 성당들의 큐폴라가 있는 스카이라인이 섞인 시가지의 모습이 아닐까 한다. 어제 선셋 장면을 보기 위해 올라갔던 핀초 언덕보다 로마시 전경과 성베드로 성당의 조망이 훨씬 나은 편이다. 핀초 언덕에는 장애물들이 있지만 이곳에서는 시원하게 뚫려 있다. 아마도 무료와 유료의 차이일 수도 있다는 생각도 해 보았다. 이렇듯 시내 쪽으로 수많은 성당이 저마다 큐폴라들을 삐죽이 내밀고 있는 스카이라인은 오래된 로마시답게 다소곳하다. 그런 모습이 푸근해 보인다. 성천사성은 곧바로 직선 도로로 성 베드로 대성당과 연결된다. 골목을 걸을 때는 깨닫기 어렵지만 성천사성 위에서 보면 쉽게 보인다. 하지만 그 길도 한창 공사 중이다.

 성에서 내려오다 깨어진 유물 조각에서 어디서 본 듯한 조그만 조각을 보았다. 작은 깨어진 어느 부분인지도 모르는 대리석 조각에서 진실의 입과 똑같은 무늬 조각이 두 개 보인다. 깨어진 조각의 양쪽 끝에 있는 것이 지름이 약 10센티미터 내외로 작아서 무심코 지나치기 쉽다. 실제로 사람들은 관심조차 없다. 논란이 있지만 진실의 입이 로마 시대 때 하수구의 맨홀 뚜껑이었다고 주장하는데, 이것을 보면 아닌 것 같다.
 성천사성을 뒤로하고 투어버스를 타고 콜로세움 앞에서 하차하여 팔라

티노 언덕과 포로 로마노에 입장했다. 투어버스 정류장과 팔라티노 언덕 출입구는 가까운 거리에 있어 편리하다. 팔라티노는 로마의 건국시조인 로물루스가 늑대 젖을 먹고 자란 곳이고, 황제들의 궁과 귀족들의 저택, 신전이 있던 곳으로 로마의 중요한 7 언덕 중의 하나다.

　지금은 과거의 화려했던 것을 가늠해 볼 수 있는 흔적과 유적만 남아 있고, 그 유적을 지금도 계속 발굴 중이다. 출입구는 언덕 아래에 있어 입장 후 언덕을 올라가면서 과거의 건물 잔해를 볼 수 있고, 다 올라가면 넓고 평평한 곳이 나오는데 이곳도 좀 더 정교한 잔해들이 나오고 남서쪽으로는 대전차 경기장도 한눈에 보인다. 어제 대전차 경기장 너머에서 바라본 구조물들은 옛 궁궐의 잔해들인데 이곳 언덕에 올라오니 평지가 밖에서 바라본 언덕의 모습과는 달리 꽤 넓었다. 붉은색의 건물과 구조물들의 잔해를 보고 과거의 영광을 추측해 보는 재미도 있다. 저 건물은 부서지지 않았다면 어떤 형태였을까? 은근히 궁금하기도 하다. 여행자가 잠깐 들러 이곳의 구조를 연구할 수는 없지만 눈어림으로 추측해 볼 수는 있다. 팔라티노 언덕에서는 포로로마노가 한눈에 보이고 유적지는 아직도 발굴 복원 중이다. 언덕 위 옛 궁터에는 화려하고, 웅장했던 궁의 잔해들이 보인다. 팔라티노 언덕은 주변 지역보다 높아서 그 옛날 로마 시대에도 광장 쪽을 바라보면 시민의 생활 모습을 볼 수 있었을 것이다. 로마 황제들도 시민의 민심의 흐름에 신경 썼다는 것은 알려진 사실이다. 그런데 왜 유독 팔라티노의 건물들이 파괴되었는지 궁금하다. 콜로세움이 베드로 대성당을 짓는 데 필요한 건축자재 채취장이었다는 것처럼, 성당을 지을 때 필요한 자재를 떼어 가려고 폐허를 만들어 버린 것이라 추정된다. 포로 로마노는 고대 로마 시대에 정치, 종교, 경제, 사법 활동의 중심지로 로마 그 자체로 생각되는 핵심 구역이다. 포로 로마노 안쪽에는 황제의 개선문이 2개 보인다. 하나는 콜로세움 인근의 콘스탄티누스의 개선문과 거리상 가까이 있는 티투스의 개선문인데 콘스탄티누스의 개선문과 달리 입장료를 내고 들어와야 하는 포로 로마노 담 안쪽에 있다. 또 하나 역시 포로 로마노 담 안쪽에 있는 셉티미우스 개선문이다. 우리는 언덕 위에서 전체를 조망하고 사진을 여유 있게 찍고 여행의 마무리를 서서히 해 나갔다. 숙소를 나설 때 한국으로 가져갈 필요가 없는 햇반, 컵라면 등을 챙겨서 나와 한국인 젊은 여행자에게 주려고 했는데 마침 젊은 부부가 있길래 전달했다. 짐도 마음도 홀가분하여 귀국 준비를 본격적으로 해야 할 것 같은데 걱정거리는 있다. 3개월은 안 되지만 2달 넘게 돌아다니며 이것저것 챙긴 것들이 집을 떠날 때 가져온 캐리어 용량을 넘을 것이 뻔하기 때문이다.

내일 로마를 떠나 귀국하게 되는데, 개인 의견으로 로마 시내를 잘 조망할 수 있는 장소는 팔라티노 언덕과 성 천사성 옥상이다. 단 이곳에 가려면 입장권을 사야 하며, 때에 따라서는 줄 서야 하고, 입구에서 어느 정도 더 걸어 들어가야 한다. 그래서 패키지 투어에 거의 빠져 있고, 자유 여행자라도 포기하는데, 반드시 가 볼 것을 권한다.

팔라티노 언덕을 길어진 그림자와 함께 내려왔다. 내일이면 일주일간 머물렀던 로마를 떠나며 이번 이탈리아 여행의 마무리를 짓게 된다. 소중한 사람들과 소중한 주변의 모든 것들에 감사하는 마음 가득하고, 아무래도 가족이 이해해 줘 감사하게 생각한다. 특히 로마 여행 중 누님 가족과 함께한 시간은 따듯한 에피소드가 되어 내 영혼에 아름답게 새겨질 시간으로 남을 것 같다. 사실 우리는 수많은 만남과 헤어짐의 연속이지만 늘 만남보다는 소중한 사람과의 헤어짐이 가슴 속에 아쉬움으로 가득 찬다. 아무튼 우리는 씩씩한 걸음으로 스페인 광장을 향했다.

＊ ＊ ＊

성베드로 성당을 한 번 더 방문하고 싶어서 아침 식사 후 급한 걸음으로 서둘러 갔다. 광장 모퉁이를 돌자 많은 인파가 몰려 있는 것을 보고 놀랐다.

사실 오늘이 수요일이라서 매주 교황님이 신도들과 소통하는 그런 시간이란 것을 모르고 간 것인데, 처음 보는 광경이라서 머쓱하고 의아해했다. 사실 우리는 미사가 있는 성당 안으로 들어가려 했는데 전혀 다른 상황이 눈앞에 펼쳐져서 또 다른 경험을 하게 되어 본래 목적을 포기했지만 섭섭하지는 않았다. 베드로 성당을 포기하고 돌아오는 길에 캐리어 작은 것을 하나 구입했다. 워낙 긴 여행이라 자제를 했지만 비싸지 않은 기념품과 지인들에게 감사 선물을 조금씩 사다 보니 출발 시 가져온 가방으로는 어림으로도 조금 모자랄 것 같았다. 물론 기내 가방에 넣을 수는 있지만, 짐을 위탁 수화물이 아닌 것은 공항에서 이동 시 가지고 다녀야 하는데 무게가 나가면 불편할 것이다. 캐리어를 사서 오전 10시 반경 숙소에 와 보니 우리의 짐들이 거실에 팽개쳐져 있었다. 너무 놀라 항의했으나, 10시가 넘었기에 그리했다는 것이다. 숙소의 규정이 10시 체크아웃이라는 것인데 체크아웃을 안 하고 짐이 있어서, 동의 없이 밖으로 끄집어낸 것이다. 사실 필자는 3일 전에 호스트에게 12시에 체크아웃해도 되는지 문의한 후 동의를 받아 둔 상태였다. 고용인인 듯한 그 사람은 이야기했는데도 들으려 하지 않았다. 이런 일을 당하고 기분이 많이 상했지만, 어떻게 해 볼 방법이 없다. 다만 평가에서 조목조목 따져야 한다. 피곤한 일이다. 우리는 짐을 주섬주섬 캐리어에 넣고, 택시를 불러 공항으로 갔다. 사실 이런 일이 없었다면 점심 식사를 대강 하고 출발하려 했는데, 아내가 기분 나쁘고, 분위기 좋지 않아 공항으로 일찍 가자고 해서, 비행기 출발 시간은 밤 9:25이지만, 숙소를 떠났다. 공항에 도착한 것은 12시라 체크인하고 출국 수속을 하려면 항공사 체크인 카운터가 열려야 하는데, 시점이 출발 4시간 전이라 오후 5:25까지 5시간 넘게 시간을 보내야 한다. 그 시간을 활용해 시내 관광을 할 수도 있었으나, 무거운 캐리어를 맡기는 일도 보통 일이 아니라서 포기하고 공항으로 온 것이다. 숙소에서 벌어졌던 일을 귀국 후 호스트에게 항의하여 적지 않은 금액의 숙박비 전액을 환불받았다.

공항에 도착하여 위탁 수하물 정리하는 곳이 있다. 그곳에서는 수하물의 무게 초과 체크하는 사람들이 대부분인데 우리도 대충 마무리한 짐들을 그곳에서 정리했다.

공항에 일찍 도착한 것도 괜찮은 선택이었다. 공항의 이곳저곳을 볼 수 있는 시간 여유가 있으니 마음 여유도 생긴다. 2층에서 쉬면서 커피를 마시고, 아내와 여행의 이런저런 이야기를 하는데 의외로 이곳저곳에서 우리말 소리가 들린다. 한국인이다. 아내는 필자와의 지루한 대화보다는 여행지에서 한국인을 만나면 오랜만에 만나는 필자보다 더 반기워하며, 수다를 풀어 놓는다. 물론 상대방이 묻지도 않고 궁금해하지도 않는 이야기를 줄줄 풀어 놓는다. 얼마나 이야기가 하고 싶으면 저럴까 하다가, 필자까지 끼어들어 푼수를 떤다. 오늘은 아니나 다를까, 미국의 뉴저지에서 부동산 중개를 한다는 분과 이야기를 한참 하다가 명함을 받고, 그 집에 자녀 사항까지 물어보고 파악한다. 그 부부가 비행기 타러 떠난 뒤, 같은 대한항공을 타는 부부와 아들이 또 아내와 만나 이야기꽃을 피운다. 내용은 대략 비슷한데, 이들은 아들이 신부로 이곳에 공부하러 왔다고 한다. 해외여행을 하면서 신부를 만나는 경우가 종종 있는데, 이번에는 공부하는 신부를 만나러 부모님이 여행차 왔나 보다. 공항의 이곳저곳을 다니다 보니 한국말 하는 사람들이 꽤 많이 눈에 띈다. 그만큼 한국 사람들이 많다는 것의 증거인데, 필자가 20년 전만 해도 상상할 수 없던 일이다.

  필자가 여행할 때 보통 국적기를 주로 이용하는데, 특별한 이유가 없었고 마일리지를 한곳에 쌓으려는 목적이었는데, 지금은 특별한 이유가 있는 것처럼 돼 버렸다. 예전에 가끔 다른 항공사를 이용하거나 국적기 취항이 아닌 곳은 어쩔 수 없이 기타 항공사의 비행기를 이용하는데 여러모로 큰 차이가 있음을 알게 된다. 그 첫째는 승무원들의 친절함이다. 처음에는 언어 때문인가 생각해 보았는데, 그것 때문이 아니라는 것을 금방 알 수 있다. 미소와 친절함은 다른 항공사와 확연히 구분되는 뚜렷한 차이점이다. 두 번째는 비행기 탑승 순서이다. 물론 일등석, 프레스티지, 노약자, 임신부 그리고 도움이 필요한 사람 순이고, 그다음이 제일 뒷자리부터이다. 이 부분이 다른 항공사와 다르다. 다른 항공사는 앞자리부터 탑승하기 때문에 시간 소요가 많아 탑승을 기다리느냐 서 있는 시간이 길어져 짜증이 난다. 이유는 앞자리에 탑승한 사람들이 바로 자리에 앉는 것이 아니고 통로에 서서 수화물을 넣는다든지 주변을 정리하느냐 통로를 막으니, 뒷사람이 자리로 가기에는 기다려야 한다. 매 열 다 이런 상황이 계속되다 보니 자연히 탑승 시간이 길어지게 마련이다. 마지막으로 대한 항공은 기내식을 뒷자리부터 준다. 다른 항공은 일부러 카트를 끌고 앞으로 가서 앞자리부터 나누어 주는데 맨 뒷자리는 남들이 선택을 안 한 남는 것을 배정받는다. 등등의 이유가 있는데 물론 개선할 점들도 있다.

집으로 돌아가는 날이 되어 여정을 무사히 마치게 한 모든 것에 감사한 마음 가득하고, 특히 건강하게 여행을 마무리하는 아내에게 무한 감사하다. 여행 중에는 언제나 긴장하고, 칼날 위를 걷는 심정으로 지냈지만, 그것이 꼭 여행이라서 그런 것만은 아닐 듯싶다. 여행은 불편함에도 그것을 뛰어넘는 대가로 보상받으니, 여행을 즐기는 것 같다. 여행할 때 편안하면 오히려 불편하다는 생각으로 다니면, 어느덧 그 불편함은 나를 위로하는 친구가 되었다. 특히 이번 여행 중에 접했던 시대를 유물과 예술품, 그리고 뛰어난 자연 풍광은 필자를 과거와 미래의 공간으로 초대하여 잊을 수 없는 시간으로 만들어 주었다.

★★★
이탈리아에서 운전하기

1.

ZTL(Zona Traffico Limitato)에 대하여

    이탈리아를 자동차로 여행하고 싶지만, 선뜻 나서지 못하고 포기하는 이유가 크게 세 가지로 이야기할 수 있다. 하나는 ZTL 관련이고, 둘은 주차 문제이고, 세 번째는 일부 도시나 산악지방을 접근할 때 끝없이 이어지는 헤어핀 도로의 위험성 때문이다. 그러나 이런 문제들은 피상적인 남의 이야기를 들었거나, 깊이 이해하지 않은 상태에서 비롯한 생각이다. 오히려 이탈리아는 자동차로 여행하기 최적지 중 하나이다. 우선 ZTL부터 살펴보자. 도로에 대해서는 일반적인 상식을 벗어나는 특별한 것이 없다. 즉 위험하다고 느끼는 도로에서는 속도를 줄이고, 주의를 기울이는 것 외에 소개할 것이 없다.

1) ZTL은 누굴 위한 제도인가?

    이탈리아를 차로 여행을 할 경우 반드시 알아야 하는 것 중 하나가 ZTL이다. 이탈리아 내 거의 모든 도시에 설정되어 있으며, 지역 주민이나 허가받은 차량, 구급차, 소방차 등 공공 목적의 차량 외에는 자동차 진입 금지 구역이다. 당연히 여행자들의 차량은 이에 해당하는 첫 순위이다. 간혹 구역 내 숙소가 있는 경우 숙소의 요청으로 예외로 적용될 수 있다고 하여, 필자가 시도해 보았으나 확실한 답변을 숙소로부터 받지 못했다.

그러니 복잡하게 생각할 것 없이, 여행자 차는 ZTL 구역에 들어갈 수 없는 것으로 이해하면 단순하다. 구역의 식별은 진입로 입구에 붉은 원으로 그려진 ZTL 구역임을 알리는 표지판이 있다.

이 제도에 대해 약간의 오해가 있다. 이탈리아는 전 세계에서 관광객이 가장 많이 방문하는 나라이다. 나라가 먹고 사는 관광산업에는 좋은 것이지만, 밀려드는 인파와 차량으로 인해 지역 차량 정체는 물론이고 소음을 유발하는 등 골머리 아픈 문제들이 속출한다. 더구나 거의 모든 관광지는 구도심 지역인데, 구도심은 특성상 좁은 도로에 많은 사람이 몰린다. 그래서 지역 주민의 사생활 보호 목적으로 시행하게 된 것으로 알고 있었고, 본인들의 욕구에 의해 여행하는 것이기는 하지만, 주민들의 먹고 사는 문제에 일조하는 관광객들을 푸대접한다고 생각했다. 그러나 현지에서 겪은 바로는 반만 맞는 생각이고, 한 가지 목적이 더 있다고 보았다. 바로 관광객들을 보호하기 위해서다. 상상해 보자 방문 지역에 길도 좁은 구역에 차량의 제한이 없다면, 걷기조차 불편할 뿐 아니라 매연과 소음을 고스란히 관광객들의 피해가 될 것이고, 부가적으로 관광지에서의 명소 입장 지연 등 제대로 된 관광은 어려울 것이다. 실제로 통행에 제한이 없는 경찰차 하나만 지나가도 행인들은 벽 쪽에 바짝 붙어야 하고, 오토바이라도 하나 지나갈라치면 매연과 소음 때문에 머리가 아팠다. 그래서 ZTL 제도는 관광객을 위한 것이라고 이해해 보자.

2) 어떻게 해야 하나?

첫째 이동 시 차량 매립형 내비게이션을 사용하지 말고 구글맵이나 Waze 앱을 이용한다. 하지만 완벽하게 구역 회피 기능은 하지 않는다고 하며, 구글맵보다는 Waze가 더 낫다고 한다. 그 외에도 사용할 수 있는 애

플리케이션으로 Here WeGo 앱은 구역을 피하는 옵션이 있다고 알려졌지만 다운 받을 수 없어 사용해 보지는 못했다.

둘째 출발 전에 목표 지점을 ZTL 밖의 주차장 같은 구체적인 지점을 설정하고, 경로상에 해당 지역의 ZTL 구역을 지나는지 확인하고 출발하면 거의 틀림없다. 만일 경로상 구역을 가로지를 경우 경로를 변경하여 설정하면 된다. 필자의 경우 그런 일은 한 번도 없었으며, 두 달이 넘는 기간에 이탈리아의 관광객들이 선호하거나 지역의 중급도시 이상을 방문하였으나 6개월이 지난 이 시점에 아직 위반 통지서를 받은 것이 없다. ZTL 구역을 확인하려면 여러 가지 방법이 있으나 안드로이드 폰만 가능한 'ZTL Rader' 앱을 설치하여 확인한다. 이 앱은 2020년경에는 앱스토어에서 다운 받을 수 있었으나 갑자기 사라져 앱 스토어를 이용할 수 없다. 다운 받는 방법은 두 가지이다. 하나는 기존에 설치되어 있는 전화기가 있다면, 이것을 원하는 전화기에 Smart Switch 기능이나 구글의 Nearby Share 기능을 이용하여 설치한다. 두 번째 방법은 bit.ly/2KJ58XI를 통해 설치한다.

2. 주차하기

먼저 주차시설에 대하여 살펴보면, 실내주차와 지상 주차장이 있다. 실내주차는 우리와 이용 방법은 동일하고, 유료이다.

1) 지상 주차:주차선 색으로 구분한다
- 백색: 무료 주차, 시간제한이 있으면 파킹 디스크 준비
- 청색: 유료 주차, 주차미터기에서 지불하고 영수증을 대시보드에 잘 보이게 올려놓는다. 보통 야간, 휴일에는 무료인 경우 많다.
- 노랑: 지역 주민 주차 구간, 절대 주차하면 안 됨

2) 실내주차

보통 무인이며, 들어갈 때 뽑은 티켓은 소지해야 함. 이유는 화장실 이용 시 번호 입력해야 문이 열리고, 밖에 나갔다 올 때도 출입문 열 때, 또 기계에서 미리 정산해야 하는데 바리케이드 옆에 있는 경우는 거의 없음. 만일 정산을 미리 하지 않으면 나가지 못하는 상황에서 오도 가도 못 하며, 내려서 정산기로 뛰어다녀야 한다.

주차는 그리 어려운 일이 아니다. 우리도 일상으로 하는 일이다. 지상 주차의 경우 우연히 백색의 무료 주차 구간이 있으면 감사히 생각하고,

가급적 청색선의 유료 주차 구간 이용하기를 권한다. 주차비는 그리 높지 않다. 보통 시간당 1~3유로 정도이다.

숙소에서의 주차는 별개 사항으로, 주차장이 있는 숙소를 선택하면 편리하고, 차가 있으면 ZTL 구역을 제외하고 숙소의 선택 폭이 넓어진다.

3.

범칙금 납부 방법

차량을 가지고 여행하다 보면 범칙금 내야 할 일이 있을 수 있다. 흔한 예로는 주차위반, 과속, ZTL 구역 위반 등인데, 이 중에 실시간으로 차량에 부착되어 범칙금 고지서를 바로 받아 볼 수 있는 것은 소위 주차 위반 딱지이다. 과속이나 ZTL 구역 위반은 보통 귀국한 이후에 처리해야 하는 상황이 된다. 여행을 마무리하고 귀국한 지 1개월 내지 2개월 후에 렌터카 회사로부터 이메일을 통해 전달되는 경우가 많다. 어느 경우 든 다음과 같이 하면 당황할 필요가 없다. 그러므로 나누어 생각해 보아야 한다. 주차 위반의 경우 티켓을 받아서 범칙금을 물어야 하는 것보다, 간혹 어떻게 납부하는지 몰라서 더 당혹스러운 경험을 했다.

1) 주차 위반 범칙금 납부

주차위반 범칙금 납부 방법은 지방마다 다르다. 그러므로 범칙금 고지서를 찬찬히 살펴본다. 거기에는 외국어를 모르더라도 위반 날짜, 고지서 번호, 차량번호가 적시되어 있는 것을 알 수 있다. 그리고 요즘 휴대폰의 번역 기능을 이용하면 알 수 있다. 그래도 내용이 이해가 안 되면 주변의 현지인에게 고지서를 보여 주고 가능한 의사소통으로 방법을 알아낸다. 보통 두세 사람을 거치면 답이 나온다. 그게 안 되면 숙소에서 물어보면 간단하다. 필자는 3번에 걸친 주차 위반 고지서를 받았는데, 담뱃가게, 우체국, 지상 유료 주차 구역에 있는 주차 미터기 등 서로 다른 방법으로 납부했다.

납부 방법은 (1) 우체국, (2) 담뱃가게, (3) 지상 주차 구역에 있는 주차 미터기 등이며, (4) 온라인으로도 가능하다. 이 중에 가정 보편적이고 편리한 것이 우체국을 이용하는 방법이고, 위반 지역과 관계없이 납부할 수 있다. 이외의 방법은 인터넷을 제외하고는 지역을 벗어나면 유효하지 않을 수 있다.

2) 과속이나 ZTL 구역 위반 시

일반적으로 위반 시기와 시차가 있기 때문에 한국에 돌아와 우편이나 이메일로 받았을 경우는 이것을 찬찬히 보면 관할 지방 자치 단체의 해당 웹사이트가 나와 있다. 대략 절차는 [위반-차적조회(교통국)-운전자 신원 조사(렌터카회사)-운전자에게 통보(교통국)]이기 때문에 보통 2~4개월 걸리고 최대 1년까지도 걸린다고 한다. 렌터카 회사에서도 차량을 빌릴 때 등록한 카드나 유보금 중 20~30유로를 떼어 가는데 이것은 범칙금이 아니고, 운전자 신원 조회하고 교통국에 알려 주는 수수료이다. 일단 고지서를 받았으면 웹사이트 들어가 해당 건을 조회한 후 거기에 나와 있는 순서대로 납부하면 끝이다. 다만 이때 신용카드가 안 되고, 페이팔만 가능한 경우도 있다.

주의할 것은 납부 시기에 따라 액수가 달라진다. 5일 이내가 가장 적고, 60일까지는 50% 정도 할증, 그 이후에는 150~200% 할증된다. 한국 여행자라면 50% 할증은 각오해야 한다.